权威·前沿·原创

皮书系列为
"十二五""十三五""十四五"时期国家重点出版物出版专项规划项目

BLUE BOOK

智库成果出版与传播平台

宏观经济蓝皮书

BLUE BOOK OF MACRO-ECONOMY

丛书主编／张　平　刘霞辉
丛书副主编／袁富华　张自然

中国经济增长报告（2021~2022）

ANNUAL REPORT ON CHINA'S ECONOMIC GROWTH (2021-2022)

低碳转型与绿色可持续发展

张自然　张　平　刘霞辉　袁富华 等／著

社会科学文献出版社
SOCIAL SCIENCES ACADEMIC PRESS（CHINA）

图书在版编目（CIP）数据

中国经济增长报告. 2021-2022：低碳转型与绿色可持续发展 / 张自然等著. --北京：社会科学文献出版社，2022.9
（宏观经济蓝皮书）
ISBN 978-7-5228-0754-6

Ⅰ.①中…　Ⅱ.①张…　Ⅲ.①中国经济-经济增长-研究报告-2021-2022　Ⅳ.①F124.1

中国版本图书馆 CIP 数据核字（2022）第 171698 号

宏观经济蓝皮书

中国经济增长报告（2021~2022）
——低碳转型与绿色可持续发展

著　　者／张自然　张　平　刘霞辉　袁富华 等

出 版 人／王利民
组稿编辑／周　丽
责任编辑／张丽丽
文稿编辑／赵熹微
责任印制／王京美

出　　版／社会科学文献出版社·城市和绿色发展分社（010）59367143
　　　　　　地址：北京市北三环中路甲 29 号院华龙大厦　邮编：100029
　　　　　　网址：www.ssap.com.cn
发　　行／社会科学文献出版社（010）59367028
印　　装／天津千鹤文化传播有限公司

规　　格／开 本：787mm×1092mm　1/16
　　　　　　印 张：21.5　字 数：322 千字
版　　次／2022 年 9 月第 1 版　2022 年 9 月第 1 次印刷
书　　号／ISBN 978-7-5228-0754-6
定　　价／128.00 元

读者服务电话：4008918866

致　谢

本书得到以下项目资助：

中国社会科学院创新工程"公司治理、创新与高质量发展""中国高质量发展路径研究""双循环战略与中国经济增长"；国家社会科学基金青年项目"消费与人力资本关联机制及其对创新效率影响研究"（批准文号：20CJL032）；广东省社科规划 2022 年度一般课题"'双碳'目标下粤港澳大湾区能源稳定与金融安全对策研究"；广州市哲学社会科学发展"十四五"规划 2022 年度共建课题"绿色金融支持广州经济向绿色化、数字化转型的路径研究"（2022GZGJ08）。

特此致谢。

主要编撰者简介

张　平　中国社会科学院经济研究所研究员，中国社会科学院大学教授、博士生导师。参加和主持了与世界银行、亚洲开发银行、世界劳工组织等的多项国际合作以及社科基金重点课题和国家交办的课题。负责了中国社会科学院重大课题"中国经济增长的前沿"及国家社会科学基金重大招标课题"我国经济结构战略性调整和增长方式转变"和"加快经济结构调整与促进经济自主协调发展研究"等。四次获孙冶方经济科学奖。出版专著若干，在《经济研究》等核心期刊上发表或合作发表几十篇论文，共计百余万字。

刘霞辉　中国社会科学院经济研究所研究员，中国社会科学院大学教授、博士生导师。曾承担和主持多项国家社会科学基金重大招标课题及中国社会科学院、中国社会科学院经济研究所重大课题。在《经济研究》等核心刊物上发表了多篇论文。主要著作有《改革年代的经济增长与结构变迁》（合著）、《中国经济增长前沿》（合著）。

袁富华　中国社会科学院经济研究所研究员，中国社会科学院大学教授、博士生导师。承担和主持多项国家社会科学基金项目。在《经济研究》等核心期刊上发表多篇论文。主要专著有《中国经济增长潜力分析》等。

张自然　中国社会科学院经济研究所经济增长理论研究室主任、研究员，中国社会科学院大学教授、博士生导师，中国城市发展研究会副秘书长。两次主持完成国家社会科学基金重点项目。作为子课题负责人或主要成员参与了多项国家社会科学基金重大招标课题。在核心学术期刊上发表论文多篇。所参与编撰的《中国经济增长报告》系列分别获 2014 年、2015 年和 2018 年中国社会科学院优秀皮书报告奖一等奖，2020 年中国社会科学院优秀皮书报告奖二等奖；2014 年中国社会科学院优秀皮书奖三等奖，2018 年、2019 年中国社会科学院优秀皮书奖二等奖；著作《中国城市化模式、演进机制和可持续发展研究》入选中国社会科学院文库，并被评选为中国社会科学院 2016 年 10 项重大理论与现实问题研究成果之一。

摘　要

2022 年以来全球经济总体增速放缓，一个带给全球 30 多年经济扩张和低通货膨胀的全球化和平繁荣时代行将结束。本书总报告认为，面对国际冲突和疫情的持续冲击，中国有力统筹疫情防控和经济社会发展，经济运行总体平稳，但呈现出需求再次收缩、经济实际增长水平低于潜在增长水平等问题。同时，发达国家货币政策调整步伐加快和全球经济增速放缓造成的外部需求收缩，叠加东南亚国家制造业产能恢复和疫情对我国供应链的短期扰动制约着我国外贸出口增长。长远来看，我国经济发展向好的基本面不会改变，但要依靠外需来加速自身修复。乌克兰危机相关地缘政治问题的发酵、全球供应链调整和区域化组织不断建立，以及美欧等国际储备货币国家和地区在夏季加息后信用收缩的持续影响，会不断挑战我国的长期发展。为了应对全球化叙事转变带来的长期挑战，中国需要积极以高水平的开放推动构建双循环新发展格局，提振内需；利用制造优势推动自身和全球的绿色发展，以能源绿色低碳发展为抓手，加快推进产业结构、消费结构以及空间格局的绿色转型，推动中国的新型工业化；提升自主创新能力，应对全球化冲击的影响；有效管控重点风险，着力稳定宏观经济大盘；注重用好结构性政策，投资再生能源、新型电力系统、AI 和物联网等信息基础设施，推动中国经济加快数字化、绿色转型和新产业发展。

本书分报告包括三个部分。第一部分，低碳转型篇。本部分从地级市层面实证考察了信息基础设施建设对城市碳排放强度的影响及作用机制，发现信息基础设施建设通过产业结构优化、生产性服务业集聚、绿色技术创新等

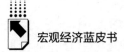

路径，显著降低了城市碳排放强度，认为在科技水平较高、城市规模较大的特大及超大城市、大城市以及传统基础设施较好的城市中，信息基础设施建设的碳减排效应更为显著。中国要实现"双碳"目标，面临着经济仍需继续发展、资源禀赋约束着能源结构、就业结构错配等方面问题的挑战，应针对这些挑战精准施策，形成促进产业结构持续优化的新动力。第二部分，区域实践篇。本部分对"双碳"目标下广州市黄埔区、广州开发区碳金融发展路径进行了研究，围绕广州市黄埔区、广州开发区将分布式能源改造和金融服务相结合的模式做出了创新性探索。第三部分，区域经济发展前景篇。本部分从指数、分级和排名等方面对中国 30 个省（区、市）1990~2022 年的经济增长、增长潜力、政府效率、人民生活和环境质量五个一级指标进行分析，并对其"十四五"发展前景进行评估。研究发现，尽管中国经济正面临着结构性减速和 2020 年以来持续近三年的严重疫情的影响，中国 30 个省（区、市）的发展前景和经济发展质量仍然得到了一定的稳固、恢复和提升。发展前景指数、经济增长指数、人民生活指数是西部地区改善情况优于东部、中部地区，环境质量指数是中部地区改善情况优于东部、西部地区，增长潜力指数和政府效率指数是东部地区改善情况优于中部、西部地区。从新冠肺炎疫情发生以来的区域发展情况对比来看，除环境质量外，其他一级指标方面均是西部地区改善情况优于东部、中部地区。发达地区经济发展质量受到了比发展中地区更为严重的影响，从而区域差距有一定程度的缩小，但这种缩小却不是我们希望看到的，不是我们所希望实现的共同富裕。同时，随着城市化的深入发展，公共服务、社会保障、生活质量和生态环境逐渐上升到较为重要的地位。

关键词： 可持续增长　区域经济发展前景　区域低碳实践

目 录 ↖

I 总报告

II 低碳转型篇

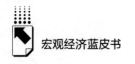

Ⅲ 区域实践篇

Ⅳ 区域经济发展前景篇

Ⅴ 附录

皮书数据库阅读**使用指南**

总 报 告
General Report

B.1
中国经济整固前行
与迎接全球化叙事转变
——低碳转型与绿色可持续发展

中国经济增长前沿课题组[*]

摘　要： 2022 年以来全球经济总体增速放缓，一个带给全球 30 多年经济扩张和低通货膨胀的全球化和平繁荣时代行将结束。面对国际冲突和疫情的持续冲击，中国有力统筹疫情防控和经济社会发展，经济运行总体平稳，但呈现出需求再次收缩、经济实际增长水平低于潜在增长水平等问题。同时，发达国家货币政策调整步伐加快和全球经济增速放缓造成的外部需求收缩，叠加东南亚国家制

---

* 中国经济增长前沿课题组负责人张平、刘霞辉、张自然。本报告执笔人张平、张自然、楠玉。张平，博士，中国社会科学院经济研究所研究员、博士生导师，主要研究方向为经济增长；张自然，博士，中国社会科学院经济研究所经济增长理论研究室主任、研究员、博士生导师，主要研究方向为城市化、技术进步与经济增长；楠玉，博士，中国社会科学院经济研究所副研究员，主要研究方向为人力资本与经济增长。参加讨论的人员有赵志君、仲继银、常欣、李江涛、汤铎铎、吴延兵、王宏淼、陈昌兵、付敏杰、张小溪、陆明涛、郭路、张鹏、杨耀武、张晓奇、陆江源、侯燕磊、何竞等。

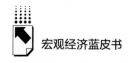

造业产能恢复和疫情对我国供应链的短期扰动制约着我国外贸出口增长。长远来看，我国经济发展向好的基本面不会改变，但要依靠外需来加速自身修复。乌克兰危机相关地缘政治问题的发酵、全球供应链调整和区域化组织不断建立，以及美欧等国际储备货币国家和地区在夏季加息后信用收缩的持续影响，会不断挑战我国的长期发展。为了应对全球化叙事转变带来的长期挑战，中国需要积极以高水平的开放推动构建双循环新发展格局，提振内需；利用制造优势推动自身和全球的绿色发展，以能源绿色低碳发展为抓手，加快推进产业结构、消费结构以及空间格局的绿色转型，推动中国的新型工业化；提升自主创新能力，应对全球化冲击的影响；有效管控重点风险，着力稳定宏观经济大盘；注重用好结构性政策，投资再生能源、新型电力系统、AI 和物联网等信息基础设施，推动中国经济加快数字化、绿色转型和新产业发展。

关键词： 低碳转型 绿色可持续发展 区域发展前景 流动性陷阱

2022 年以来全球化转向新区域集团化的态势不断被加强，一个带给全球 30 多年经济扩张和低通货膨胀的全球化和平繁荣时代行将结束。俄乌冲突加速了去全球化的进程，能源等大宗商品价格冲击，叠加全球绿色转型和供应链调整，使得能源、商品供应与需求摩擦加大，全球从通缩转为通胀，从信用扩张转为信用收缩。持续近三年的新冠肺炎疫情仍然未结束，自然性的冲击也使得全球经济增长偏离了复苏轨道，增长放缓，世界银行将 2022 年全球经济增长预期调降至 2.9%。2022 年 6 月，美联储在上月加息 50 个 BP 的基础上继续加息 75 个 BP，欧央行极有可能在 7 月加息，全球储备货币国收缩信用以控制通货膨胀，加剧了全球市场波动。这些持续的冲击不断改变着全球化发展的叙事，意味着 2022 年是全球经济深度转变的元年。对此，中国一方面需要加大宏观政策激励力度对冲各类持续的"灰犀牛"冲击；另一方面也要加快经济转型，增强自身韧性，推动经济整固前行，推进高质量发展。

面对百年未有之大变局和世纪疫情相互叠加的复杂局面，我国有力统筹疫情防控和经济社会发展，2022 年 1~2 月经济运行总体实现平稳开局，第一季度取得了 4.8% 的增长，但 3 月以来，受新冠肺炎疫情和乌克兰危机影响，我国经济发展面临的"三重压力"显现，一些经济指标出现不同程度的回落，4~5 月我国消费、房地产投资等经济指标连续出现负增长，经济再次受到疫情的较强冲击，随着 6 月疫情防控形势总体向好叠加一系列稳增长措施的落地，第二季度我国经济有可能实现小幅正增长，上半年经济增速预计在 3% 左右。由于新冠病毒奥密克戎（Omicron）变异毒株具有高传染性，确诊病例清零所用时间可能较之前更长，疫情封控区域可能更广，不确定性上升，经济恢复会相对较慢，因此宏观政策需要更大的激励力度才有可能使下半年我国经济回到潜在增长率 5% 左右的水平，保证全年经济实现 4%~5% 的增长。

从我国经济发展的内外部形势来看，发达国家信用收缩步伐加快和全球经济增速放缓，叠加国际供应链重组加快以及东南亚国家制造业产能恢复和疫情对我国供应链的短期扰动制约着我国外贸出口的持续高增长。外贸出口增长对我国下半年的经济增长带动力逐步下降，我国工业生产和制造业投资增速趋于下行，同时疫情对消费复苏产生较严重的扰动作用，这些因素均增加了我国经济"稳增长"的压力。要对冲持续冲击，单靠微观经济主体自救已经非常困难，还需要增加宏观政策支持力度以打破微观经济的向下循环。

实际上，宏观经济运行状况是大量微观经济主体在既定宏观环境中基于自身优化决策参与社会经济活动的结果。这些微观经济主体通常将宏观环境当作外生给定条件，在经济遭受较大负面冲击的情况下，微观经济主体基于不利的宏观环境做出的决策可能会形成一种负向反馈机制，使经济面临大幅波动的局面。政府干预才是打破微观经济主体负向反馈机制、扭转微观经济

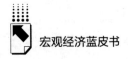

主体困境的决定性力量。

长远来看，我国经济发展向好的基本面不会改变，按照课题组的计算结果，我国经济未来5年潜在增长率仍在5%以上，持续发展具有多方面有利条件，但当前我国经济发展面临需求收缩、供给冲击，以及疫情防控带来的不确定性等预期冲击，风险和挑战明显增多增强。为实现全年经济社会发展预期目标，需有效管控重点风险，着力稳定宏观经济大盘，同时注重用好结构性政策，投资再生能源、新型电力系统、AI和物联网等信息基础设施，推动中国经济加快数字化、绿色转型和新产业发展。

一 2022年需求收缩，需整固前行

2022年以来，面对国际冲突和疫情的持续冲击，我国有力统筹疫情防控和经济社会发展，经济运行总体平稳，但呈现出需求再次收缩，经济实际增长水平低于潜在增长水平等问题。随着我国宏观政策不断调整，预计下半年经济能稳定在5%左右的增长水平上，全年维持在4%左右。国际货币基金组织2022年7月将中国经济增速预测值调降为3.3%，当前中国经济仍有很多不确定性，整固经济根基，稳定增长预期，才能更好地实现经济发展与转型。

（一）受到疫情持续冲击，国内需求收缩

根据课题组对潜在经济增长率的计算，中国的潜在经济增长率超过了5%，但2022年第二季度受到疫情困扰需求再次收缩。疫情的持续冲击造成了人们预期中更多的"不确定性"，居民消费、企业复产或投资都增加了不确定性，国内需求持续收缩。国内需求收缩冲击直接导致了中国经济实际增长率低于潜在增长率，消费者物价指数持续偏低。全球高通胀提升了中国的外部需求，保持了中国出口，对稳定中国经济和汇率起到了支撑作用。但国内需求下降，经济预期不确定导致了居民和企业部门的长期投资需求持续低迷。

从内需看，消费需求持续走低。受 2022 年 3 月以来的疫情影响，消费复苏步伐明显放缓。2022 年 1~5 月，社会消费品零售总额同比下降 1.5%，增速较前两年同期平均增速低 5.8 个百分点，比第一季度下降 4.8 个百分点。其中，受疫情影响，4 月社会消费品零售总额同比下降 11.1%，下降幅度超过了 2020 年同期水平，说明本轮疫情对消费的抑制作用比较明显；5 月，在疫情总体有所好转的情况下，社会消费品零售总额同比下降 6.7%，降幅较 4 月有所收窄。1~5 月，在社会消费品零售总额中，商品零售同比下降 0.7%，餐饮收入同比下降 8.5%；在商品零售中，汽车类零售额同比下降 9.9%，除汽车以外的商品零售同比增长 0.2%，汽车类零售额成为拖累商品零售增长的重要因素。1~5 月，实物商品网上零售额占社会消费品零售总额的比重为 24.9%，比 2020 年同期提高 0.6 个百分点。在境内疫情影响程度加深的情况下，居民出行明显减少，这对部分服务行业复苏产生了不利影响。从居民出行情况来看，1~4 月，民航客运量累计同比下降 45.1%，铁路客运量同比下降 36.1%，特别是 3~4 月下降幅度非常明显。

投资需求走弱。2022 年第二季度房地产投资呈负增长，除基建投资逆势增长仍具韧性外，制造业投资也有所下降，带动固定资产投资增速回落。2022 年 1~5 月，全国固定资产投资（不含农户）同比增长 6.2%，增速比前两年同期平均增速高 2.2 个百分点，较第一季度下降 3.1 个百分点；从环比看，在疫情影响有所缓解的情况下，5 月固定资产投资（不含农户）增长 0.72%，增速由负转正，较上月提高 1.5 个百分点。从固定资产投资各主要分项看，1~5 月，制造业投资同比增长 10.6%，增速比前两年同期平均增速高 9.3 个百分点，较第一季度下降 5.0 个百分点；房地产投资同比下降 4.0%，增速比前两年同期平均增速低 12.6 个百分点，较第一季度低 4.7 个百分点；基建投资（不含电力、热力、燃气及水生产和供应业）同比增长 6.7%，增速比前两年同期平均增速高 4.3 个百分点，较第一季度下降 1.8 个百分点（见图 1）。

2022 年第一季度，我国资本形成总额拉动 GDP 增长 1.3 个百分点，较 2021 年第四季度提升了 1.8 个百分点，扭转了 2021 年第二季度以来连续下

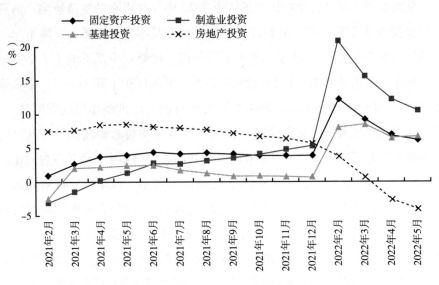

**图1　2021年2月至2022年5月固定资产投资及其各主要分项
累计完成额增长情况**

注：2021年各月数据为2020~2021年两年同期平均增速。
资料来源：国家统计局。

滑的势头。从疫情暴发以来资本形成总额对 GDP 增长的贡献率来看，2020
年第二季度至2021年第一季度，投资对我国经济增长的拉动作用较强。
2020年第二季度资本形成总额对 GDP 增长的贡献率高达154.4%，2021年
第一季度资本形成总额的贡献率也有24.0%。在低基数效应和经济复苏取
得明显成效的情况下，2021年第一季度我国 GDP 实现了18.3%的同比增
长。在此情况下，2021年4月30日召开的中共中央政治局会议提出，要用
好稳增长压力较小的窗口期，推动经济稳中向好，凝神聚力深化供给侧结构
性改革，同时强调要防范化解经济金融风险。2021年，我国政府杠杆率上
升速度放缓、地方专项债发行进度明显慢于往年，这为2022年财政支出增
加储备了一定的政策空间。2021年第三季度，资本形成总额对 GDP 增长的
贡献率下降到7.8%，第四季度更是下降到-11.6%。2021年中央经济工作
会议指出，我国经济发展面临"三重压力"，各方面要积极推出有利于经济

稳定的政策，政策发力要适当靠前。2022 年第一季度，资本形成总额对我国 GDP 增长的贡献率快速回升到 26.9%，政府主导的基建投资成为"稳增长"的重要力量。但 3 月以来，受疫情、外需转弱和基数抬升等因素影响，制造业投资同比增速在 4~5 月呈现下降态势；房地产投资同比增速在商品房销售和房企拿地同比大幅下降的情况下，4~5 月延续较快下降态势；只有基建投资同比增速保持较强韧性，5 月，基建投资增速超过固定资产投资整体增速，成为固定资产投资增长的拉动项。

（二）外部需求促进了复苏，稳定了制造端

国际通胀和人民币小幅贬值提高了外部需求，2022 年 5 月，外贸出口增速大幅回升至 16.8%，而内需低迷导致进口增速只有 4.1%，净出口大幅度增长，预计第二季度经济稳定增长将主要依赖于净出口的带动。内需弱导致进口持续下降，而国际通胀意味着国际需求依然强劲，因此比较确定的是国际需求、出口增速将保持较高水平，顺差将大幅度提高。2022 年 1~5 月，我国实现贸易顺差 2904.6 亿美元，同比增长 42.8%，比第一季度提高 2.8 个百分点。2022 年第一季度，我国净出口对 GDP 增长的拉动率仅为 3.7%，比 2021 年同期下降 21.6 个百分点。4 月，受疫情引起的物流受阻和部分地区封控影响，我国以美元计价的外贸出口同比增速下降到 3.9%，外贸进口同比零增长；5 月，在供应链受阻状况有所缓解和一些港口恢复运行的情况下，我国外贸出口同比增速短期反弹至 16.8%（见图 2），6 月出口依然强劲，进口需求依然疲弱，这种顺差扩大的方式属于"衰退性顺差"，但依然是稳定经济的关键。然而随着美国、欧洲、日本加息力度加大，下半年外部需求将明显下降，5 月美国进口已经出现转折，全球供应链加速调整，加上防疫政策影响，国际交往依然受阻，国际经济需求必然收缩，出口增速降低，叠加上年同期基数抬升影响，这种衰退性顺差的拉动较难持续。

外部需求对制造业有一定的稳定作用，但受疫情等因素影响，各行业复苏差异仍非常明显。2022 年 1~5 月，我国工业增加值同比增长 3.3%，比第一季度下降 3.2 个百分点，较前两年同期平均增速低 3.7 个百分点；我国服

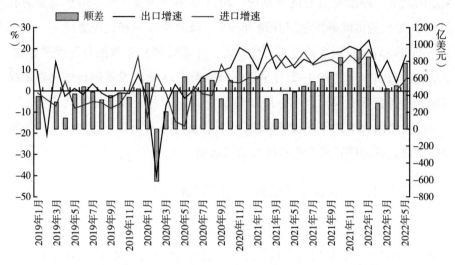

图2　2019年1月至2022年5月我国外贸进出口增速及顺差情况

注：2021年的进、出口增速为2020~2021年两年复合增速。

资料来源：海关总署。

务业生产指数同比下降0.7%，比第一季度下降3.2个百分点，较前两年同期平均增速低7.5个百分点。从工业三大门类增加值来看，1~5月，在煤炭保价稳供政策的推动下，采矿业增加值同比增长9.6%，较前两年同期平均增速提高6.9个百分点；制造业增加值同比增长2.6%，较前两年同期平均增速下降5.1个百分点；电力、热力、燃气及水生产和供应业增加值同比增长4.1%，较前两年同期平均增速下降1.3个百分点。

（三）PPI回落放缓、CPI涨幅有所增加，较大剪刀差仍在

2022年第一季度，我国PPI同比上涨8.7%，受2021年价格变动的翘尾因素影响，同比涨幅连续3个月回落；1~3月我国PPI同比分别上涨9.1%、8.8%、8.3%，其中受2021年基数变化影响，翘尾因素贡献下降较快，1~3月分别为9.3个百分点、8.4个百分点、6.8个百分点。2月以来，受国际地缘政治因素影响国际原油和部分有色金属价格快速跳涨。布伦特原油价格，在乌克兰危机发生前的2020年2月，为每桶100美元左右，而

2022 年 3 月上旬已逼近每桶 140 美元。有色金属方面，在乌克兰危机发生后短短数 10 天内，铜价便上涨了 10% 左右；伦敦金属交易所（LME）的镍期货价格，在乌克兰危机发生后不久的两个交易日内大涨了 250%，出现了所谓的"妖镍"现象。在原油等定价权主要在海外的大宗商品价格的快速上涨带动下，我国 PPI 环比由 2021 年 12 月后的下跌，转为 2022 年 2 月以来的连续较快上涨，2 月 PPI 环比上涨 0.5%，3 月环比涨幅攀升到 1.1%，使得 PPI 同比涨幅在 2021 年高基数的基础上继续保持在 8% 以上。4 月、5 月我国 PPI 环比仍出现了 0.6%、0.1% 的上涨，但由于翘尾因素影响继续明显下降，4 月、5 月我国 PPI 同比读数分别下降到 8.0%、6.4%。按照我们在乌克兰危机发生前的预测，2022 年下半年我国 PPI 同比读数有可能进入负增长区间，乌克兰危机使得我国 PPI 同比读数回落速度明显放缓。在生活资料 PPI 和 CPI 仍在低位波动的情况下，PPI 回落放缓，使得下游行业的利润持续受到挤压。

2022 年第一季度，我国 CPI 同比上涨 1.1%，仍处于非常温和的上涨区间。受季节性因素和国际大宗商品价格上涨影响，1 月、2 月，我国 CPI 环比分别上涨 0.4%、0.6%，同比均上涨 0.9%。3 月，虽然季节性因素影响消退，但国际大宗商品价格继续走高叠加境内疫情对物流的影响，CPI 环比持平，未能延续往年下降的季节性规律，由于 2021 年基数较低，CPI 同比上涨 1.5%。4 月，因受疫情影响，部分地区居民囤货需求增加、物流成本上升，加之国际原油价格上涨对汽油、柴油价格的传导，我国 CPI 环比上涨 0.4%，为 2005 年以来同期的最大涨幅，在 2021 年价格变动的翘尾因素贡献抬升的情况下，CPI 同比涨幅达到 2.1%。5 月，物流受阻状况较上月有所好转，叠加季节性因素影响，我国 CPI 环比转为下跌 0.2%，但由于翘尾因素贡献较上月继续抬升，CPI 同比涨幅与上月持平。

如果以 2021 年 1 月的价格为基数，计算 2021 年初至 2022 年 5 月的 PPI 和 CPI 上涨情况，以消除翘尾因素对 2022 年 PPI 和 CPI 同比读数的影响，可以发现 2022 年 5 月，我国 PPI 相对于 2021 年 1 月已上涨 11.5%，PPI 同比读数高达 13.5% 的 2021 年 10 月，PPI 较 2021 年 1 月上涨 10.5%；而

2022 年 5 月 CPI 相对于 2021 年 1 月仅上涨 1.6%。因此,虽然 2022 年 5 月 PPI 同比读数较 2021 年 10 月的高点已下降 7.1 个百分点,但以 2021 年初的价格为基数,PPI 与 CPI 间的剪刀差仍高达 9.9 个百分点(见图 3)。持续存在的较大剪刀差对处于产业链中下游的企业,特别是下游的中小企业利润形成持续的挤压,从而不利于市场主体信心的恢复。这也是国际地缘政治问题加大我国供给端压力的具体体现。

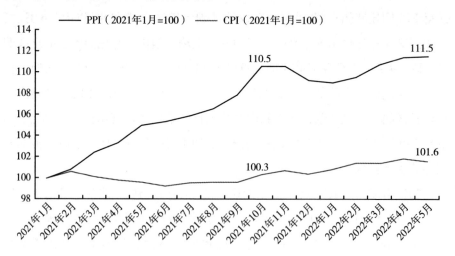

图 3 2021 年 1 月至 2022 年 5 月经过基期调整的 PPI 和 CPI 走势情况

资料来源:国家统计局。

(四)城镇调查失业率上升,结构性失业问题较为突出

2022 年第一季度,全国城镇调查失业率为 5.5%,较 2021 年同期提高 0.1 个百分点,较 2021 年第四季度提高 0.5 个百分点。分月来看,2022 年全国城镇调查失业率呈持续上升走势,3 月,我国城镇调查失业率为 5.8%,较 1 月、2 月分别提高 0.5 个百分点、0.3 个百分点。2 月,我国城镇调查失业率通常较 1 月有所增加,这符合季节性规律,但一般来说,随着春节后部分失业人员陆续找到工作,3 月城镇调查失业率会有所回落。然而,受疫情影响,2022 年 3 月我国城镇调查失业率较 2 月不降反升;受疫情影响范

围扩大、程度加深的影响，4月，我国城镇调查失业率继续上升到6.1%，为2018年开始公布城镇调查失业率以来同期的最高水平；5月，在疫情防控形势总体有所好转的情况下，我国城镇调查失业率小幅下降到5.9%。虽然，我国城镇调查失业状况总体好转，但结构性失业问题严重。我国城镇青年调查失业率自2021年10月以来持续上升，2022年5月，全国16~24岁人口城镇调查失业率为18.4%，较2021年10月提高4.2个百分点，为2018年公布城镇调查失业率以来的最高水平，随着6月、7月高校毕业季的到来，我国16~24岁人口城镇调查失业率有可能继续上升。受疫情影响，部分服务业复苏受阻，使得人员相对密集和服务业发展较好的大城市城镇调查失业率上升，2022年5月，我国31个大城市城镇调查失业率为6.9%，较2021年10月提高1.8个百分点，这也是2018年我国公布城镇调查失业率以来的最高水平。2022年1~5月，我国实现城镇新增就业529万人，完成了全年目标的48.1%，较2021年同期进度放慢4.1个百分点。

（五）居民和企业预期转弱，对中期投资需求下降

政府提出了积极的宏观政策以扭转预期，特别是通过货币政策发力，降息稳地产，释放货币，产生了一定的总量效果。2022年5月社会融资增长了12.4%，规模达到了2.79万亿元，总量上恢复了正常，M2增速达到了11.1%，大大高于名义GDP增长水平，表现出了明显的牵引性的政策意图，但M1增速仍只有4.6%，经济不活跃。从结构看，社会融资回升的最主要原因是政府发债规模扩大，企业贷款依然以短期信贷和票据融资为重要形式；带动M2提升的一个主要指标是货币乘数，该乘数已经高达7.8，表明大量资金在金融体系内循环，流动性大规模释放，未能改变人们预期转弱的局面，长期投资需求仍然不足。

企业和居民贷款数量和结构变化可以部分反映微观经济主体的预期状况。一般来说，在微观经济主体预期转弱的情况下，其用于投资的中长期贷款会相应减少。2022年1~5月，金融机构新增企事业单位人民币贷款9.19万亿元，同比多增2.28万亿元，但其中短期贷款同比多增了1.38万亿元，

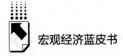

中长期贷款同比少增 1.01 万亿元。2022 年 1~5 月，金融机构新增居民户人民币贷款 1.33 万亿元，同比少增 2.38 万亿元，其中短期贷款少增 0.61 万亿元，中长期贷款少增多达 1.77 万亿元。

在微观经济主体预期转弱的情况下，近期我国部分资产的价格也出现了较为明显的下跌。2022 年 5 月，我国 70 个大中城市新增商品住宅和二手住宅价格同比下降的城市分别有 46 个和 57 个，比 4 月分别增加 7 个和 1 个。截至 2022 年 5 月 31 日，我国上证指数、深证成指收盘价较年初分别下跌 12.3%、22.1%；同期，在岸人民币兑美元汇率收盘价也出现了 4.3% 的下跌。

（六）2022年经济增长预测

国内需求萎缩的同时，国际需求也受到冲击。发达国家货币政策调整步伐加快和全球经济增速放缓造成的外部需求收缩，叠加东南亚国家制造业产能恢复和疫情对我国供应链的短期扰动制约着我国外贸出口增长。乌克兰危机和一些国家对俄罗斯的制裁，使疫情暴发以来全球持续走高的通胀态势可能变得更为持久；同时部分发达国家劳动力市场紧张，为避免工资通胀螺旋，避免通胀成为在较长时间内难以解决的问题，这些国家明显加快了货币政策转向步伐。在乌克兰危机和部分发达国家货币政策转向步伐加快的背景下，全球经济增速有所放缓，同时部分国家消费从实物商品向服务转换，对我国制造业外部需求的增长形成了较大的制约，中国外部需求从前两年的高增长转向平稳。

2022 年上半年我国 GDP 同比增速为 2.5%，这加大了我国"稳增长"任务的严峻性。综合考虑当前我国经济所面临的内外部环境，结合 2022 年第二季度 GDP 环比增速为 -2.6%，上半年同比增速为 2.5%，预计下半年经济增长将恢复到 5% 左右的水平，全年经济增长在 4% 左右，比潜在经济增长率要低 1 个百分点，主要原因是疫情对国内需求造成了冲击。

表1   2016年第一季度至2022年第二季度GDP增速情形

单位：%

季度	2016年环比	2017年环比	2018年环比	2019年环比	2020年环比	2021年环比	2022年环比	2021年同比	2022年同比
第一季度	1.4	1.8	1.8	1.7	−10.3	0.5	1.3	4.9	4.8
第二季度	1.9	1.7	1.6	1.4	11.6	1.2	−2.6	5.5	0.7
第三季度	1.7	1.6	1.4	1.2	3.4	0.7	—	4.8	—
第四季度	1.6	1.6	1.5	1.2	2.5	1.5	—	5.2	—

资料来源：国家统计局网站。

依据前6个月的经济运行数据，一些国际组织调降了中国2022年经济增速预测值，世界银行6月发布的《全球经济展望》将我国2022年经济增速预测值调降至4.3%，较1月的预测值下调了0.8个百分点；国际货币基金组织（IMF）7月发布的《世界经济展望报告》将我国2022年经济增速预测值调降至3.3%。

二 全球化叙事转变带来的长期挑战

2022年中国经济依然要靠外需来加速修复，但乌克兰危机相关地缘政治问题的发酵、全球供应链调整和区域化组织不断建立，以及美欧等国际储备货币国家和地区在夏季加息后信用收缩的持续影响，会不断挑战中国的长期发展。中国的崛起得益于全球化叙事，全球化叙事表述了共同协作的价值观，"世界是平的"，和平、分工、效率、规模和发展是全球化共享发展的合作理念。20世纪80年代末以来的全球化促进了全球经济效率的提高，通货膨胀逐步走低，全球经济增长加速，简单价值链、复杂价值链占GDP的比重呈上升趋势，2008年达到顶峰。全球金融危机爆发后，全球化水平迅速下降，各国积极采取扩大内需的政策对冲外部冲击，到了2011年全球化水平再次回到接近2008年的水平，而后呈下降态势，这有着其内生再调整的特征。2020年后受全球疫情阻隔影响，全球化水平持续下降。在全球化快速发展阶段，全球通胀率被压降，促进了美国等储备货币国的信用在低通胀和高增长的环境下不断扩张，技术和产业转移加快。中国1994年推动汇率改革逐步确立了出口导向的工业化，2001年加入WTO，成为全球化最大的受益国与推动国。2011年开始全球化步伐呈下降态势，虽然其间贸易摩擦不断，但多为经济活动自身的问题，属于全球化放缓过程。乌克兰危机导致了地缘政治格局的加快分化，预计2023年后全球化转向地区联盟化的速度将加快。这种转变作为一种新的挑战已经超出了经济范畴，形成了所谓"安全"的政治范畴，和平红利也在逐步消退，全球化叙事转变带来了后全球化时代的新挑战和机遇。

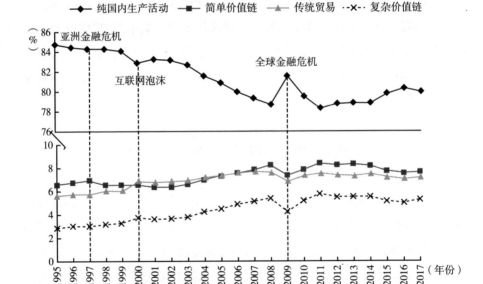

图4　全球化水平与国内需求的波动关系（各类价值链占 GDP 的比重变化）

资料来源：《全球价值链发展报告2019》。

全球化叙事转变之一：全球通缩转向全球通胀。全球化推动全球分工—规模—效率大幅度提高，低成本制造使全球价格逐步下降。得益于全球化进入经济"大缓和"时期，1994年后美国没有出现高通胀，经济发展快而且通胀的波动幅度很小；中国1995年后通胀率也是逐步走低，中国从抑制通胀转为克服通缩；欧洲、日本更早就开始和通缩做斗争。30 多年来的全球化因中国的积极加入，推动了全球的低成本制造，全球发展受益于成本和通胀的低波动影响。全球化的逆转直接会开启一个高成本的发展通道，全球经济摩擦成本会持续上升。

从当前全球化放慢趋势可以看出：（1）新的区域组织替代 WTO，全球化转向区域集团化，地缘政治被纳入考量。耶伦在大西洋理事会上讲，"我们需要使建立贸易一体化的多边方法现代化。我们的目标应该是实现自由但安全的贸易"[1]。拉加德在彼德森会议上针对俄乌冲突对世界贸易和供应链的影响提出，"这场战争可能证明对欧洲和其他地区也是一个转折点，它使得供应商国家所属的联盟变得更加重要。国际公司仍将面临着在成本最低的地方组织生产的强烈动机，但地缘政治的需要可能会限制他们这样做的（地域）范围"[2]。而后美国启动的印太经济框架（IPEF）和欧盟与部分国家签订的零关税协定等表明，新的组织体系替代了原有的 WTO 框架。（2）全球贸易与供应链重塑已经不可避免，供应链重塑推动了更大规模的资本开销和供应链区域的重新配置，全球价值链效率下降，发展成本变高，包括更高的劳动力成本、贸易保护带来的更高的摩擦成本等，部分国家试图降低对中国供应链的依赖，组建新的区域供应链替代原有的更有效率的供应链，全球经济开启高成本时代。（3）全球化放缓或逆转导致的贸易摩擦、能源价格上涨等动荡会增加全球经济放缓和波动加大的风险。从现有的趋势看，应对外部需求减弱与转移、波动加大、成本升高等问题是国家、企业和个人都要承担的逆全球化成本。

全球化叙事转变之二：全球信用从宽松到紧缩，而且伴随着新的国际金融体系的重构。国家信用体系的扩张来自全球化所带来的低成本和高成长，

① 《耶伦与拉加德的演讲意味着全球贸易体系的死亡》，https：//mp. weixin. qq. com/s？＿＿biz = MzIxNDI5NTI2Ng = = &mid = 2247486572&idx = 1&sn = 221b6a4bf67bccb001377bceef165903&chksm = 97a8fbe1a0df72f7dcee0d2049ab42df0785b4f5b9427c126f2731a3c5ec9db7f58c67f2cad5&scene = 27。

② 《耶伦与拉加德的演讲意味着全球贸易体系的死亡》，https：//mp. weixin. qq. com/s？＿＿biz = MzIxNDI5NTI2Ng = = &mid = 2247486572&idx = 1&sn = 221b6a4bf67bccb001377bceef165903&chksm = 97a8fbe1a0df72f7dcee0d2049ab42df0785b4f5b9427c126f2731a3c5ec9db7f58c67f2cad5&scene = 27。

低成本直接降低了通胀率，推动了利率下行，而高成长意味着资金的高回报，信用扩张是这一经济增长特征的内生产物。信用扩张使经济增长获得了空间，带来更低的资金成本和更高的资金回报，不断增加的杠杆，推动了需求扩大，这是一个全球化的正反馈机制。信用扩张机制受益于全球化推动的"低成本—高成长"的组合，同时信用扩张又放大了需求，拉动了全球化发展，但这种正反馈循环也是有边界的，其自身调整已经开始，当前又加入了地缘政治问题的干扰，使得全球化叙事发生根本转变。随着新冠肺炎疫情的蔓延，在发达经济体最大一轮的信用扩张后，全球由通缩转向通胀，经济增长放缓，信用体系由扩张转向了收缩。2022 年 5 月美国通胀率达到了 8.6%，创 40 年来美国消费物价指数新高，美联储 6 月加息 75 个 BP，7 月预计再加息 75 个 BP。根据美联储加息后的未来展望点阵图（见图 5），2022 年、2023 年、2024 年底联邦基金利率预期中值将分别升至 3.4%，3.8%、3.4%，表明 2022 年美联储预计仍将加息 175BP，2023 年或将加息至 4%，但美联储或在 2024 年开始降息，将长期利率降至 2.5%。美联储的加息会导致美国 2023 年经济放缓，全球需求扩张下降，如果加息超过 4%，意味着美国会出现衰退。此外美国加息后是否仍能回到 2.5% 的长期利率水平也值得讨论。由于全球化转变，全球进入了一个经济效率下降的历史阶段，通胀是"顽固的"，因此低利率时代预期难以实现。与美国相一致，欧洲 2022 年 7 月开始启动加息，全球发达经济体的信用收缩将直接冲击全球经济增长。

全球化叙事转变之三：向绿色和数字化转型。全球化老格局放缓的同时，新全球化议题带来了新机遇。开启全球零碳发展的新工业体系重构，也是一次全球最大范围内的"能源—产业"革命。工业革命以来我们主要依赖于以一次能源和自然资源为基础的工业，能源的外部性和自然资源的枯竭不在生产函数考虑之列，GDP 的快速增长是通过工业制造体系将自然资源和能源加工成产品满足需求来实现的，大工业生产是空间集中化、生产规模化、产品标准化、消费廉价化的生产，鼓励以过度消费作为发展的动力。然而全球零碳发展，将彻底改变这一状态，传统能源和有限自然资源都会因自身价格变得较高而抑制消费，督促人们转向消费更便宜的再生能源和循环经

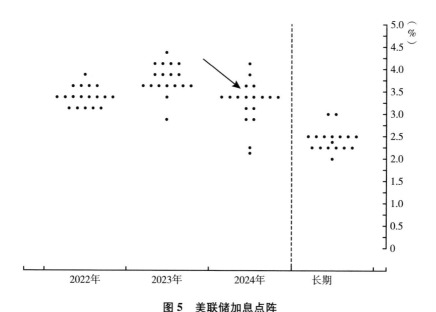

图5　美联储加息点阵

资料来源：美联储网站。

济的产品。随着发展方式改变，分布式生产、再生能源和循环经济将成为转型的核心，人们对 GDP 增长的衡量会发生新的变化，原有的高增长会被新的可持续 GDP 的评价所取代，在这一转型过程中人们需要承担更高的能源价格和资源价格，转型成功后能源和资源才会重新回到低价格状态，这一转型也需要高的资本支出，推动"能源—工业化"转型和新基础设施的建设。数字化转型也伴随着这一变化。

在乌克兰危机发生之前，由于全球供需缺口的存在、绿色低碳转型以及供应链等方面的问题，发达国家通胀水平不断创下新高。2022 年 1 月，美国 CPI 同比上涨 7.5%，为 1982 年 3 月以来的最高水平；乌克兰危机发生后，2022 年 3 月，美国 CPI 环比冲高到 1.3%，上一次美国 CPI 环比增幅如此之高还是在 1982 年 6 月，这也推动 2022 年 3 月美国 CPI 同比增长 8.5%，其中能源价格上涨是最重要的推动项。进入 4 月后，乌克兰危机引发的部分国际大宗商品价格快速攀升阶段逐渐结束，原油、有色金属等产品价格总体

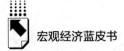

处于高位震荡之中，但由于过去两年中国外贸出口在缓解国际供需缺口方面发挥着巨大作用，近期疫情对中国供应链的扰动可能增加了一些国家通胀上行的压力。2020年4月和5月，美国CPI环比仍出现了0.6%、1.1%的上涨，其中除能源和食品外的美国核心CPI环比上涨0.5%、0.6%，这造成了在2021年基数抬升的情况下，5月美国CPI同比上涨仍高达8.6%，创1982年以来的新高。同时，其他发达经济体，如欧盟，5月调和CPI同比上涨8.8%，创1996年该数据发布以来的新高。一些居民消费篮子中能源、粮食占比较大的低收入国家，可能会面临更广泛、更持久的价格压力。高企的通胀推动部分发达经济体加快货币政策转向步伐，从而增加了全球经济复苏的不确定性。2022年3月，美联储上调联邦基金利率25个BP至0.25%~0.50%，这是美联储自2018年12月以来的首次加息；5月，美联储加息50个BP；6月，美联储继续加息75个BP，这是美联储自1994年11月以来单次最大幅度的加息，在接下来的数个月内可能还会开启缩表进程。虽然，美国2022年第一季度GDP季调环比折年率为-1.4%，低于市场预期，引发美联储是否会延缓货币政策调整步伐的讨论，但美国GDP增速放缓反映了美国劳动力市场的紧张局面。2022年3月，美国失业率已降至疫情前的低位，劳动参与率与疫情前水平相比也只有1个百分点的差距，这其中还有大量接近退休年龄因疫情而提前退休的人口，这说明美国经济可调动的潜在生产能力降低，如果此时放缓货币政策调整步伐可能会导致更为严重的工资—通胀螺旋，使通胀成为在较长时间内难以解决的问题。

在乌克兰危机和部分发达国家货币政策转向步伐加快的情况下，一些国际组织调低了2022年全球经济增速预测值。世界银行2022年6月发布《全球经济展望》，将2022年全球经济增长预期下调至2.9%，较1月4.1%的预测值下降1.2个百分点，并警告存在滞胀风险。报告指出，俄乌冲突导致通胀水平升高，金融形势更加紧张。2023年，全球通胀有望缓和，但仍可能高于大多数国家的目标水平。报告预计，2022年发达经济体的经济增幅将从2021年的5.1%大幅回落至2.6%，较1月预测值下修1.2个百分点。预计美国和欧元区2022年经济增幅均为2.5%，较1月预测值分别下修 1.2 个和 1.7 个百分点。报告同时预计，新兴市场和发展中经济体的经济增速将从 2021 年的 6.6% 近乎腰斩至 3.4%。国际货币基金组织（IMF）在 7 月发布的《世界经济展望报告》中预测 2022 年全球经济增速为 3.2%，较 4 月的预测值调降了 0.4 个百分点；其中，欧元区由 2.8% 调降至 2.6%，美国由 2.7% 调降至 2.3%，新兴市场和中等收入经济体由 3.8% 调降至 3.6%。

全球经济增速放缓会影响国际需求从而限制我国外贸出口增长。同时，由于境外较多国家和地区全面取消了疫情防控限制性措施，推动了服务业生产和消费的恢复。2022 年以来，美国个人服务消费支出实际同比增速已超过耐用品和非耐用品消费增速，3 月和 4 月，美国个人服务消费支出实际同比分别增长 6.5%、6.0%，而个人非耐用品消费、耐用品消费实际同比均出现负增长，这对我国制造业产品出口也会形成不利影响。

在经历了 2021 年第三季度新冠病毒德尔塔变异毒株的冲击后，一些东南亚国家制造业产能已经恢复，这对我国出口也会产生替代效应。2022 年 2 月以来，越南工业生产指数已连续 4 个月同比增长超过 9%，1~5 月，越南以美元计价的外贸出口累计同比增长 17.2%；1~5 月，印度尼西亚以美元计价的外贸出口累计同比增长 36.3%，增速明显加快。在我国疫情影响范围扩大、持续时间拉长的情况下，东南亚制造业外贸出口对我国的替代作用可能会加强。同时，疫情对境内物流和供应链形成的扰动，也增加了我国外贸的短期困难。

后全球化的转变不是一个短期的问题，中国需要从更多方面加以应对。（1）积极以高水平的开放推动构建双循环新发展格局，提振内需。（2）利用我国的制造优势推动全国和全球的绿色发展。新能源的发展成为中国经济转型与发展的新带头力量，中国应该继续以新能源为抓手推动绿色转型，推动新型工业化进程。（3）提升自主创新能力，迎接全球化冲击带来的挑战。

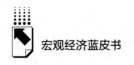

三 绿色转型下的经济增长

2020 年 9 月，中国在第七十五届联合国大会上正式宣布将会采取更加有力的政策和措施，努力争取在 2030 年之前使得二氧化碳排放达到峰值，力争 2060 年之前实现碳中和。中国在全面开启社会主义现代化建设新征程的节点上，将碳达峰、碳中和"双碳"目标纳入中国经济社会发展战略之中，表明了中国要通过绿色低碳转型实现人与自然和谐共生的现代化的决心。未来，中国经济社会发展应以全面绿色转型为引领，以能源绿色低碳化转向为抓手，加快推进产业结构、消费结构以及空间格局的低碳化和绿色转型，坚定不移地走生态优先、绿色低碳化的高质量发展之路。

（一）经济增长核算情况

中国经济整体增长核算情况，如表 2 所示。主要呈现出如下特征：（1）劳动投入已连续多年表现为负增长，劳动年龄人口增长率下降。随着我国加速步入老龄化社会以及生育率的持续走低，低成本劳动力优势将逐渐丧失。如表 2 所示，2008~2021 年劳动投入增长率平均水平已经为负，劳动投入平均下降 0.063%，劳动年龄人口增长率也由 1985~2007 年的 1.58% 下降至2008~2021 年的 0.068% 的水平，劳动对经济增长的贡献份额逐步降低，当前已表现为负贡献。预计未来 5 年劳动投入会进一步下降，预期年均降幅为0.499%。（2）当前资本对经济增长的贡献仍然占绝对主导，未来可以通过改善资本使用效率和资本配置效率进一步提升经济增长效率。表 2 中，资本对经济增长的贡献份额始终处于较高水平，1985~2007 年资本贡献份额为68.72%，至 2008~2021 年已达到年均贡献率 78.66% 的水平。资本投入增长率在 2008~2021 年保持在 12.04% 左右，但资本使用效率却并未表现出改善的特征，资本效率由 1985~2007 年的 0.52 下降至 2008~2021 年 0.235 的水平。（3）经济增长效率改善要着重依赖全要素生产率提升。当前（2008~2021 年）全要素生产率年均增长 1.67%，对经济增长的贡献份额达到

21.77%，预计未来 5 年全要素生产率将年均增长 1.35%，全要素生产率对经济增长的贡献份额将达到 30%的水平。

表 2　生产函数分解

指标	历史(峰—峰)：1985~2007 年	现状：2008~2021 年	预测：2022~2026 年
[1][潜在增长(生产函数拟合)三因素](%)	10.10	7.50	5.10
[2]资本投入(K):弹性	0.60	0.49	0.45
[3]资本贡献份额=([2]×[8])/[1](%)	68.72	78.66	75.38
[4]劳动投入(L):弹性	0.40	0.51	0.55
[5]劳动贡献份额=([4]×[11])/[1](%)	6.17	-0.43	-5.38
[6]全要素生产率:增长率(%)	2.82	1.67	1.35
[7]全要素生产率:贡献份额=100-[3]-[5](%)	25.11	21.77	30.00
[8]资本投入增长率(k=dK/K)=[9]×[10](%)	11.13	12.04	8.54
[9](净)投资率(I/Y)(%)	21.32	45.99	—
[10]资本效率(Y/K)	0.52	0.235	—
[11]劳动投入增长率(l=dL/L)=[12]+[13](%)	1.50	-0.063	-0.499
[12]劳动年龄人口增长率(pop_l)(%)	1.58	0.068	-0.64
[13]劳动参与率变化率(θ_L)(%)	-0.07	-0.131	0.141
[14]劳动生产率增长率(y=Y/L)=[15]+[16](%)	8.54	8.14	—
[15]资本效率(Y/K)增长率(%)	-0.89	-3.97	—
[16]人均资本(K/L)增长率(%)	9.43	12.10	—
城市化			
[17]城市化率(%)	33	56.39	68.00

注：产出变量（Y）用不变价的国内生产总值衡量（以 1978 年为基期）；劳动投入变量（L）用就业人数来进行衡量；资本存量水平（K）是依据 Nehru 和 Dhareshwar 1993 年的永续盘存法测算得出的（以 1978 年为基期）。

资料来源：《新中国六十年统计资料汇编》、历年《中国统计年鉴》及各省份历年统计年鉴。

（二）工业碳排放与绿色增长

1. 工业能源消费结构

这里我们重点关注中国工业发展中的高能耗问题。一直以来，受经济增长模式以及能源消费结构的制约，中国工业经济增长中的高能耗问题一直较

为突出。表 3 显示了 1995 年以来中国的能源消费状况。从煤炭能源消费占
比数据来看，尽管煤炭能源消费表现出较明显的下降趋势，但能源消费总量
中煤炭能源消费仍然占据较大比重，2021 年煤炭能源消费占比为 56.0%，
中国目前能源消费仍是以煤炭能源消费为主。在持续的工业化深化进程中，
工业能源消费占比始终处于较高的水平，能源消费总量中工业能源消费仍然
占绝对比重，2012 年之后工业能源消费占比略有下降，但这一比重仍维持
在 65% 以上，2021 年能源消费总量中工业能源消费占比为 66.1%。在工业
能源消费中，煤炭消费占比较大，1995 年以来，工业煤炭消费量表现出上
升的态势，这表明我国以煤炭为主的能源消费结构仍然较为显著。2021 年
煤炭消费总量中工业煤炭消费占比为 97.5%。从中国能源消费的状况来看，
工业部门仍然是能源消费碳排放压力的主要来源。

表 3   1995~2021 年能源消费概况

单位：%

年份	工业能源消费占比	工业煤炭消费占比	煤炭能源消费占比
1995	73.3	85.4	74.6
1996	72.2	88.2	73.5
1997	72.4	88.6	71.4
1998	71.4	89.0	70.9
1999	69.8	90.1	70.6
2000	68.9	90.6	69.2
2001	67.9	90.9	68.3
2002	68.6	91.3	68.0
2003	69.6	92.0	69.8
2004	70.5	92.4	69.5
2005	71.0	92.9	70.8
2006	71.1	93.5	71.1
2007	71.6	93.9	71.1
2008	71.8	94.5	70.3
2009	72.4	94.1	71.6
2010	72.4	94.4	69.2
2011	71.8	94.8	70.2

续表

年份	工业能源消费占比	工业煤炭消费占比	煤炭能源消费占比
2012	70.7	95.1	68.5
2013	69.8	94.9	67.4
2014	69.6	94.9	65.8
2015	68.1	94.5	63.8
2016	66.9	94.5	62.2
2017	66.3	94.8	60.6
2018	65.9	95.7	59.0
2019	66.2	96.3	57.7
2020	66.1	96.9	56.8
2021	66.1	97.5	56.0

资料来源：各年《中国能源统计年鉴》。

2. 工业能源消费碳排放情况

这一部分依据工业能源消费数据及碳核算中能源碳排放系数①，对工业部门能源消费碳排放量进行测算，同时对工业部门能源消费及相关碳排放问题展开讨论。

（1）工业部门能源消费碳排放的整体变动

从碳排放量来看，2000 年以来工业部门能源消费碳排放量稳步上升，2013 年之后基本保持平稳波动态势。如图 6 所示，随着工业规模的快速扩张，工业部门能源消费碳排放量迅速上升，2013 年比 2000 年增加了 2 倍多，达到约 37.9 亿吨的规模。根据对工业部门能源消费碳排放量的估算，2000 年以来工业部门能源消费碳排放量的快速增长，主要源自制造业部门能源消费碳排放量的增长，其贡献率一直维持在 50%~55% 的区间内。其次是电力、热力、燃气及水生产和供应业，其贡献率在 35%~40%，采矿业能源消费碳排放量在工业部门中相对较低。2013 年之后工业部门能源消费碳排放量增长放缓，基本保持平稳波动的态势。

---

① 参照已有研究的标准，将碳核算中能源碳排放系数设定如下：原煤为 0.76，焦炭为 0.89，原油为 0.59，汽油为 0.55，煤油为 0.57，柴油为 0.59，燃料油为 0.62，天然气为 0.45，水电、核电为 0。

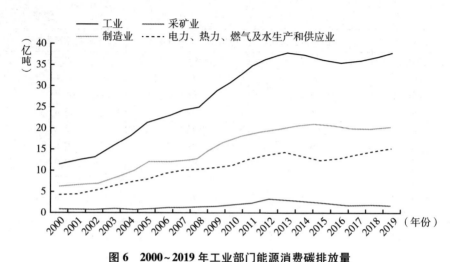

图6　2000～2019年工业部门能源消费碳排放量

（2）工业各行业煤炭消费碳排放情况

工业部门能源消费的碳排放规模一直居高不下，主要是由于工业部门的能源消费仍是以煤炭消费为主。表4显示了2000～2019年工业各行业煤炭消费碳排放占工业能源消费碳排放的比重情况。首先，从总体情况来看，2000年以来工业部门煤炭消费的碳排放占比基本维持80%左右的高位，2013年之后出现小幅的下降趋势，2019年占比为77.71%。其次，工业部门中多数行业煤炭消费碳排放占比始终居高不下，并未表现出较明显的下降趋势。2019年工业部门中19个行业煤炭消费碳排放占比超过90%。同时，仅有11个行业煤炭消费碳排放占比低于50%，分别为：黑色金属矿采选业（48.89%），文教、工美、体育和娱乐用品制造业（46.28%），电气机械及器材制造业（44.96%），专用设备制造业（43.57%），黑色金属冶炼及压延加工业（37.78%），金属制品业（35.24%），仪器仪表制造业（26.52%），家具制造业（24.0%），其他制造业（23.74%），石油和天然气开采业（15.14%），通用设备制造业（5.99%）。因此，就当前中国工业能源的消费结构而言，推动节能减排绿色发展的任务仍然任重而道远。

表4 2000~2019年工业各行业煤炭消费碳排放占比情况

单位：%

行业	2000年	2001年	2002年	2003年	2004年	2005年	2006年	2007年	2008年	2009年
工业	78.62	79.17	79.38	79.97	79.92	79.85	79.43	79.93	79.93	80.18
（一）采矿业	76.80	77.79	75.19	78.26	88.94	89.02	91.59	92.13	91.62	93.07
煤炭开采和洗选业	98.44	98.58	98.43	98.89	98.89	99.06	99.06	99.08	99.10	99.10
石油和天然气开采业	22.86	23.46	23.72	25.77	23.67	22.00	24.64	24.31	18.34	33.06
黑色金属矿采选业	51.10	49.18	56.92	58.16	51.74	68.06	49.82	49.08	51.91	73.82
有色金属矿采选业	70.53	72.64	68.22	67.02	77.94	87.18	76.87	75.08	74.11	83.31
非金属矿采选业	89.15	88.90	88.62	91.04	89.72	91.20	90.39	90.47	88.04	92.51
其他采矿业	87.01	86.77	84.60	89.18	67.57	93.29	73.28	74.44	47.93	86.98
（二）制造业	64.86	65.79	64.63	65.07	64.76	66.11	62.66	62.25	62.74	65.58
农副食品加工业	94.63	95.28	95.45	96.21	95.61	96.93	95.27	95.40	95.14	97.19
食品制造业	93.93	93.47	93.41	93.57	95.75	96.37	96.03	96.07	95.20	95.83
酒、饮料和精制茶制造业	96.42	96.31	96.39	96.81	96.87	97.62	96.61	96.62	96.13	98.02
烟草制品业	82.65	83.81	84.25	86.25	95.81	95.79	95.64	94.95	92.34	94.17
纺织业	92.47	92.69	92.83	94.64	95.02	97.20	96.97	97.02	96.42	97.72
纺织服装、服饰业	82.51	81.86	80.63	82.52	85.65	87.44	86.77	86.86	82.43	88.73
皮革、毛皮、羽毛及其制品和制鞋业	79.01	77.99	80.76	77.92	79.55	85.66	80.99	80.52	74.13	88.89
木材加工及木、竹、藤、棕、草制品业	95.80	95.12	95.81	96.01	96.76	97.01	96.26	95.93	94.82	94.95
家具制造业	88.30	88.23	86.90	88.29	80.24	76.27	76.61	75.12	68.31	79.95
造纸及纸制品业	97.52	97.51	97.24	97.08	98.15	98.58	98.54	98.54	98.34	98.90
印刷和记录媒介复制业	76.87	76.92	76.73	83.13	78.41	81.78	78.40	77.98	65.59	79.29
文教、工美、体育和娱乐用品制造业	56.29	54.61	51.76	53.28	50.03	62.26	52.96	49.58	41.17	65.85
石油、煤炭及其他燃料加工业	43.82	44.83	43.65	47.29	44.51	49.68	50.16	51.01	51.71	54.49
化学原料及化学制品制造业	71.86	73.00	73.85	75.23	77.64	79.61	74.90	74.03	73.83	79.27
医药制造业	96.98	96.79	96.95	97.19	97.04	97.93	97.37	97.03	96.23	97.14
化学纤维制造业	62.89	60.73	56.91	55.66	91.37	92.15	88.20	88.35	91.26	97.04
橡胶制品业	92.18	92.51	92.91	92.81	92.75	93.45	93.32	93.28	93.10	94.13
塑料制品业	73.87	72.36	70.75	76.50	81.55	83.11	83.20	82.63	81.24	84.79
非金属矿物制品业	91.17	92.83	91.48	93.38	95.70	96.30	95.53	95.38	95.43	96.58

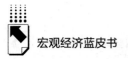

续表

行业	2000年	2001年	2002年	2003年	2004年	2005年	2006年	2007年	2008年	2009年
黑色金属冶炼及压延加工业	55.18	53.31	52.96	51.64	49.26	45.17	44.59	44.06	44.53	44.17
有色金属冶炼及压延加工业	81.57	80.37	81.01	82.07	83.97	83.32	81.40	81.06	81.83	83.18
金属制品业	57.14	54.37	53.87	54.09	67.52	69.95	66.24	63.99	62.94	74.17
通用设备制造业	58.32	57.49	57.01	51.84	50.54	54.20	39.02	35.74	39.98	55.78
专用设备制造业	73.82	73.17	73.08	80.72	81.37	79.61	81.56	79.92	76.90	79.83
汽车制造业	88.15	86.99	88.30	85.22	84.75	78.68	79.79	78.54	72.63	70.58
电气机械及器材制造业	79.29	77.05	77.17	72.15	68.07	79.48	66.98	65.91	60.72	84.16
计算机、通信和其他电子设备制造业	63.09	56.13	50.35	55.31	69.61	67.19	66.60	65.67	64.60	65.95
仪器仪表制造业	70.52	64.08	63.62	59.15	63.29	66.74	63.61	61.47	57.03	63.08
其他制造业	81.13	76.92	78.50	78.58	95.90	95.02	96.33	96.11	95.47	95.77
(三)电力、热力、燃气及水生产和供应业	98.26	98.34	98.51	98.56	98.34	98.86	99.05	99.38	99.51	99.70
电力、热力生产和供应业	98.35	98.43	98.58	98.64	98.42	98.94	99.09	99.42	99.55	99.73
燃气生产和供应业	94.00	93.49	94.31	93.41	93.41	93.48	95.89	96.39	95.39	96.72
水的生产和供应业	92.90	91.93	91.43	90.52	89.40	88.85	89.97	89.34	85.41	71.71

行业	2010年	2011年	2012年	2013年	2014年	2015年	2016年	2017年	2018年	2019年
工业	79.91	80.84	80.84	80.84	79.79	79.29	78.25	78.44	78.46	77.71
(一)采矿业	93.67	95.05	96.06	95.68	95.20	95.04	94.79	95.08	95.54	95.09
煤炭开采和洗选业	99.27	99.20	99.35	99.25	99.18	99.25	99.06	99.05	99.20	99.12
石油和天然气开采业	33.88	35.10	33.98	33.42	16.90	16.82	19.25	15.77	16.30	15.14
黑色金属矿采选业	50.75	58.98	64.60	61.56	59.09	59.98	55.13	57.48	53.92	48.89
有色金属矿采选业	83.80	81.20	81.47	81.78	82.36	82.72	76.33	77.89	83.62	79.26
非金属矿采选业	92.25	94.30	89.90	93.44	93.91	92.53	92.27	92.28	93.44	93.34
其他采矿业	72.78	72.78	96.45	91.37	80.47	92.64	96.78	74.19	94.15	92.79
(二)制造业	65.24	65.74	64.65	64.94	64.84	65.19	63.19	61.78	61.02	59.37
农副食品加工业	97.14	97.55	97.60	97.56	97.33	91.93	91.94	91.23	90.27	90.13
食品制造业	97.28	97.86	98.12	98.19	98.18	98.05	98.18	98.02	98.45	98.37
酒、饮料和精制茶制造业	98.24	98.43	98.48	98.74	98.56	98.42	98.19	98.00	97.40	97.30
烟草制品业	94.25	95.72	92.98	93.02	93.48	93.05	92.43	91.15	86.97	79.39
纺织业	97.89	98.29	98.70	98.76	98.63	99.29	99.15	98.49	96.03	94.99

续表

行业	2010年	2011年	2012年	2013年	2014年	2015年	2016年	2017年	2018年	2019年
纺织服装、服饰业	88.42	88.67	90.79	91.82	92.78	91.70	90.65	87.92	80.76	74.09
皮革、毛皮、羽毛及其制品和制鞋业	89.53	91.62	92.35	92.87	92.92	93.19	92.97	91.01	82.76	74.60
木材加工及木、竹、藤、棕、草制品业	96.71	97.37	97.42	97.28	96.95	96.59	95.74	94.38	92.11	90.45
家具制造业	77.68	81.83	83.36	84.75	83.06	81.58	80.62	63.80	39.93	24.00
造纸及纸制品业	99.06	99.30	99.39	99.30	99.28	99.25	99.21	99.14	99.17	99.12
印刷和记录媒介复制业	81.48	83.67	85.47	85.65	86.82	86.99	87.78	79.57	87.07	86.39
文教、工美、体育和娱乐用品制造业	67.00	73.40	82.30	84.97	86.80	87.33	86.39	79.33	68.24	46.28
石油、煤炭及其他燃料加工业	53.09	55.53	55.03	57.15	55.74	54.17	52.50	50.32	50.21	51.45
化学原料及化学制品制造业	78.92	77.97	79.42	78.79	77.88	79.12	75.12	75.68	76.63	73.13
医药制造业	97.46	97.96	98.06	98.30	98.40	98.51	98.48	98.11	97.55	97.20
化学纤维制造业	97.63	98.29	99.01	99.27	99.33	99.36	97.97	97.85	97.72	97.49
橡胶制品业	94.89	95.89	100.00	100.00	100.00	100.00	100.00	100.00	100.00	100.00
塑料制品业	82.91	87.57	100.00	100.00	100.00	100.00	100.00	100.00	100.00	100.00
非金属矿物制品业	96.79	95.49	95.20	94.91	95.15	95.39	95.41	95.30	93.94	91.83
黑色金属冶炼及压延加工业	43.90	44.88	43.09	42.80	42.99	43.61	40.87	40.87	40.19	37.78
有色金属冶炼及压延加工业	89.22	88.68	89.75	92.17	94.51	95.08	95.64	96.02	97.52	97.42
金属制品业	75.73	77.86	79.51	74.16	75.16	72.75	75.16	67.56	37.27	35.24
通用设备制造业	55.40	40.27	30.03	31.88	28.34	25.90	22.15	24.55	18.41	5.99
专用设备制造业	75.46	79.81	81.77	74.53	68.56	67.02	59.96	55.08	45.77	43.57
汽车制造业	72.98	71.34	66.84	65.21	66.41	66.29	63.57	64.66	65.40	57.57
电气机械及器材制造业	82.15	89.82	90.48	90.90	91.43	92.73	91.92	70.59	51.55	44.96
计算机、通信和其他电子设备制造业	65.89	76.94	85.32	79.36	77.92	77.38	74.63	71.24	81.01	89.53
仪器仪表制造业	62.66	70.46	77.58	73.79	70.48	62.18	67.97	62.84	39.47	26.52
其他制造业	96.35	97.22	99.30	99.41	99.50	99.26	98.16	97.87	38.97	23.74
(三)电力、热力、燃气及水生产和供应业	99.77	99.82	99.86	99.85	99.82	99.79	99.78	99.78	99.79	99.79
电力、热力生产和供应业	99.80	99.84	99.87	99.86	99.83	99.80	99.79	99.79	99.79	99.80

续表

行业	2010年	2011年	2012年	2013年	2014年	2015年	2016年	2017年	2018年	2019年
燃气生产和供应业	97.51	97.14	98.37	98.30	98.26	97.89	97.73	98.80	99.17	99.48
水的生产和供应业	92.04	92.31	94.07	93.23	91.95	91.55	81.62	82.62	85.15	82.86

资料来源：各年《中国能源统计年鉴》。

（3）工业各行业碳排放量排序情况

表5反映了2000~2019年工业各行业碳排放量排序情况。由表5的排序情况来看，工业各行业中有17个行业排序基本维持稳定，12个行业排序出现明显上升，8个行业排序表现出下降趋势。从2000年以来工业各行业碳排放情况来看，排序位居前5的工业行业位次变化不大，这些行业基本属于能耗较大的重工业部门。

表5　2000~2019年工业各行业碳排放排序及比较

行业	2000年	2005年	2010年	2015年	2019年
石油、煤炭及其他燃料加工业	1	2	2	1	1
黑色金属冶炼及压延加工业	2	1	1	2	2
化学原料及化学制品制造业	3	4	4	3	3
非金属矿物制品业	4	3	3	4	4
煤炭开采和洗选业	5	5	5	5	5
石油和天然气开采业	6	10	13	14	16
造纸及纸制品业	7	6	7	8	7
有色金属冶炼及压延加工业	8	7	6	6	6
纺织业	9	8	8	7	13
农副食品加工业	10	9	9	9	8
化学纤维制造业	11	15	19	15	11
燃气生产和供应业	12	11	15	22	9
汽车制造业	13	17	16	19	23
食品制造业	14	14	11	10	10
酒、饮料和精制茶制造业	15	12	12	12	17
通用设备制造业	16	13	10	13	22
医药制造业	17	16	14	11	14

续表

行业	2000 年	2005 年	2010 年	2015 年	2019 年
非金属矿采选业	18	18	17	16	15
专用设备制造业	19	19	20	25	26
金属制品业	20	21	21	20	12
其他制造业	21	23	24	18	34
橡胶制品业	22	22	25	24	18
电气机械及器材制造业	23	24	23	17	29
木材加工及木、竹、藤、棕、草制品业	24	20	22	23	25
塑料制品业	25	26	26	26	21
烟草制品业	26	31	33	35	33
其他采矿业	27	37	37	37	37
纺织服装、服饰业	28	27	27	27	28
黑色金属矿采选业	29	25	18	21	20
有色金属矿采选业	30	28	29	28	24
计算机、通信和其他电子设备制造业	31	29	28	29	19
皮革、毛皮、羽毛及其制品和制鞋业	32	30	30	30	31
印刷和记录媒介复制业	33	32	32	32	27
家具制造业	34	35	31	33	35
水的生产和供应业	35	36	34	34	32
仪器仪表制造业	36	33	36	36	36
文教、工美、体育和娱乐用品制造业	37	34	35	31	30

整体而言，中国工业能源消费结构是以煤炭消费为主，是世界上少数几个以煤炭消费为主的国家之一。煤炭消费成就了工业化的快速发展，但也对环境造成沉重负担，是导致温室气体排放增加和全球变暖的主要因素。然而，中国拥有的能源资源禀赋特征使得这样的能源消费结构短期很难进行调整，未来要实现绿色低碳转型，煤炭行业的转型势在必行。

四　中国区域发展前景

《中国经济增长报告（2022）》在前 12 版《中国经济增长报告》的基础上对中国 30 个省（区、市）1990~2022 年的发展前景及可持续发展情况进行了跟踪评估。2022 年是"十四五"的第二个年头,本报告继续对"十四五"时期的发展前景进行评估。

通过对 1990~2022 年的区域发展前景进行分析评估,本报告认为尽管中国经济面临着持续的结构性减速和 2020 年以来近三年的严重疫情的影响,中国 30 个省(区、市)的发展前景和经济发展质量仍然有所恢复和提升。发展前景及各一级指标仍基本延续以往发展格局。但从新冠肺炎疫情发生以来的区域发展情况对比来看,除环境质量外,其他一级指标方面均是西部地区改善情况优于东部、中部地区。受新冠肺炎疫情的影响,发达地区的经济发展质量和发展前景及相当多的具体发展指标受到了比中部、西部地区更为严重的影响,地区之间的差距缩小,但这种差距的缩小不是因为中、西部地区的主动进步,而是因为发达地区的发展有所停滞,这不是我们所希望实现的共同富裕。

(一)2022年30个省(区、市)发展前景及一级指标排名

和 2021 年大致一样,2022 年发展前景、经济增长、增长潜力和人民生活等方面仍然是上海市名列第一;政府效率方面北京市名列第一;环境质量方面广东省名列第一(见表 6)。

表 6　各省(区、市)发展前景及一级指标排名情况(2022 年)

省(区、市)	北京	天津	河北	山西	内蒙古	辽宁	吉林	黑龙江	上海	江苏
发展前景	5	8	17	21	9	12	13	16	1	3
经济增长	8	7	15	22	6	21	23	17	1	4
增长潜力	6	17	25	28	10	11	9	15	1	3
政府效率	1	5	27	21	24	14	17	9	4	6
人民生活	4	2	14	12	15	6	7	27	1	5
环境质量	8	11	27	29	14	26	3	12	2	17

省(区、市)	浙江	安徽	福建	江西	山东	河南	湖北	湖南	广东	广西
发展前景	2	20	7	18	6	22	23	11	4	26
经济增长	3	16	5	25	12	19	14	20	2	26
增长潜力	2	24	12	23	14	20	21	16	4	22
政府效率	3	25	12	18	2	28	20	19	7	23
人民生活	3	24	9	26	10	18	13	21	19	28
环境质量	4	10	7	9	22	30	23	5	1	13

续表

省（区、市）	海南	重庆	四川	贵州	云南	陕西	甘肃	青海	宁夏	新疆
发展前景	14	19	15	30	28	10	29	24	25	27
经济增长	30	18	13	27	24	9	11	29	28	10
增长潜力	7	26	13	30	29	18	27	8	19	5
政府效率	8	11	13	16	26	15	29	22	10	30
人民生活	20	30	17	25	23	11	29	8	22	16
环境质量	6	18	19	24	15	28	25	21	20	16

1. 2022年30个省（区、市）发展前景排名和权重

和2021年相比，2022年发展前景排名上升的省（区、市）有10个。上升了4位的有1个：湖南（2022年在全国排第11位）；上升了3位的有1个：山西（2022年在全国排第21位）；上升了2位的有3个：重庆（2022年在全国排第19位）、黑龙江（2022年在全国排第16位）、青海（2022年在全国排第24位）；上升了1位的有5个：江西（2022年在全国排第18位）、陕西（2022年在全国排第10位）、福建（2022年在全国排第7位）、广西（2022年在全国排第26位）、吉林（2022年在全国排第13位）。

排名下降的省（区、市）有7个。下降了7位的有1个：湖北（2022年在全国排第23位）；下降了2位的有5个：辽宁（2022年在全国排第12位）、宁夏（2022年在全国排第25位）、四川（2022年在全国排第15位）、新疆（2022年在全国排第27位）、海南（2022年在全国排第14位）；下降了1位的有1个：天津（2022年在全国排第8位）。

其他省（区、市）2022年的发展前景排名不变（见表7）。

表7　2022年30个省（区、市）发展前景排名变化及权重

省（区、市）	北京	天津	河北	山西	内蒙古	辽宁	吉林	黑龙江	上海	江苏
2021年	5	7	17	24	9	10	14	18	1	3
2022年	5	8	17	21	9	12	13	16	1	3
2022年变化	0	-1	0	3	0	-2	1	2	0	0
权重（%）	5.62	3.90	2.41	2.29	3.16	2.86	2.72	2.52	7.71	7.60

省(区、市)	浙江	安徽	福建	江西	山东	河南	湖北	湖南	广东	广西
2021 年	2	20	8	19	6	22	16	15	4	27
2022 年	2	20	7	18	6	22	23	11	4	26
2022 年变化	0	0	1	1	0	0	-7	4	0	1
权重(%)	7.68	2.32	4.33	2.36	5.60	2.25	2.21	2.90	6.57	2.02

省(区、市)	海南	重庆	四川	贵州	云南	陕西	甘肃	青海	宁夏	新疆
2021 年	12	21	13	30	28	11	29	26	23	25
2022 年	14	19	15	30	28	10	29	24	25	27
2022 年变化	-2	2	-2	0	0	1	0	2	-2	-2
权重(%)	2.62	2.33	2.58	1.13	1.55	3.11	1.54	2.19	2.04	1.84

2. 2022年经济增长排名和权重

和 2021 年相比,2022 年经济增长排名上升的省(区、市)有 12 个。上升了 2 位的有 4 个:辽宁(2022 年在全国排第 21 位)、广西(2022 年在全国排第 26 位)、内蒙古(2022 年在全国排第 6 位)、山西(2022 年在全国排第 22 位);上升了 1 位的有 8 个:黑龙江(2022 年在全国排第 17 位)、湖南(2022 年在全国排第 20 位)、重庆(2022 年在全国排第 18 位)、福建(2022 年在全国排第 5 位)、安徽(2022 年在全国排第 16 位)、浙江(2022 年在全国排第 3 位)、河南(2022 年在全国排第 19 位)、陕西(2022 年在全国排第 9 位)。

排名下降的省(区、市)有 8 个。下降了 7 位的有 1 个:吉林(2022 年在全国排第 23 位);下降了 2 位的有 2 个:天津(2022 年在全国排第 7 位)、云南(2022 年在全国排第 24 位);下降了 1 位的有 5 个:新疆(2022 年在全国排第 10 位)、宁夏(2022 年在全国排第 28 位)、北京(2022 年在全国排第 8 位)、江苏(2022 年在全国排第 4 位)、贵州(2022 年在全国排第 27 位)。

其他省(区、市)2022 年的经济增长排名保持不变(见表 8)。

表8 2022年30个省（区、市）经济增长排名变化及权重

省（区、市）	北京	天津	河北	山西	内蒙古	辽宁	吉林	黑龙江	上海	江苏
2021年	7	5	15	24	8	23	16	18	1	3
2022年	8	7	15	22	6	21	23	17	1	4
2022年变化	-1	-2	0	2	2	2	-7	1	0	-1
权重（%）	4.45	4.71	3.06	2.21	4.76	2.29	2.09	3.03	7.97	5.21

省（区、市）	浙江	安徽	福建	江西	山东	河南	湖北	湖南	广东	广西
2021年	4	17	6	25	12	20	14	21	2	28
2022年	3	16	5	25	12	19	14	20	2	26
2022年变化	1	1	1	0	0	1	0	1	0	2
权重（%）	5.24	3.05	4.85	1.90	3.34	2.60	3.30	2.60	7.91	1.56

省（区、市）	海南	重庆	四川	贵州	云南	陕西	甘肃	青海	宁夏	新疆
2021年	30	19	13	26	22	10	11	29	27	9
2022年	30	18	13	27	24	9	11	29	28	10
2022年变化	0	1	0	-1	-2	1	0	0	-1	-1
权重（%）	0.62	2.84	3.30	1.54	1.93	3.88	3.54	1.14	1.32	3.78

3. 2022年增长潜力排名和权重

和2021年相比，2022年增长潜力排名上升的省（区、市）有7个。上升了4位的有1个：河南（2022年在全国排第20位）；上升了3位的有1个：宁夏（2022年在全国排第19位）；上升了2位的有1个：海南（2022年在全国排第7位）；上升了1位的有4个：黑龙江（2022年在全国排第15位）、山东（2022年在全国排第14位）、吉林（2022年在全国排第9位）、新疆（2022年在全国排第5位）。

排名下降的省（区、市）有8个。下降了3位的有1个：江西（2022年在全国排第23位）；下降了2位的有3个：内蒙古（2022年在全国排第10位）、湖南（2022年在全国排第16位）、湖北（2022年在全国排第21位）；下降了1位的有4个：安徽（2022年在全国排第24位）、青海（2022年在全国排第8位）、广西（2022年在全国排第22位）、北京（2022年在全国排第6位）。

其他省（区、市）2022年的增长潜力排名保持不变（见表9）。

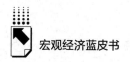

表9　2022年30个省（区、市）增长潜力排名变化及权重

省（区、市）	北京	天津	河北	山西	内蒙古	辽宁	吉林	黑龙江	上海	江苏
2021年	5	17	25	28	8	11	10	16	1	3
2022年	6	17	25	28	10	11	9	15	1	3
2022年变化	-1	0	0	0	-2	0	1	1	0	0
权重(%)	5.06	2.55	1.46	1.06	4.05	4.03	4.09	2.77	9.26	7.11
省（区、市）	浙江	安徽	福建	江西	山东	河南	湖北	湖南	广东	广西
2021年	2	23	12	20	15	24	19	14	4	21
2022年	2	24	12	23	14	20	21	16	4	22
2022年变化	0	-1	0	-3	1	4	-2	-2	0	-1
权重(%)	7.63	1.54	3.43	1.66	3.01	1.92	1.89	2.76	6.77	1.73
省（区、市）	海南	重庆	四川	贵州	云南	陕西	甘肃	青海	宁夏	新疆
2021年	9	26	13	30	29	18	27	7	22	6
2022年	7	26	13	30	29	18	27	8	19	5
2022年变化	2	0	0	0	0	0	0	-1	3	1
权重(%)	4.48	1.45	3.17	1.00	1.06	2.27	1.30	4.44	1.98	5.06

4. 2022年政府效率排名和权重

和2021年相比，2022年政府效率排名上升的省（区、市）有4个。上升了2位的有1个：江西（2022年在全国排第18位）；上升了1位的有3个：四川（2022年在全国排第13位）、贵州（2022年在全国排第16位）、甘肃（2022年在全国排第29位）。

排名下降的省（区、市）有5个：吉林（2022年在全国排第17位）、辽宁（2022年在全国排第14位）、新疆（2022年在全国排第30位）、湖北（2022年在全国排第20位）、湖南（2022年在全国排第19位），都下降了1位。

其他省（区、市）2022年的政府效率排名保持不变（见表10）。

表10　2022年30个省（区、市）政府效率排名变化和权重

省（区、市）	北京	天津	河北	山西	内蒙古	辽宁	吉林	黑龙江	上海	江苏
2021年	1	5	27	21	24	13	16	9	4	6
2022年	1	5	27	21	24	14	17	9	4	6
2022年变化	0	0	0	0	0	-1	-1	0	0	0
权重(%)	8.36	5.61	1.57	2.02	1.83	2.90	2.41	3.95	5.91	5.36

省（区、市）	浙江	安徽	福建	江西	山东	河南	湖北	湖南	广东	广西
2021 年	3	25	12	20	2	28	19	18	7	23
2022 年	3	25	12	18	2	28	20	19	7	23
2022 变化	0	0	0	2	0	0	−1	−1	0	0
权重（%）	6.27	1.81	3.49	2.23	7.75	1.34	2.15	2.16	5.16	1.90
省（区、市）	海南	重庆	四川	贵州	云南	陕西	甘肃	青海	宁夏	新疆
2021 年	8	11	14	17	26	15	30	22	10	29
2022 年	8	11	13	16	26	15	29	22	10	30
2022 年变化	0	0	1	1	0	0	1	0	0	−1
权重（%）	4.38	3.81	2.95	2.48	1.66	2.79	1.05	1.92	3.84	0.94

5. 2022年人民生活排名和权重

和 2021 年相比，2022 年人民生活排名上升的省（区、市）有 3 个。上升了 2 位的有 2 个：陕西（2022 年在全国排第 11 位）、贵州（2022 年在全国排第 25 位）；上升了 1 位的有 1 个：河北（2022 年在全国排第 14 位）。

排名下降的省（区、市）有 5 个：江西（2022 年在全国排第 26 位）、湖北（2022 年在全国排第 13 位）、山西（2022 年在全国排第 12 位）、内蒙古（2022 年在全国排第 15 位）、黑龙江（2022 年在全国排第 27 位），都下降了 1 位。

其他省（区、市）2022 年的人民生活排名保持不变（见表 11）。

表 11 2022 年 30 个省（区、市）人民生活排名变化和权重

省（区、市）	北京	天津	河北	山西	内蒙古	辽宁	吉林	黑龙江	上海	江苏
2021 年	4	2	15	11	14	6	7	26	1	5
2022 年	4	2	14	12	15	6	7	27	1	5
2022 年变化	0	0	1	−1	−1	0	0	−1	0	0
权重（%）	4.85	5.41	3.27	3.47	3.23	4.30	4.19	2.26	6.58	4.51
省（区、市）	浙江	安徽	福建	江西	山东	河南	湖北	湖南	广东	广西
2021 年	3	24	9	25	10	18	12	21	19	28
2022 年	3	24	9	26	10	18	13	21	19	28
2022 年变化	0	0	0	−1	0	0	−1	0	0	0
权重（%）	4.86	2.30	3.91	2.26	3.78	3.03	3.45	2.63	2.88	1.85

省(区、市)	海南	重庆	四川	贵州	云南	陕西	甘肃	青海	宁夏	新疆
2021 年	20	30	17	27	23	13	29	8	22	16
2022 年	20	30	17	25	23	11	29	8	22	16
2022 年变化	0	0	0	2	0	2	0	0	0	0
权重(%)	2.68	1.73	3.04	2.27	2.35	3.54	1.76	4.09	2.43	3.10

6. 2022年环境质量排名和权重

和 2021 年相比，2022 年环境质量排名上升的省（区、市）有 7 个：天津（2022 年在全国排第 11 位）、宁夏（2022 年在全国排第 20 位）、安徽（2022 年在全国排第 10 位）、四川（2022 年在全国排第 19 位）、湖南（2022 年在全国排第 5 位）、湖北（2022 年在全国排第 23 位）、云南（2022 年在全国排第 15 位），都上升了 1 位。

排名下降的省（区、市）有 5 个。下降了 2 位的有 2 个：青海（2022 年在全国排第 21 位）、黑龙江（2022 年在全国排第 12 位）；下降了 1 位的有 3 个：贵州（2022 年在全国排第 24 位）、海南（2022 年在全国排第 6 位）、新疆（2022 年在全国排第 16 位）。

其他省（区、市）2022 年的环境质量排名保持不变（见表 12）。

表 12　2022 年 30 个省（区、市）环境质量排名变化和权重

省(区、市)	北京	天津	河北	山西	内蒙古	辽宁	吉林	黑龙江	上海	江苏
2021 年	8	12	27	29	14	26	3	10	2	17
2022 年	8	11	27	29	14	26	3	12	2	17
2022 年变化	0	1	0	0	0	0	0	-2	0	0
权重(%)	4.40	3.81	1.35	0.78	3.44	1.66	5.69	3.79	6.01	3.04
省(区、市)	浙江	安徽	福建	江西	山东	河南	湖北	湖南	广东	广西
2021 年	4	11	7	9	22	30	24	6	1	13
2022 年	4	10	7	9	22	30	23	5	1	13
2022 年变化	0	1	0	0	0	0	1	1	0	0
权重(%)	5.42	3.89	4.77	4.11	2.00	0.18	1.92	5.21	7.68	3.65

续表

省（区、市）	海南	重庆	四川	贵州	云南	陕西	甘肃	青海	宁夏	新疆
2021 年	5	18	20	23	16	28	25	19	21	15
2022 年	6	18	19	24	15	28	25	21	20	16
2022 年变化	−1	0	1	−1	1	0	0	−2	1	−1
权重（%）	5.15	2.89	2.75	1.90	3.12	1.11	1.79	2.63	2.73	3.11

（二）30个省（区、市）"十四五"发展前景与一级指标排名

1. 30个省（区、市）"十四五"发展前景排名情况

从表13中可以看出30个省（区、市）"十四五"发展前景和各一级指标经济增长、增长潜力、政府效率、人民生活和环境质量的排名情况。

表13　30个省（区、市）"十四五"发展前景和一级指标排名情况

省（区、市）	北京	天津	河北	山西	内蒙古	辽宁	吉林	黑龙江	上海	江苏
发展前景	5	8	17	23	9	11	14	16	1	3
经济增长	8	5	15	23	7	22	19	17	1	4
增长潜力	5	17	25	28	9	11	10	16	1	3
政府效率	1	5	27	21	24	13	17	9	4	6
人民生活	4	2	14	11	15	6	7	26	1	5
环境质量	8	11	27	29	14	26	3	12	2	17

省（区、市）	浙江	安徽	福建	江西	山东	河南	湖北	湖南	广东	广西
发展前景	2	19	7	18	6	22	20	12	4	26
经济增长	3	16	6	25	12	20	14	21	2	27
增长潜力	2	24	12	21	14	22	19	15	4	23
政府效率	3	25	12	18	2	28	20	19	7	23
人民生活	3	24	9	25	10	18	13	21	19	28
环境质量	4	10	7	9	22	30	23	6	1	13

省（区、市）	海南	重庆	四川	贵州	云南	陕西	甘肃	青海	宁夏	新疆
发展前景	13	21	15	30	28	10	29	25	24	27
经济增长	30	18	13	26	24	10	11	29	28	9
增长潜力	8	26	13	30	29	18	27	7	20	6
政府效率	8	11	14	16	26	15	29	22	10	30
人民生活	20	30	17	27	23	12	29	8	22	16
环境质量	5	18	19	24	16	28	25	21	20	15

和"十三五"相比,"十四五"发展前景方面共有 12 个省(区、市)排名上升。上升了 6 位的有 1 个:湖南("十四五"在全国排第 12 位);上升了 4 位的有 1 个:海南("十四五"在全国排第 13 位);上升了 3 位的有 1 个:江西("十四五"在全国排第 18 位);上升了 2 位的有 3 个:河北("十四五"在全国排第 17 位)、陕西("十四五"在全国排第 10 位)、广西("十四五"在全国排第 26 位);上升了 1 位的有 6 个:浙江("十四五"在全国排第 2 位)、内蒙古("十四五"在全国排第 9 位)、重庆("十四五"在全国排第 21 位)、云南("十四五"在全国排第 28 位)、河南("十四五"在全国排第 22 位)、福建("十四五"在全国排第 7 位)。

共有 10 个省(区、市)排名下降。下降了 6 位的有 1 个:湖北("十四五"在全国排第 20 位);下降了 3 位的有 4 个:黑龙江("十四五"在全国排第 16 位)、山西("十四五"在全国排第 23 位)、安徽("十四五"在全国排第 19 位)、吉林("十四五"在全国排第 14 位);下降了 2 位的有 2 个:甘肃("十四五"在全国排第 29 位)、辽宁("十四五"在全国排第 11 位);下降了 1 位的有 3 个:天津("十四五"在全国排第 8 位)、新疆("十四五"在全国排第 27 位)、江苏("十四五"在全国排第 3 位)。

共有 8 个省(区、市)排名不变(见表 14)。

表14 30个省(区、市)"十四五"发展前景排名变化

省(区、市)	北京	天津	河北	山西	内蒙古	辽宁	吉林	黑龙江	上海	江苏
"十四五"	5	8	17	23	9	11	14	16	1	3
"十三五"	5	7	19	20	10	9	11	13	1	2
变化	0	-1	2	-3	1	-2	-3	-3	0	-1
省(区、市)	浙江	安徽	福建	江西	山东	河南	湖北	湖南	广东	广西
"十四五"	2	19	7	18	6	22	20	12	4	26
"十三五"	3	16	8	21	6	23	14	18	4	28
变化	1	-3	1	3	0	1	-6	6	0	2
省(区、市)	海南	重庆	四川	贵州	云南	陕西	甘肃	青海	宁夏	新疆
"十四五"	13	21	15	30	28	10	29	25	24	27
"十三五"	17	22	15	30	29	12	27	25	24	26
变化	4	1	0	0	1	2	-2	0	0	-1

2. 30个省（区、市）"十四五"经济增长排名情况

和"十三五"相比，"十四五"经济增长方面共有8个省（区、市）排名上升。上升了7位的有1个：新疆（"十四五"在全国排第9位）；上升了4位的有1个：甘肃（"十四五"在全国排第11位）；上升了3位的有2个：河北（"十四五"在全国排第15位）、贵州（"十四五"在全国排第26位）；上升了2位的有3个：云南（"十四五"在全国排第24位）、内蒙古（"十四五"在全国排第7位）、辽宁（"十四五"在全国排第22位）；上升了1位的有1个：重庆（"十四五"在全国排第18位）。

共有12个省（区、市）排名下降。下降了5位的有1个：吉林（"十四五"在全国排第19位）；下降了3位的有2个：安徽（"十四五"在全国排第16位）、湖北（"十四五"在全国排第14位）；下降了2位的有4个：山东（"十四五"在全国排第12位）、广西（"十四五"在全国排第27位）、陕西（"十四五"在全国排第10位）、江西（"十四五"在全国排第25位）；下降了1位的有5个：山西（"十四五"在全国排第23位）、青海（"十四五"在全国排第29位）、宁夏（"十四五"在全国排第28位）、北京（"十四五"在全国排第8位）、四川（"十四五"在全国排第13位）。

共有10个省（区、市）排名不变（见表15）。

表15　30个省（区、市）"十四五"经济增长排名变化

省(区、市)	北京	天津	河北	山西	内蒙古	辽宁	吉林	黑龙江	上海	江苏
"十四五"	8	5	15	23	7	22	19	17	1	4
"十三五"	7	5	18	22	9	24	14	17	1	4
变化	-1	0	3	-1	2	2	-5	0	0	0

省(区、市)	浙江	安徽	福建	江西	山东	河南	湖北	湖南	广东	广西
"十四五"	3	16	6	25	12	20	14	21	2	27
"十三五"	3	13	6	23	10	20	11	21	2	25
变化	0	-3	0	-2	-2	0	-3	0	0	-2

省(区、市)	海南	重庆	四川	贵州	云南	陕西	甘肃	青海	宁夏	新疆
"十四五"	30	18	13	26	24	10	11	29	28	9
"十三五"	30	19	12	29	26	8	15	28	27	16
变化	0	1	-1	3	2	-2	4	-1	-1	7

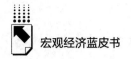
3. 30个省(区、市)"十四五"增长潜力排名情况

和"十三五"相比,"十四五"增长潜力方面共有 10 个省(区、市)排名上升。上升了 6 位的有 1 个:河南("十四五"在全国排第 22 位);上升了 3 位的有 4 个:四川("十四五"在全国排第 13 位)、陕西("十四五"在全国排第 18 位)、海南("十四五"在全国排第 8 位)、宁夏("十四五"在全国排第 20 位);上升了 2 位的有 2 个:广西("十四五"在全国排第 23位)、甘肃("十四五"在全国排第 27 位);上升了 1 位的有 3 个:湖北("十四五"在全国排第 19 位)、辽宁("十四五"在全国排第 11 位)、黑龙江("十四五"在全国排第 16 位)。

共有 10 个省(区、市)排名下降。下降了 6 位的有 1 个:安徽("十四五"在全国排第 24 位);下降了 3 位的有 4 个:云南("十四五"在全国排第 29 位)、天津("十四五"在全国排第 17 位)、河北("十四五"在全国排第 25 位)、福建("十四五"在全国排第 12 位);下降了 2 位的有 2个:江西("十四五"在全国排第 21 位)、重庆("十四五"在全国排第 26位);下降了 1 位的有 3 个:山西("十四五"在全国排第 28 位)、山东("十四五"在全国排第 14 位)、内蒙古("十四五"在全国排第 9 位)。

共有 10 个省(区、市)排名不变(见表 16)。

表16 30个省(区、市)"十四五"增长潜力排名变化

省(区、市)	北京	天津	河北	山西	内蒙古	辽宁	吉林	黑龙江	上海	江苏
"十四五"	5	17	25	28	9	11	10	16	1	3
"十三五"	5	14	22	27	8	12	10	17	1	3
变化	0	-3	-3	-1	-1	1	0	1	0	0

省(区、市)	浙江	安徽	福建	江西	山东	河南	湖北	湖南	广东	广西
"十四五"	2	24	12	21	14	22	19	15	4	23
"十三五"	2	18	9	19	13	28	20	15	4	25
变化	0	-6	-3	-2	-1	6	1	0	0	2

省(区、市)	海南	重庆	四川	贵州	云南	陕西	甘肃	青海	宁夏	新疆
"十四五"	8	26	13	30	29	18	27	7	20	6
"十三五"	11	24	16	30	26	21	29	7	23	6
变化	3	-2	3	0	-3	3	2	0	3	0

4. 30个省（区、市）"十四五"政府效率排名情况

和"十三五"相比，"十四五"政府效率方面共有11个省（区、市）排名上升。上升了5位的有2个：陕西（"十四五"在全国排第15位）、江西（"十四五"在全国排第18位）；上升了3位的有3个：广西（"十四五"在全国排第23位）、山东（"十四五"在全国排第2位）、贵州（"十四五"在全国排第16位）；上升了2位的有3个：湖南（"十四五"在全国排第19位）、重庆（"十四五"在全国排第11位）、云南（"十四五"在全国排第26位）；上升了1位的有3个：四川（"十四五"在全国排第14位）、天津（"十四五"在全国排第5位）、甘肃（"十四五"在全国排第29位）。

共有12个省（区、市）排名下降。下降了5位的有2个：青海（"十四五"在全国排第22位）、山西（"十四五"在全国排第21位）；下降了3位的有2个：河北（"十四五"在全国排第27位）、吉林（"十四五"在全国排第17位）；下降了2位的有4个：内蒙古（"十四五"在全国排第24位）、辽宁（"十四五"在全国排第13位）、江苏（"十四五"在全国排第6位）、湖北（"十四五"在全国排第20位）；下降了1位的有4个：上海（"十四五"在全国排第4位）、河南（"十四五"在全国排第28位）、浙江（"十四五"在全国排第3位）、新疆（"十四五"在全国排第30位）。

共有7个省（区、市）排名不变（见表17）。

表17 30个省（区、市）"十四五"政府效率排名变化

省(区、市)	北京	天津	河北	山西	内蒙古	辽宁	吉林	黑龙江	上海	江苏
"十四五"	1	5	27	21	24	13	17	9	4	6
"十三五"	1	6	24	16	22	11	14	9	3	4
变化	0	1	-3	-5	-2	-2	-3	0	-1	-2

省(区、市)	浙江	安徽	福建	江西	山东	河南	湖北	湖南	广东	广西
"十四五"	3	25	12	18	2	28	20	19	7	23
"十三五"	2	25	12	23	5	27	18	21	7	26
变化	-1	0	0	5	3	-1	-2	2	0	3

续表

省（区、市）	海南	重庆	四川	贵州	云南	陕西	甘肃	青海	宁夏	新疆
"十四五"	8	11	14	16	26	15	29	22	10	30
"十三五"	8	13	15	19	28	20	30	17	10	29
变化	0	2	1	3	2	5	1	-5	0	-1

5.30个省（区、市）"十四五"人民生活排名情况

和"十三五"相比，"十四五"人民生活方面共有 7 个省（区、市）排名上升。上升了 5 位的有 1 个：青海（"十四五"在全国排第 8 位）；上升了 2 位的有 1 个：湖南（"十四五"在全国排第 21 位）；上升了 1 位的有 5 个：安徽（"十四五"在全国排第 24 位）、浙江（"十四五"在全国排第 3 位）、广西（"十四五"在全国排第 28 位）、河北（"十四五"在全国排第 14 位）、江西（"十四五"在全国排第 25 位）。

共有 8 个省（区、市）排名下降。下降了 2 位的有 4 个：山东（"十四五"在全国排第 10 位）、云南（"十四五"在全国排第 23 位）、湖北（"十四五"在全国排第 13 位）、黑龙江（"十四五"在全国排第 26 位）；下降了 1 位的有 4 个：山西（"十四五"在全国排第 11 位）、甘肃（"十四五"在全国排第 29 位）、北京（"十四五"在全国排第 4 位）、内蒙古（"十四五"在全国排第 15 位）。

共有 15 个省（区、市）排名不变（见表18）。

表18　30个省（区、市）"十四五"人民生活排名变化

省（区、市）	北京	天津	河北	山西	内蒙古	辽宁	吉林	黑龙江	上海	江苏
"十四五"	4	2	14	11	15	6	7	26	1	5
"十三五"	3	2	15	10	14	6	7	24	1	5
变化	-1	0	1	-1	-1	0	0	-2	0	0

省（区、市）	浙江	安徽	福建	江西	山东	河南	湖北	湖南	广东	广西
"十四五"	3	24	9	25	10	18	13	21	19	28
"十三五"	4	25	9	26	8	18	11	23	19	29
变化	1	1	0	1	-2	0	-2	2	0	1

续表

省（区、市）	海南	重庆	四川	贵州	云南	陕西	甘肃	青海	宁夏	新疆
"十四五"	20	30	17	27	23	12	29	8	22	16
"十三五"	20	30	17	27	21	12	28	13	22	16
变化	0	0	0	0	-2	0	-1	5	0	0

6.30个省（区、市）"十四五"环境质量排名情况

和"十三五"相比，"十四五"环境质量方面共有11个省（区、市）排名上升。上升了3位的有1个：天津（"十四五"在全国排第11位）；上升了2位的有4个：重庆（"十四五"在全国排第18位）、新疆（"十四五"在全国排第15位）、吉林（"十四五"在全国排第3位）、江西（"十四五"在全国排第9位）；上升了1位的有6个：江苏（"十四五"在全国排第17位）、内蒙古（"十四五"在全国排第14位）、宁夏（"十四五"在全国排第20位）、上海（"十四五"在全国排第2位）、湖南（"十四五"在全国排第6位）、河北（"十四五"在全国排第27位）。

共有6个省（区、市）排名下降。下降了8位的有1个：青海（"十四五"在全国排第21位）；下降了3位的有2个：海南（"十四五"在全国排第5位）、黑龙江（"十四五"在全国排第12位）；下降了1位的有3个：广西（"十四五"在全国排第13位）、福建（"十四五"在全国排第7位）、陕西（"十四五"在全国排第28位）。

共有13个省（区、市）排名不变（见表19）。

表19　30个省（区、市）"十四五"环境质量排名变化

省（区、市）	北京	天津	河北	山西	内蒙古	辽宁	吉林	黑龙江	上海	江苏
"十四五"	8	11	27	29	14	26	3	12	2	17
"十三五"	8	14	28	29	15	26	5	9	3	18
变化	0	3	1	0	1	0	2	-3	1	1

省(区、市)	浙江	安徽	福建	江西	山东	河南	湖北	湖南	广东	广西
"十四五"	4	10	7	9	22	30	23	6	1	13
"十三五"	4	10	6	11	22	30	23	7	1	12
变化	0	0	-1	2	0	0	0	1	0	-1

省(区、市)	海南	重庆	四川	贵州	云南	陕西	甘肃	青海	宁夏	新疆
"十四五"	5	18	19	24	16	28	25	21	20	15
"十三五"	2	20	19	24	16	27	25	13	21	17
变化	-3	2	0	0	0	-1	0	-8	1	2

（三）区域发展前景结论

通过对1990~2022年的区域发展前景进行分析评估，本报告认为尽管中国经济面临着结构性减速和2020年以来近三年的严重疫情的影响，中国30个省（区、市）的发展前景和经济发展质量仍然得到了一定的稳固、恢复和提升。然而，值得关注的是，发达地区经济发展质量受到了比发展中地区更为严重的影响，从而使得区域差距有一定程度的缩小，但这种缩小却不是我们希望看到的，不是我们所要实现的共同富裕。

和2021年相比，2022年有10个省（区、市）的发展前景排名上升。上升了4位的有1个：湖南（2022年在全国排第11位）；上升了3位的有1个：山西（2022年在全国排第21位）；上升了2位的有3个：重庆（2022年在全国排第19位）、黑龙江（2022年在全国排第16位）、青海（2022年在全国排第24位）；上升了1位的有5个：江西（2022年在全国排第18位）、陕西（2022年在全国排第10位）、福建（2022年在全国排第7位）、广西（2022年在全国排第26位）、吉林（2022年在全国排第13位）。

排名下降的省（区、市）有7个。下降了7位的有1个：湖北（2022年在全国排第23位）；下降了2位的有5个：辽宁（2022年在全国排第12位）、宁夏（2022年在全国排第25位）、四川（2022年在全国排第15位）、新疆（2022 年在全国排第 27 位）、海南（2022 年在全国排第 14 位）；下降了 1 位的有 1 个：天津（2022 年在全国排第 8 位）。其他省（区、市）（共有 13 个）2022 年的发展前景排名保持不变。

发展前景分级方面，上海、江苏、浙江级别为Ⅰ级，2018 年以来广东级别提升至Ⅰ级，而北京则退至Ⅱ级。和 2021 年发展前景分级相比，2022 年湖南（级别为Ⅱ级）上升了一级；辽宁（级别为Ⅲ级）下降了一级，重庆（级别为Ⅲ级）上升了一级；湖北（级别为Ⅳ级）下降了一级，青海（级别为Ⅳ级）上升了一级；宁夏（级别为Ⅴ级）下降了一级。

五　宏观经济政策亟须发力以扭转微观经济主体所面临的困局

2022 年 3 月以来，受新冠肺炎疫情和乌克兰危机影响，我国经济发展环境面临的复杂性、严峻性、不确定性明显上升。4 月，我国多项经济指标较上月继续走弱。要防止微观经济主体陷入衰退性循环，需要宏观政策再发力，扭转微观经济主体所面临的困局。国务院发布的《扎实稳住经济的一揽子政策措施》，提出 6 个方面的 33 项措施，要求尽快落地见效，这有望扭转微观经济主体所面临的困局。

（一）打破"流动性陷阱"，改善投资的长期需求

20 世纪 30 年代，西方世界爆发了自资本主义社会诞生以来最严重的经济危机，在反危机过程中逐步形成了强调政府干预的凯恩斯主义理论。政府干预被认为是打破微观经济主体负向反馈机制、扭转微观经济主体困境的决定性力量。在财政和货币政策扩张过程中，包括凯恩斯本人在内的一些经济学家认为，当名义利率已经或接近为零时，私人部门把货币和债券看作完全可替代的，向经济注入基础货币没有效果，传统的货币政策不起作用。即存在这样一种可能性，就是当利率降到某种水平时，流动性偏好可能变成几乎是绝对的，由于利率太低，几乎每个人都宁愿持有现金而不愿持有债券，在

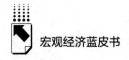

这种情况下，货币当局会失去它对利率的有效控制。这种情况也就是我们通常所说的"流动性陷阱"。

在希克斯所构建的 IS-LM 模型分析框架中，在进入"流动性陷阱"的情况下，如果货币供给增加，LM 曲线向右移动，但该曲线的水平部分几乎不变，此时不能增加就业和产出。

市场利率的变动取决于货币的供求状况。按照凯恩斯的看法，对货币的需求主要来自两个方面：一是为满足交易动机和谨慎动机而持有货币，这种需求取决于国民收入；二是为满足投机动机而持有货币，这种需求受利率的影响。

"二战"后凯恩斯的货币供求决定利率的理论被广泛传播，成为经典的利率理论。随着金融市场的发展，学者们逐渐认识到，利率形成于借贷过程，由借贷资金的供求决定，货币本身不是借贷资金，它只有进入借贷市场才成为借贷资金。Robertson 就曾指出，利率由可贷资金的需求和供给决定。可贷资金供给受储蓄行为和央行货币政策的影响，而资金的投资需求可区分为实体经济投资的资金需求和在二级市场上购买资产的投机性需求。

近年来，日本在利率走低、货币数量扩张的情况下，股票资产的配置大幅增加。2013～2015 年日本股票投资信托的年增长率分别为 6.77%、8.82%、13.52%，大幅高于其他金融资产的增长率。因此，购买资产的投机性需求会推升可贷资金需求，使得大量资金在金融系统中空转，在利率较低的情况下更可能会如此，从而限制市场利率的进一步下降。从近年来的中国货币政策实践看，2014 年央行下调金融机构人民币贷款和存款基准利率后，市场利率水平并没有明显下降。

在金融市场开放的条件下，境内外利差的变化也会影响境内可贷资金的供给。实际上，资金的境外利息收入是资金在境内配置的机会成本。当境内外利差收窄时，境外可贷资金进入境内的减少，同时对境内的可贷资金需求增加，从而制约境内市场利率的进一步下降，特别是在汇率相对固定时，情况更是如此。近期随着美国货币政策收紧，中美 10 年期国债收益率较快收窄。2022 年初，中美 10 年期国债收益率相差近 115 个 BP，4 月末，美国 10 年期国债收益率已高出中国 10 年期国债收益率近 5 个 BP。在此情况下，2022 年以来境外机构配置的境内债券和股票明显减少。根据中央结算公司的数据，2022 年 2 月、3 月，境外机构通过债券通渠道减持境内债券金额分别为 669 亿元、982 亿元。3 月，沪深股通北向资金净卖出金额为 450.8 亿元人民币，南向资金净买入金额为 488.8 亿港币。因此，与凯恩斯所处的时代不同，在市场有更多的资产配置方式，金融市场开放度也大幅提高的情况下，一国"流动性陷阱"可能在利率较高的情况下就已经形成，而不需等到利率降到很低的时候。

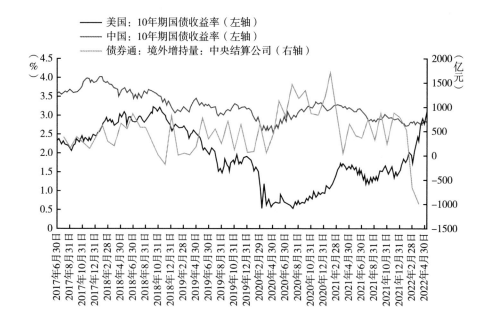

图 7　近年来中美 10 年期国债收益率与境外机构通过债券通增持境内债券情况

资料来源：Wind。

当前中国微观经济主体投资需求下降，已经呈现出不良发展势头，总量资金的释放仍难以改变预期，需要货币政策与其他政策相协调才能打破

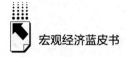

"流动性陷阱",单一货币释放和小幅降息有一定效果,但其力度仍难以改变预期。

(二)财政扩张政策先行带动企业预期收益和居民预期收入回升非常关键

在"流动性陷阱"形成后,凯恩斯主义者认为,货币政策扩张难以起到增加就业和实际产出的作用,实施财政扩张政策才是推动经济有效复苏的手段。但我们认为,这还不是整个经济救助过程的全部内容。要想经济摆脱"流动性陷阱",使宽松货币政策释放的资金流入实体经济部门,有效推动当期的消费和投资,增强经济增长的内生动力,需要财政扩张政策先行带动实体部门收益率提高和居民收入增长,以扭转微观经济主体的经济下行预期。

实体经济部门对可贷资金的需求包括三部分:(1)实体企业部门投资对可贷资金的需求,取决于利率和投资的预期收益;(2)居民部门消费对可贷资金的需求,受利率和预期收入的影响;(3)政府部门对可贷资金的需求,主要取决于赤字规模,对利率相对不敏感。在"流动性陷阱"形成后,如果要使宽松货币政策释放的可贷资金,更多地被实体企业和居民部门吸收并用于当期的投资和消费,而不催生境内资产价格泡沫或加大资金外流压力,必须提升企业投资的预期收益率和居民的预期收入水平,而这正是财政政策所应担负的责任。

目前,我国经济正遭受上游原材料价格上涨的供给冲击,以及海外需求收缩和疫情影响下的国内需求下降影响,实体企业投资预期收益率和居民预期收入转弱比较明显。在此情况下,需在加快落实已经确定的政策基础上,考虑发行特别国债,加大财政支出力度。财政支出扩张,可以发挥投资在稳定经济增长中的关键性作用,同时带动实体企业投资预期收益率上升和居民预期收入增长,激发微观经济主体活力,增强经济增长的内生动力。

(三)货币政策应积极配合财政政策并关注资产价格的变化

在宽松货币政策对增加就业和实际产出作用有限的情况下,我们应更加关注资产价格的变化。因为在经济遭受负面冲击的时候，资产价格较快下降可能会引发"金融加速器"效应，放大负面冲击对实体经济的影响。实际上，企业和家庭的资产价值会影响企业和家庭融资能力。企业和家庭从银行获得的信用额度和融资成本取决于其抵押资产的价值，而信用额度和融资成本反过来会影响资产价格。这种动态影响过程，会使得某种冲击的影响不断地放大和传播，使小冲击形成大波动。"金融加速器"效应存在明显的双重不对称特征，大量实证研究表明，资产负债表对企业投资的影响在经济下降时期比繁荣时期大，对小企业的影响比对大企业的影响大。

2022 年 2 月末以来，在乌克兰危机和境内疫情影响程度加深的情况下，我国多项资产价格出现较快下跌。在此情况下，要高度关注资产价格变化对实体经济可能带来的影响，防范资产价格下跌与实体经济融资下降形成负向反馈机制。

（四）持续改善微观经济主体信心是扭转经济下行局面的关键

国务院发布的《扎实稳住经济的一揽子政策措施》，提出 6 个方面的 33 项措施，要求尽快落地见效。这有望提高实体企业投资预期收益率和居民预期收入。当然，预期的扭转需要一个过程，微观经济主体存在于观念中的未来发展态势最终要到现实中去验证，从而更新其原有预期。因此，目前出台的政策关键在于落实并让微观经济主体真正感受到投资收益率或收入的持续改善，激发经济增长的内生动力，从而根本扭转经济下行压力加大的局面。

中国 1997 年应对亚洲金融危机、2008 年应对全球金融危机、2020 年发行特别国债应对疫情冲击，都充分证明了政府宏观政策干预的有效性。疫情要防住、经济要稳住、发展要安全。在党中央的明确要求下，我们应通过宏观政策的有效实施，激发出各微观主体的活力。可以预期，中国经济大盘将继续稳中求进。

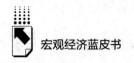

参考文献

［1］李翀:《流动性陷阱之谜的解析》,《学术研究》2019 年第 6 期。

［2］〔英〕凯恩斯:《就业利息和货币通论》,宋韵声译,华夏出版社,2005。

［3］张平:《通缩机制对中国经济的挑战与稳定化政策》,《经济学动态》2015 年第 4 期。

［4］Aoki, K., Proundman, J., and G. Vlieghe, 2004, "House Price, Consumption, and Monetary Policy: A Financial Accelerator Approach," *Journal of Financial Intermediation* 13 (4): 414-435.

［5］Bernanke, B., Gertler, M., and Gilchrist, S., 2010, "The Financial Accelerator and the Flight to Quality," *The Review of Economic and Statistics* 78 (1): 1-15.

［6］Hicks, J., 1937, "Mr. Keynes and the Classics," *Econometrica* 5 (2): 147-159.

［7］Krugman, P. R., Dominquez, K. M., and Rogoff, K., 1998, "It's Back: Japan's Slump and the Return of the Liquidity Trap," *Brookings Papers on Economic Activity* 29 (2): 137-206.

［8］Kiyotaki, N., and Moore, J., 1999, "Credit Cycles," *The Journal of Political Economy* 105 (2): 211-248.

低碳转型篇

Topic of Low Carbon Transformation

B.2
信息基础设施投入的碳减排效应
——来自中国地级及以上城市面板数据的经验证据

张晓奇　吕　阳*

摘　要： 本报告使用2011~2017年中国289个地级城市面板数据实证考察了信息基础设施建设对城市碳排放强度的影响及作用机制。考察结果从总体上看，信息基础设施建设通过产业结构优化、生产性服务业集聚、绿色技术创新等路径，显著降低了城市碳排放强度。在科技水平较高、城市规模较大的特大及超大城市、大城市以及传统基础设施较好的城市中，信息基础设施建设的碳减排效应更为显著。本报告为数字经济时代背景下推动绿色低碳发展以及应对全球气候变暖提供了经验支持。

---

* 张晓奇，博士，中国社会科学院经济研究所博士后，主要研究方向为生产网络和复杂经济学；吕阳，武汉大学董辅礽经济社会发展研究院在读博士研究生，主要研究方向为数字经济和包容性增长。

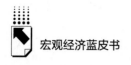

关键词： 碳减排效应 信息基础设施 碳排放强度 数字经济

一 信息基础设施投入背景

2019 年中国二氧化碳排放量占全球的 27%，超过了 OECD 国家的二氧化碳排放总量，成为全球最大的碳排放国，其中工业部门碳排放量占中国碳排放总量的 70% 以上①。为控制碳排放，中国政府在《巴黎协定》框架下提出了力争到 2030 年碳排放总量达到峰值，单位 GDP 碳排放量比 2005 年下降 60%~65% 的 "双约束" 减排目标。因此，在碳减排约束日益趋紧的背景下，如何找出兼顾经济发展与碳减排目标的低碳发展之路，成为亟待解决的重要课题。

在 "以国内大循环为主体，国内国际双循环相互促进" 的新发展格局下，"新基建" 成为释放经济活力的新引擎。国家 "十四五" 规划纲要明确提出信息基础设施建设的发展目标与落实措施，引导全行业应用人工智能、区块链、大数据等新型信息通信技术。工信部发布的《2021 年通信业统计公报》显示，我国信息基础设施持续演进升级，到 2021 年，全国移动通信基站总数达 996 万个，其中 4G 基站达 590 万个，5G 基站达 142.5 万个；5G 投资额达 1849 亿元，占全部投资额的 45.6%；互联网宽带接入端口数量达 9.31 亿个。新一代信息基础设施作为数字经济发展的信息物质载体和网络传输纽带，对重塑现代经济体系、提升我国信息化水平、夯实数字经济基础具有基础性战略意义，特别是新冠肺炎疫情暴发以来，信息基础设施建设有力支撑了企业复工复产，成为经济稳态增长的有力抓手。

理论研究表明，新一代信息基础设施建设有助于降低碳排放，助力 "碳达峰、碳中和" 双碳目标的实现，从而为实现兼顾经济发展与碳减排目标的低碳发展模式提供了一条可行的路径。综合来看，信息基础设施建设的减碳效应主要通过以下三大机制实现。

---

① 碳排放交易网（http://www.tanpaifang.com）。

第一，以 5G、人工智能、大数据为代表的信息技术产业是环境友好型产业，具有较小的环境负外部性。基于互联网的信息服务企业是信息技术产业的主力军，这类企业重视环境效益，其绿色化生产率高于传统制造业企业。同时，信息基础设施的发展推动经济活动呈现"去物质化"和"虚拟化"的趋势，这一进程也有助于减少传统能源消耗的碳排放（Pradhan et al.，2020；Salahuddin et al.，2016）。

第二，信息基础设施通过向传统产业进行数字技术渗透、知识及信息传播降低了碳排放水平。信息基础设施利用数字技术对传统产业进行渗透，促进传统产业的绿色化、智能化转型，不仅有助于提高产业附加值，还能够实现能耗和碳排放的双降；此外，信息基础设施的建设常常伴随着知识和信息溢出，促进知识和信息在区域内、企业间非主动和无意识地渗透和扩散，这种网络外部性提高了企业信息化投资动机（Duggal et al.，2007；Röller and Waverman，2001），抑制了高污染生产活动。

第三，信息基础设施的发展为碳排放权交易市场的建立提供了硬件基础，从而便利了减碳的相关制度建设。自 2011 年国家发改委发布《关于开展碳排放权交易试点工作的通知》以来，多个试点城市展开碳排放权交易（Dong et al.，2019），信息技术为解决碳排放权交易市场中排放量检测、报告、核查等方面的技术难题提供了突破口。碳排放权交易市场通过市场化的手段和价格机制，激励企业提高能源利用效率，将多余的碳排放权交易给其他企业从而获得收益，进而促进全行业的节能减排。

针对信息基础设施建设的减碳效应，本报告将进行实证检验。具体而言，本报告将 2011~2017 年中国 289 个地级城市面板数据与二氧化碳排放量数据进行匹配，从信息基础设施可能带来的环境效应视角出发，测量信息基础设施建设对碳排放强度所产生的净效应。并基于地区技术水平、城市规模、传统基础设施建设等方面的差异，量化分析信息基础设施建设对碳排放强度的异质性影响。在此基础上，通过产业结构优化、生产性服务业集聚、绿色技术创新影响路径的识别，进一步挖掘信息基础设施建设抑制城市碳排放强度的作用机制，并度量其贡献度，为我国

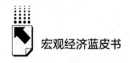

数字经济的发展、"碳达峰、碳中和"双碳目标的实现、完善碳减排政策等提供实证依据和科学建议。

二 文献综述及机制分析

针对信息基础设施建设降低碳排放的三个主要路径，已有研究进行了大量的理论分析，本部分将对相关分析进行梳理和综述，厘清关键逻辑，并为后文的实证分析提供理论假说。

（一）信息基础设施建设降低碳排放的机制：产业结构优化效应

产业结构优化升级作为低碳经济发展的重要组成部分（Chen and Gu，2011)，本质是资源优化再配置。以互联网、人工智能、大数据为载体的信息基础设施极大地提升了生产要素的配置效率（Czernich et al.，2011)，促进了城市资源的再配置。

首先，从宏观视角看，有别于传统基础设施，以信息技术为载体的信息基础设施使数据成了新的生产要素，推动互联网、人工智能、大数据等新兴产业迅速崛起，并有效促进生产要素的再配置以及产业结构的优化升级（Forman et al.，2005)。

其次，从中观产业视角来看，信息基础设施将信息技术嵌入传统制造业生产方式、业务流程中（Oliner et al.，2008)，为制造业向高附加值领域转型提供了强大的信息技术支持，同时也为传统服务业升级带来了信息化驱动力；此外，信息基础设施依托数据资源和数字技术打破了产业间信息交流壁垒，为产业内专业化分工、产业间相互耦联创造了条件，推动产业由自然资源、劳动力密集型产业向知识、技术密集型产业转型，促进资源从专业分工程度较低的产业向专业分工程度较高的产业流动，进而从整体上实现产业优化升级。

最后，从微观企业视角来看，信息基础设施建设为企业利用物联网、大数据、云计算等一系列先进的信息技术提供了极大的便利，大大提高了企业的信息共享程度，促使企业家基于更加智能且更丰富的信息做出更为理性的决策，提升决策的准确性和针对性，进而实现资源的合理有效配置。

（二）信息基础设施建设降低碳排放的机制：集聚驱动效应

依据新地理经济理论，上下游相关联企业出于运输成本考虑在规模经济的作用下趋向于集中分布（Krugman，1991），城市内污染密集型企业迫于成本压力向其他地区转移也推动了生产性服务业集聚（Qin，2017）。此外，同一地区的集聚加剧了企业竞争，在市场对服务专业化、劳动分工细化的要求不断提高的经济大环境下，这会导致制造业企业寻求设计、研发等个性化突破的成本高涨，而为了转化这部分上涨成本，制造业企业倾向于把原先内置的中间环节外包给具有更强专业性的生产性服务企业，最终形成了生产性服务业围绕制造业布局的产业集群（Vega and Elhorst，2015）。这种集聚模式在中间服务、产品的生产中有效发挥了规模经济优势，将更多低碳生产技术、服务嵌入产业价值链中，推动生产环节向高附加值、低污染转型（Venables，1993；Shanzi et al.，2014）。

一方面，依托信息通信技术的信息基础设施突破了企业之间的空间距离束缚，有助于产业链上下游的衔接，驱动生产运营模式向高效、清洁的方向发展。生产性服务业扮演着推动产业前向和后向关联的角色（Joachim，1978），信息通信技术的广泛应用促进了生产性服务业集聚和制造业企业之间的信息传播，降低了两者之间的信息不对称（Akihiro et al.，2014），当制造业能够将治污减排业务外包出去，并且外包的中间服务可以由信息通信技术传输时，制造业企业便可以专注于核心业务发展，实现生产环节与服务外包的分离，加快绿色转型升级。

另一方面，信息基础设施的应用也加快了集聚区内生产性服务业的市场开发和技术扩散，进而促进绿色低碳转型。具体而言，在大数据推动下，数据、技术、人才等要素逐渐向高端生产性服务业转移和集聚，形成了知识密集型传输网络。在这个过程中，污染大、能耗高的低端产业不断被改善甚至

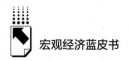

被淘汰，而高端生产性服务业集聚所产生的技术溢出效应则有助于提升集聚生产模式的效率。空间上的集聚又会不断提高信息交流的时效性，降低信息传输与交易成本，进而实现生产性服务业的绿色发展。

（三）信息基础设施建设降低碳排放的机制：绿色技术创新效应

技术进步的贡献，通常由 Solow（1956）基于 C-D 生产函数测算的"索洛剩余"来反映，不能分解为资本、劳动力生产要素投入贡献的超额经济增长率被称为全要素生产率，该方法假定各要素生产率按照同比例变动，因此也被定义为中性技术进步。之后又有学者认为企业出于利润最大化考虑，会改进工艺以提升特定要素的生产率，因而在这个过程中各要素的生产率并不总是同比例变动的，会产生技术进步的偏向性（Hicks，1963）。关于有偏向性的技术进步和碳排放的关系，已有研究表明有偏技术进步有助于碳减排（Acemoglu et al.，2014），也就是说，以信息通信技术为代表的信息基础设施发展与应用为降低碳排放提供了技术路径。

作为数字经济的重要构成部分，信息基础设施通过规模经济效应和技术溢出效应作用于绿色技术水平的提升。一方面，从梅特卡夫法则以及网络边际成本递减的规律来看，信息基础设施等硬件投入的边际成本会随着用户规模扩大而递减，因此具有显著的规模经济特征。以互联网、信息技术为核心的信息基础设施向传统产业部门不断释放信息技术的溢出红利，有助于降低传统产业部门的研发成本，促进传统产业部门的智能化和绿色转型，提升附加值。另一方面，信息基础设施为信息通信技术的广泛应用提供了硬件基础，智能化网络平台大大降低了超大规模信息传送、技术成果共享的成本，从而加快了前沿技术的外溢速度（Almeida and Kogut，1999），产生技术的规模报酬递增效应，提升知识、技术的吸收与再创新速度。此外，信息基础设施有效打破了信息交流中的时空约束，推动了区域和产业间知识、技术的转移和流动（Vu，2011），有助于降低企业技术交流与合作中由信息不对称引致的不确定性创新风险。

根据本部分的综述，已有的一些研究关注到了碳排放、可持续发展等相关问题，但这些研究仍存在一定的局限性。首先，大量研究集中在交通基础设施（高铁）对二氧化碳排放的影响上，关于信息基础设施对二氧化碳排放的影响探讨较少。其次，一些研究认为信息基础设施在低碳经济发展中具有重要作用，但研究样本更多地关注发达国家，且没有关注到信息基础设施与碳排放之间的异质性、作用机制。中国作为最大的发展中国家，在经济高速发展的同时既产生了环境污染和过度碳排放的问题，也产生了地区间的发展不平衡和不协调问题，因此在数字化转型和低碳增长转型的关键节点上，也面临着更为复杂的政策平衡挑战，这就要求针对中国的样本展开具体分析。鉴于此，本报告将以 2011~2017 年中国 289 个城市为研究样本，通过构建固定效应模型考察信息基础设施建设对城市碳排放强度的影响。这些发现不仅有助于丰富现有文献，也值得决策者予以特别关注。

三 实证设计及数据说明

（一）识别策略

为考察信息基础设施建设对二氧化碳排放的影响效果，基准回归模型的设定如下：

$$CEI_{it} = \alpha + \beta IIC_{it} + \lambda X_{it} + u_i + \mu_t + \varepsilon_{it} \tag{1}$$

其中，公式（1）中 CEI_{it} 为 i 城市第 t 年的碳排放强度；IIC_{it} 为 i 城市第 t 年的信息基础设施建设水平；X_{it} 为控制变量；u_i 和 μ_t 分别代表了地区和时间的固定效应；ε_{it} 表示随机误差项。系数 β 捕捉了信息基础设施建设影响碳排放强度的净效应，是本报告重点关心的统计量。如果 β 显著小于 0，则说明信息基础设施建设显著降低了碳排放强度，即凸显了数字经济背景下信息基础设施水平的提升对降低单位 GDP 的二氧化碳排放量的有效性；若 β 不显著或大于 0，则信息基础设施建设的影响效应不明显。

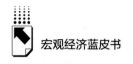

（二）变量选取及说明

1. 被解释变量：碳排放强度（CEI）的测度

本报告主要考察城市的工业碳排放，借鉴相关研究（Wu Jianxin and Guo Zhiyong，2016），把城市工业能源分为天然气、液化石油气、电力，其中我国资源禀赋"富煤贫油少气"的特征决定了电力生产高度依赖于煤炭。本报告将二氧化碳排放来源分为直接、间接来源，直接来源包括消耗天然气、液化石油气所产生的二氧化碳排放量，间接来源包括城市工业用电所带来的二氧化碳排放量。进一步的，使用地区二氧化碳排放量与地区生产总值的比值度量碳排放强度（CEI），测算方法如下：

$$CE = C_1 + C_2 + C_3 = \kappa E_1 + \gamma E_2 + \Phi(\eta E_3) \tag{2}$$

$$CEI = CE/GDP \tag{3}$$

其中，公式（2）中 CE 表示城市二氧化碳的排放总量，C_1、C_2 为消耗天然气、液化石油气所带来的二氧化碳排放量，C_3 为城市工业用电所产生的二氧化碳排放量，E_1、E_2、E_3 分别为天然气消耗量、液化石油气消耗量、工业用电量，κ、γ 分别为天然气、液化石油气的碳排放系数[①]，Φ 为煤电燃料链温室气体排放系数，η 为煤炭发电量占总发电量的比例；公式（3）中 CEI 表示碳排放强度。

2. 核心解释变量：信息基础设施建设水平（IIC）的测度

目前已有学者使用广播和电话服务价格、电话普及率、光缆长度、邮电业务总量等对信息基础设施指标进行测度（Röller and Waverman，2001；Koutroumpis，2009），以及使用工信部"宽带中国"战略试点城市指标反映信息基础设施水平。但以上方法未能反映地区信息基础设施的综合发展水平，本报告使用主成分分析法（PCA）对指标进行客观赋权，同时将地区、时间因素纳入考量，延伸了信息基础设施指标内涵。

---

① 碳排放系数来源于 IPCC《国家温室气体排放清单指南》，天然气、石油、煤炭的碳排放系数（104t 碳/104t 标准煤）分别为 0.449、0.568、0.756（日本能源经济研究所）。

本报告采用每百人互联网用户数、计算机服务和软件从业人员数占城镇就业人员比重、人均电信业务总量、每百人移动电话用户数4个指标构建指标体系（Huang Qunhui et al.，2019），同时使用主成分分析法（PCA）对以上指标进行标准化和降维处理，最终得到各地的信息基础设施建设水平（IIC），并将其作为信息基础设施的代理变量。以上指标原始数据均来源于《中国城市统计年鉴》。

3. 控制变量

本报告选取如下控制变量：固定资产投资（$invest$），用全市固定资产投资总额（万元）占地区生产总值（万元）的比重表示；外商实际投资（FDI），以实际使用外资额（万美元）占地区生产总值（万元）的比重来衡量，其中实际使用外资额按照当年人民币兑美元汇率中间价进行转换；金融发展水平（fin），用全市年末金融机构人民币各项贷款余额（万元）占地区生产总值（万元）的比重来计算；城镇化率（$urban$），用市辖区人口占比衡量；政府干预（$expenditure$），选取全市一般公共预算支出（万元）与地区生产总值（万元）的比值来测度。

（三）数据来源

本报告使用2011~2017年中国29个省（区、市）所辖的289个地级市面板数据，对信息基础设施建设的碳减排效应进行评估。研究数据来源于《中国城市统计年鉴》、EPS数据平台、中国研究数据服务平台（CNRDS）等公开的统计资料。本报告将以上数据根据城市识别码进行匹配。此外，为消除量纲的影响，对部分变量进行了标准化处理，同时为避免异常值或极端值对研究结果的影响，对数据进行了缩尾处理。本报告变量的描述性统计分析见表1。

表1　变量及其描述性统计

变量名	变量符号	50%分位数	最小值	最大值	标准差
碳排放强度	CEI	0.0147	0.0000	0.0892	0.0116

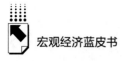
续表

变量名	变量符号	50%分位数	最小值	最大值	标准差
信息基础设施建设水平	*IIC*	−0.3880	−2.3780	22.6080	1.5460
外商实际投资	*FDI*	0.0100	0.0002	0.1900	0.0200
金融发展水平	*fin*	1.2400	0.3700	8.8700	0.6600
固定资产投资	*invest*	0.7600	0.0900	2.2000	0.2900
城镇化率	*urban*	0.3000	0.0500	1.0000	0.2400
政府干预	*expenditure*	0.0700	0.0100	1.2700	0.0500
技术水平	*tec*	11.8200	8.1300	16.0800	1.0200
城市规模	*citysize*	5.9300	3.0000	8.1300	0.7000
传统基础设施	*infra*	6.9300	3.9500	9.8500	0.9700

四 实证结果及分析

（一）基准回归结果

为了控制地区宏观经济环境的动态变化和不随时间变化的地区之间的差异，本报告使用双固定效应模型对"信息基础设施—碳排放强度"的基准关系做了实证检验。根据表1，核心解释变量 *IIC* 与被解释变量 *CEI* 的量级差别较大，因此在进行回归分析时，本报告对上述变量进行了基于均值标准差的标准化处理。表2为基准回归的结果，第（1）列报告了仅将信息基础设施建设水平作为解释变量未加入控制变量的回归结果，第（2）列报告了添加控制变量的回归结果，可以看出，信息基础设施建设水平对碳排放强度（*CEI*）的估计系数均在1%的水平上显著为负，表明信息基础设施的发展在降低地区碳排放水平方面展现出了驱动作用。这说明，信息基础设施发展水平越高，信息化、数字化技术水平越高，越能为驱动产业向低碳方向发展、提升企业的资源利用效率提供便利条件。

表 2　信息基础设施建设对碳排放强度的影响：基准回归

项目	（1）	（2）	（3）	（4）
	CEI	CEI	低碳排放量	高碳排放量
IIC	−0.1629***	−0.1055***	−0.0428***	−0.2557***
	（0.0161）	（0.0201）	（0.0075）	（0.0588）
FDI		−5.5150***	0.6378	−7.0109***
		（1.0064）	（0.4416）	（1.8102）
fin		0.1255***	−0.0086	0.2462***
		（0.0366）	（0.0172）	（0.0631）
invest		0.0436	0.2373***	0.1669
		（0.0738）	（0.0362）	（0.1159）
urban		−0.6220***	−0.1530***	−0.5253***
		（0.0812）	（0.0421）	（0.1326）
expenditure		1.7957***	−0.8547***	1.0448**
		（0.3215）	（0.2717）	（0.4107）
Observations	1604	1604	793	809
Adjusted R-squared	0.5926	0.6184	0.4536	0.4890
F Statistics	25.2600	7.8950	14.2700	4.9420
year FE	YES	YES	YES	YES
province FE	YES	YES	YES	YES

注：*、** 和 *** 分别表示在 10%、5% 和 1% 的水平上显著。

进一步地，表 2 对碳排放强度（*CEI*）以 50% 分位点进行界分，考察了信息基础设施建设对降低碳排放强度的效用差异。表 2 中第（3）列、（4）列结果表明，在单位 GDP 高碳排放量组别中，信息基础设施建设水平的估计系数为 −0.2557，通过了 1% 的显著性检验；在单位 GDP 低碳排放量组别中，信息基础设施建设水平的估计系数为 −0.0428，也通过了 1% 的显著性检验，但远低于单位 GDP 高碳排放量组别估计系数。这证实了信息基础设施建设对碳排放量高的地区的缓解效能弹性空间更大，对于碳排放量低的地区并无太大作用空间。

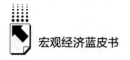

（二）异质性分析

上述研究基于全样本的视角验证了信息基础设施建设对碳排放强度的缓解大有裨益。为避免基准结论可能存在遗漏偏误，同时为深入认识信息基础设施建设驱动碳排放强度降低的边界条件提供证据支持，本报告分别从技术水平、城市规模、传统基础设施情况等方面分组检验了信息基础设施建设对碳排放强度的影响差异。

1. 技术水平的异质性

创新是经济高质量发展的动能和决定性因素，对于城市来说，技术创新能力的差异会使数字应用的产业化存在差异，如带来金融发展水平、产业发展方面的差异，进一步可能导致信息基础设施建设对城市碳排放强度的异质性影响。本报告依据城市科技支出费用把样本划分为低技术水平组别和高技术水平组别，验证技术水平对信息基础设施碳减排的异质性影响。

在表 3 的第（1）、（2）列低技术水平组别回归结果中，信息基础设施建设水平的估计系数未通过显著性检验，说明信息基础设施的发展在科技水平较低的地区对碳排放强度的缓解效能并不明显。本报告认为信息基础设施建设水平在技术水平较低的城市并未给碳排放强度带来缓解作用，原因主要在于地区技术供给不充分，难以为信息基础设施发展嵌入优质的技术支撑，一定程度上阻滞了信息基础设施支持低碳产业发展的质效，也影响了信息基础设施绿色发展特性的有效释放。在表 3 的第（3）、（4）列高技术水平组别回归结果中，信息基础设施建设水平的估计系数在 1% 的水平上显著为负，表明在技术水平较高的城市，信息基础设施的发展显著降低了城市碳排放强度。可能的解释是技术水平代表着一定的创新能力，因而技术水平越高的城市其创新能力越强，信息基础设施的发展带动了一连串技术创新配套产业、绿色低碳产业的发展，因而信息基础设施建设对降低技术水平较高城市的碳排放强度产生了立竿见影的效能。

表 3　异质性分析：以技术水平为界分

项目	地区技术水平			
	低技术水平		高技术水平	
	（1）	（2）	（3）	（4）
IIC	−0.0587	−0.0769	−0.1203 ***	−0.0584 ***
	（0.0659）	（0.0641）	（0.0253）	（0.0162）
Controls	NO	YES	NO	YES
Observations	800	800	803	803
Adjusted R-squared	0.6195	0.6758	0.5959	0.6268
F statistics	0.7950	6.2280	22.7000	7.5020
year FE	YES	YES	YES	YES
province FE	YES	YES	YES	YES

注：①表中第（1）、（2）列表示低技术水平组别的回归结果；第（3）、（4）列表示高技术水平组别的回归结果。当 Controls 为 NO 时，表示未控制控制变量；当 Controls 为 YES 时，表示控制了控制变量。②＊、＊＊和＊＊＊分别表示在10%、5%和1%的水平上显著。

2.城市规模的异质性

不同规模城市在资源禀赋、经济发展等方面具有较大差异，这可能会影响城市信息基础设施建设对碳排放强度缓解效能的发挥。一般来说，规模较大的城市往往是某个省份的省会、经济中心，或是重大发展战略试行区。相较于规模较小的城市，规模较大的城市可以充分利用其作为中心城市所具有的要素集聚效能，并借由自身在行政等级、经济规模等方面的优势，实现人才、信息、资本等要素资源的集中，撬动更多的政策支持和财政资金支持，这些因素都会导致信息基础设施在不同规模城市中具有差异。基于此，本报告依据《国务院关于调整城市规模划分标准的通知》（国发〔2014〕51号）对城市规模进行界定①，将样本划分为特大及超大城市、大城市、中等城市和小城市三个组别。

---

① 《国务院关于调整城市规模划分标准的通知》（国发〔2014〕51号）中，对城市规模进行了界定：城区常住人口在50万人以下的城市为小城市；50万人以上100万人以下的为中等城市；100万人以上500万人以下的为大城市；500万人以上1000万人以下的为特大城市；1000万人以上的为超大城市。

在表 4 第（1）和（2）列、第（3）和（4）列特大及超大城市、大城市组别回归结果中，信息基础设施建设水平的估计系数至少在 5% 的水平上显著为负，也就是说，在人口规模超过 500 万人的特大及超大城市以及人口规模在 100 万人以上和 500 万人以下的大城市中，信息基础设施建设带来的碳减排效应较为明显。表明信息基础设施建设对规模较大城市的碳排放强度缓解作用较为明显。可能的解释是：规模较大的城市凭借其信息集聚、经济规模的优势为信息基础设施建设与发展奠定了基础，有助于改善资源配置效率，推动经济向技术驱动、绿色低碳方向发展。

在表 4 第（5）、（6）列中等城市和小城市组别回归结果中，信息基础设施建设水平的估计系数不显著。也就是说，在人口规模小于 100 万人的中小城市中，信息基础设施建设未表现出较为明显的碳减排作用。可能的解释是：中小城市一般是行政等级较低的普通地级市，经济管理权限较低，较难通过土地、财税等优惠政策引入创新型企业，绿色低碳发展的内源动力不足，缺乏信息基础设施建设与发展所需的技术、资金，导致信息化未能充分发挥降低碳排放、推动经济高质量发展的功能。

表 4 异质性分析：以城市规模为界分

项目	城市规模					
	特大及超大城市		大城市		中等城市和小城市	
	（1）	（2）	（3）	（4）	（5）	（6）
IIC	−0.1420***	−0.0972***	−0.1242***	−0.0582**	−0.0934	−0.0918
	(0.0326)	(0.0331)	(0.0309)	(0.0258)	(0.0690)	(0.0738)
Controls	NO	YES	NO	YES	NO	YES
Observations	75	75	727	727	800	800
Adjusted R-squared	0.7429	0.8044	0.6209	0.6507	0.5999	0.6590
F statistics	18.99	7.381	16.18	6.028	1.832	5.666
year FE	YES	YES	YES	YES	YES	YES
province FE	YES	YES	YES	YES	YES	YES

注：①表中第（1）、（2）列表示特大及超大城市的回归结果；第（3）、（4）列表示大城市的回归结果；第（5）、（6）列表示中等城市和小城市的回归结果。当 Controls 为 NO 时，表示未控制控制变量；当 Controls 为 YES 时，表示控制了控制变量。② *、** 和 *** 分别表示在 10%、5% 和 1% 的水平上显著。

3.传统基础设施情况的异质性

以互联网、大数据为重要标志的信息基础设施建设一定程度上依赖于传统基础设施。传统基础设施是信息基础设施发展的动力和支撑，信息基础设施赋能传统基础设施的拓展和延伸。传统基础设施中的社会服务、城市管理以及生产制造的正常运转，对数据采集、分析挖掘都提出了严格的要求，信息基础设施利用人工智能的算法框架、开发平台赋能传统基础设施，提高设施运转和服务效率，节省单位能源消耗，实现绿色低碳发展。为探究传统基础设施情况对信息基础设施建设碳减排效应的异质性影响，本报告把各城市年末实有铺装道路面积作为传统基础设施情况的代理变量，把样本划分为传统基础设施较差组别和传统基础设施较好组别。

在表5的第（1）、（2）列传统基础设施较差组别中，信息基础设施建设水平的回归系数不具有统计意义上的显著性，说明信息基础设施建设的碳减排效应与传统基础设施建设水平存在关联性，在传统基础设施较差的城市，城市公共服务设施如机场、高速铁路、公路的发展不足，这些城市往往地形起伏较大，信息基础设施发展难度较大，因而劳动、技术要素流动速度较慢、配置效率较低，进而使得信息基础设施建设的碳减排效应发挥不充分。在表5的第（3）、（4）列传统基础设施较好组别中，信息基础设施建设水平的回归系数在1%的水平上显著为负，表明在传统基础设施较好的城市，由于城市公共服务设施完善、地形起伏较小，信息基础设施建设提高了生产要素的配置效率和流动速度，提高了设施运转和服务效率，节省了单位能源消耗，使得信息基础设施建设碳减排带来的红利释放得更充分。

表5　异质性分析：以传统基础设施情况为界分

项目	传统基础设施情况			
	传统基础设施较差		传统基础设施较好	
	（1）	（2）	（3）	（4）
IIC	0.0465	0.0357	−0.1543 ***	−0.0773 ***
	（0.0724）	（0.0688）	（0.0338）	（0.0290）
Controls	NO	YES	NO	YES

续表

项目	传统基础设施情况			
	传统基础设施较差		传统基础设施较好	
	（1）	（2）	（3）	（4）
Observations	780	780	824	824
Adjusted R-squared	0. 6169	0. 6666	0. 6449	0. 6850
F statistics	0. 4130	4. 4420	20. 8800	9. 7050
year FE	YES	YES	YES	YES
province FE	YES	YES	YES	YES

注：①表中第（1）、（2）列表示传统基础设施较差城市组别的回归结果；第（3）、（4）列表示传统基础设施较好城市组别的回归结果。当 Controls 为 NO 时，表示未控制控制变量；当 Controls 为 YES 时，表示控制了控制变量。② *、** 和 *** 分别表示在10%、5%和1%的水平上显著。

（三）稳健性检验

为进一步增强基本模型的稳健性，本报告进一步地通过重构被解释变量、在基准模型中加入纬度的时间趋势项、考虑观测值的异常值、使用工具变量等方法进行了如下检验。

1. 重构被解释变量

考虑到生产活动过程中不仅产生了二氧化碳，而且还产生了二氧化硫，为了检验信息基础设施建设促进城市减排的结论是否具有稳健性，本报告采用二氧化硫排放强度，即"工业二氧化硫排放量占地区生产总值的比重"重构被解释变量。如表6第（1）列所示，稳健性检验结果显示信息基础设施建设水平的估计系数通过了5%水平上的显著性检验，由此可见，信息基础设施建设抑制了城市环境污染，减排效应与前述基准结论一致。

2. 加入纬度的时间趋势项

从城市区位视角来看，城市碳排放强度可能受到地区的空间差异特征与时间趋势影响，基准模型中虽然已经控制了地区、时间因素，但是两者的交互影响对信息基础设施建设碳减排效应的影响如何仍值得探究，故而，在基准模型中加入纬度的时间趋势项（城市纬度与年份的交互项，*latitude * year*）。表6第（2）列结果显示，信息基础设施建设水平的估计系数为

−0.1049，依然在 1% 的水平上显著为负，表明信息基础设施建设的碳减排效应较为稳健，同时交互项 $latitude * year$ 系数为 1.7714，也在 1% 的水平上显著，反映了区域碳排放强度的空间特征，即纬度越高的地区，碳排放强度越大，一定程度上反映了我国经济发展"南强北弱"的格局。

3. 考虑观测值的异常值

为排除异常值和数据波动干扰，使用缩尾法对被解释变量、解释变量、控制变量的样本进行上、下各 5% 缩尾处理，表 6 的第（3）列结果显示，在缩尾处理后核心解释变量信息基础设施建设水平的估计系数为−0.1970，在 1% 的水平上显著为负，表明信息基础设施建设对碳排放强度依然有显著的抑制作用，这与前文"城市信息基础设施建设能够降低碳排放强度"的基准回归结果保持一致。

4. 使用工具变量

前文的回归结果可能面临一定程度的内生性问题的干扰，在模型中可能存在一些不可观测的因素影响城市的碳排放强度，例如制度、文化等，这些因素难以量化，导致基准回归可能存在遗漏变量、信息基础设施建设水平的估计系数有偏等问题。同时，碳排放强度大的城市可能会影响科技、信息领域人才的流入，从而对信息基础设施建设产生影响。基于此，为缓解遗漏变量、反向因果带来的内生性偏误，本报告使用核心解释变量的滞后一期作为工具变量，这也是既有研究解决内生性问题较常用的方法。一方面，信息基础设施建设存在一定程度的动态延续性特征，即前一期的信息基础设施建设为当期信息基础设施水平奠定基础；另一方面，前一期的信息基础设施建设会通过影响当期信息基础设施建设进而影响城市碳排放强度。因此，本报告采用信息基础设施建设水平的滞后一期为工具变量，使用两阶段最小二乘方法（2SLS）对模型重新进行估计。

表 6 列示了 2SLS 回归结果，第（4）列第一阶段回归中变量估计系数为 0.3638 且在 1% 的水平上显著，表明前一期的信息基础设施建设具有动态延续特征，为当期的信息基础设施建设奠定了基础。第（5）列第二阶段回归中信息基础设施建设水平的估计系数为−0.2404，且在 1% 的水平上显著，

表明信息基础设施建设的碳减排效应依然显著。此外,本报告使用工具变量的检验结果还显示,模型不存在不可识别、弱工具变量等问题,其中Durbin-Wu-Hausman 统计量为32.61,P 值为0.000,拒绝了解释变量均外生的假设,故可以在1%的统计水平上认为基准回归模型存在内生性问题;Anderson canon. corr. LM statistic 统计量为169.068,P 值为0.0000,拒绝了不可识别的原假设;Cragg-Donald Wald F 统计量为187.816,大于经验判断值10,通过了弱工具变量检验。由此可见,当潜在内生性问题缓解之后,信息基础设施建设显著抑制了碳排放强度,使用工具变量的回归结果和前文结论保持一致,表明本报告所选取的工具变量较为稳健,印证了本报告假说。

表6　稳健性检验

项目	重构被解释变量	控制纬度的时间趋势	考虑观测值的异常值	使用工具变量	
	二氧化硫排放强度	*CEI*	*CEI*	第一阶段	第二阶段
	(1)	(2)	(3)	(4)	(5)
IIC	−0.0578 **	−0.1049 ***	−0.1970 ***		−0.2404 ***
	(0.0243)	(0.0199)	(0.0278)		(0.0581)
*latitude * year*		1.7714 ***			
		(0.3550)			
L. IIC				0.3638 ***	
				(0.0263)	
Durbin-Wu-Hausman					32.61
Anderson canon. corr. LM statistic					169.068
Cragg-Donald Wald F					187.816
控制变量	控制	控制	控制	控制	控制
Observations	1590	1604	1604	1604	1604
Adjusted R-squared	0.4342	0.6241	0.6294	0.6396	0.0677
F statistics	30.2600	35.4100	45.4300	98.51	32.6100
year FE	YES	YES	YES	YES	YES
province FE	YES	YES	YES	YES	YES

注: * 、** 和*** 分别表示在10%、5%和1%的水平上显著。

五　作用机制检验

前文研究表明，信息基础设施建设对碳排放强度有抑制效应，但这一结论仅刻画了信息基础设施建设对碳排放强度的整体影响，其中的作用机制"黑箱"有待打开。结合前文的理论分析，本报告从产业结构优化、生产性服务业集聚、绿色技术创新等路径，进一步探究了信息基础设施建设抑制城市碳排放强度的作用机制。

（一）产业结构优化效应

信息基础设施作为数字经济的根基，为推进产业数字化进程提供了物理层面的支撑作用。根据外部性理论，信息基础设施作为大数据信息的载体，存在显著的正外部性。由于信息基础设施的使用不具有互斥性，用户使用量越多，信息的体量、密度就越大，因而信息价值效用越明显。产业结构优化与转型升级是低碳经济发展的主要组成部分。由于服务业与传统制造业关联有限，产业间数据孤岛会在某种程度上导致产业间业务隔绝，而信息基础设施具有数据传输、信息交换优势，在降低信息不对称以及加速资本、技术、劳动要素流动方面能够发挥显著的助力作用。随着信息基础设施建设水平的提升，第三产业发展程度以及产业比例是否合理、是否协调，信息基础设施能否推动产业结构优化、打通产业壁垒延伸产业链宽度？

为验证信息基础设施建设的产业结构优化效应是否存在，本报告使用第三产业产值占 GDP 的比重（$Per3$）、第三产业与第二产业的产值比（Ris）作为产业结构的代理变量，检验信息基础设施建设的产业结构优化效应。表 7 的第（1）列检验了信息基础设施建设对地区生产总值中第三产业发展程度的影响，信息基础设施建设水平的回归系数为 1.7414，通过了 1% 的显著性检验。表 7 的第（2）列检验了信息基础设施建设对产业结构中第三产业与第二产业比例关系的影响，信息基础设施建设水平的回归系数为 0.0573，在 1% 的水平上通过了显著性检验，结果表明信息基础设施建设与产业结构的优化升级呈正相关关系，增加信息基础设施建设投入有利于优化产业结构。

信息基础设施建设通过优化产业结构降低碳排放强度的作用机制在于两方面。一方面，产业结构优化来自城市内部的产业间资源再配置。信息基础设施的发展带来了知识溢出效应，推动产业由依靠自然资源、劳动力等要素向依靠知识、技术等要素演进，促进资源从专业分工程度较低的产业向专业分工程度较高的产业流动，为产业内专业化分工、产业间相互耦联创造了条件。同时，信息基础设施投资催生了一批新兴产业，产生了"创造性破坏"，提高了服务业的投入比重，增加了服务业的产品需求。另一方面，产业结构优化来源于城市间资源再配置。网络普及与信息服务的提速使信息更加透明公开，市场竞争显著增强，对城市产业布局、资源配置的统筹规划能力提出了更高要求。同时，由于信息基础设施具有数据传输、信息交换优势，从物理层面减少了信息搜集成本，为地区之间资金、人力、技术等资源跨区域融合提供了便利条件，提高了资源配置和供应链统筹能力，从而推动产业的重新整合与布局，为经济向低碳经济转型提供了有利条件。

表 7   作用机制检验：产业结构优化效应

项目	(1)	(2)
	Per3	Ris
IIC	1.7414 ***	0.0573 ***
	(0.4525)	(0.0201)
FDI	14.1929	−1.3140
	(26.4008)	(1.1630)
fin	11.3327 ***	0.4524 ***
	(1.2154)	(0.0635)
invest	0.3285	−0.0017
	(1.9815)	(0.1096)
urban	−11.7734 ***	−0.4887 ***
	(2.1301)	(0.0945)
expenditure	−2.9557	−0.0247
	(11.8952)	(0.5675)

项目	(1)	(2)
	Per3	Ris
Observations	1603	1603
Adjusted R-squared	0.5346	0.4731
F statistics	30.78	19.39
year FE	YES	YES
province FE	YES	YES

注：*、** 和 *** 分别表示在 10%、5% 和 1% 的水平上显著。

（二）生产性服务业集聚效应

生产性服务业集聚模式在中间产品、服务的生产中有效发挥了规模经济优势，将更多低碳生产技术、服务嵌入制造业价值链中，推动生产环节向高附加值、低污染转型。以云计算、大数据为代表的信息技术产业发展，能否加快高附加值服务业和制造业的信息化融合？能否为生产性服务业集聚、产业协同集聚带来强大的物理信息载体，从而全面提升全要素生产率、降低碳排放？

为回答上述问题，借鉴 Ezcurra 等（2004）的研究本报告构建了生产性服务业专业化集聚指数（SP）、生产性服务业多样化集聚指数（jac），用以衡量专业化、多样化的生产性服务业集聚模式。其中，生产性服务业专业化集聚指数反映了某个地区相较于全国的生产性服务业专业化集聚水平，生产性服务业多样化集聚指数反映了不同生产性服务业在区域内的集中程度。指数构建方式如下。

$$SP_i = \sum \left| \frac{E_{is}}{E_i} - \frac{E'_s}{E'} \right| \tag{4}$$

$$jac_i = 1 / \sum_{s=1}^{n} (E_{is} - E_s) \tag{5}$$

其中，公式（4）中 SP_i 为城市 i 生产性服务业专业化集聚指数，公式（5）中 jac_i 为城市 i 生产性服务业多样化指数。E_{is} 代表城市 i 生产性服务行

业 s 的就业人数，E_i 为城市 i 总就业人数，E'_s 表示除城市 i 外的某生产性服务行业 s 的就业人数，E' 为除城市 i 外的全国总就业人数，E_s 表示全国生产性服务行业 s 的就业人数在全国总就业人数中的占比。结合 Ke 等（2014）的研究，本报告根据我国城市分行业就业统计口径，把 19 个行业中的交通运输、仓储和邮政业，信息传输、计算机服务和软件业，批发和零售业，金融业，租赁和商业服务业，科学研究和技术服务业，水利、环境和公共设施管理业 7 个行业合并，由其代表生产性服务业。

表 8 中的第（1）列，信息基础设施建设水平的回归系数为 0.1443，通过了 5% 的显著性检验，回归结果表明，信息基础设施建设显著促进了生产性服务业专业化集聚。以信息技术、云计算平台为核心的新业态模式赋能生产性服务集聚及其在制造业价值链中的嵌入，突破了传统制造业原有的行业、空间局限，增强了服务业和制造业的技术关联性和产业关联性。因而，信息基础设施建设为推动生产性服务业专业化集聚在不同产业间的知识溢出、技术转移，形成"高附加值低污染"的发展路径提供了有利的技术载体支撑。表 8 中的第（2）列信息基础设施建设水平的回归系数不显著，说明了信息基础设施建设和生产性服务业多样化集聚模式关联性不强，可能是因为多样化集聚模式受到生产性服务业内部细分行业的异质性影响，即生产性服务业中低端生产性服务业占比较大时可能会影响信息基础设施技术外溢效应、碳减排效应的发挥。

表 8　作用机制检验：生产性服务业集聚效应

项目	（1）	（2）
	SP	jac
IIC	0.1443**	−0.0016
	(0.0711)	(0.0013)
FDI	−5.0130	−0.0082
	(3.0868)	(0.0434)
fin	−0.3981**	0.0046
	(0.1895)	(0.0037)

续表

项目	（1）	（2）
	SP	*jac*
invest	−0.0598	0.0143
	（0.2085）	（0.0103）
urban	0.2590	0.0025
	（0.2593）	（0.0052）
expenditure	0.8285	0.0021
	（0.8660）	（0.0373）
Observations	1558	1558
Adjusted R-squared	0.2239	−0.0054
F statistics	2.502	0.691
year FE	YES	YES
province FE	YES	YES

注：＊、＊＊和＊＊＊分别表示在10%、5%和1%的水平上显著。

（三）绿色技术创新效应

碳排放强度是单位 GDP 的碳排放量，是一个效率概念，故而碳排放强度与技术创新密切相关。城市技术创新能力越高，越能带动低碳技术和环保技术发展，从而越能抑制碳排放。以互联网、信息技术为核心的信息基础设施建设能否不断释放信息技术在产业部门中的技术溢出红利，提升绿色技术水平从而降低产业发展的碳排放强度？

专利发明是研发活动的产出，能直接反映城市创新水平。为验证信息基础设施建设的绿色技术创新效应，本报告使用当年申请的绿色发明专利数量（*gpatent*）、当年申请的绿色实用新型专利数量（*ppatent*）作为绿色技术创新的代理变量，并做对数处理，检验信息基础设施建设对绿色技术创新的影响。其中，绿色发明专利、绿色实用新型专利数量为国际绿色专利分类编码中剔除非绿色技术发明专利数量后得到。

表 9 的回归结果中信息基础设施建设水平的估计系数分别为 0.4684、0.3955，都在 1% 的水平上显著，表明信息基础设施建设有效带动了城市绿

色技术创新水平的提升。信息基础设施建设水平的提升意味着信息网络通达性增强，在网络成本边际递减规律的作用下，能够有效降低以网络为媒介的技术创新信息传输成本，增强创新要素和多元信息在区域间的转移流动。随着信息基础设施投入的增加，信息技术在产业部门中不断释放技术溢出红利，这将对推动提升城市绿色技术水平产生直接作用，从而为降低产业发展过程中的碳排放强度提供可行路径。

表9　作用机制检验：绿色技术创新效应

项目	(1)	(2)
	gpatent	ppatent
IIC	0.4684 ***	0.3955 ***
	(0.1100)	(0.0904)
FDI	22.8569 ***	19.1619 ***
	(3.9742)	(3.2008)
fin	0.9406 ***	0.8801 ***
	(0.1501)	(0.1388)
invest	−0.8993 ***	−0.8705 ***
	(0.2508)	(0.2309)
urban	0.5746	0.2836
	(0.4065)	(0.3764)
expenditure	−4.5364 *	−4.3129 *
	(2.6849)	(2.6042)
Observations	1573	1578
Adjusted R-squared	0.6313	0.6840
F statistics	46.75	46.31
year FE	YES	YES
province FE	YES	YES

注：*、** 和 *** 分别表示在10%、5%和1%的水平上显著。

六　结论与政策建议

本报告以2011~2017年中国289个地级城市为研究样本，通过构建固定效应模型考察了信息基础设施建设对城市碳排放强度的影响。研究主要得到以下结论。

信息基础设施建设显著降低了城市碳排放强度。具体而言，在全国范围内，信息基础设施的综合投入水平每提升 1 单位，可以使每亿元 GDP 对应的碳排放较当前水平平均降低 12.24 吨；而对于碳排放强度较高（排名前 50%）和较低（排名后 50%）的地区而言，信息基础设施投入水平每提升 1 单位将分别引致每亿元 GDP 碳排放降低 29.66 吨和 4.96 吨。

在碳减排效应的实现机制上，信息基础设施建设可以显著带动第三产业发展，显著提高第三产业与第二产业的产值比以及第三产业产值在 GDP 中的占比，从而有助于实现产业结构优化，通过相对低排放的第三产业对相对高排放的第三产业的替代，实现碳减排。同时，信息基础设施投入还可以显著增强科学研究和技术服务业等生产性服务行业的专业化集聚程度，从而有助于引致绿色技术创新效应，赋能生产性服务行业，提高生产率并降低碳排放。

信息基础设施建设的碳减排效应受当地的科技配套支出、城市规模、传统基础设施建设水平等城市硬件条件的制约。具体而言，对城市层面的科技支出进行分位数分组，对科技支出位于全国中位数以下的城市增加信息基础设施投入并不能带来显著的碳减排效应，而科技支出位于全国中位数以上的城市，信息基础设施投入的碳减排效应显著为正，1 单位投入水平提升可使每亿元 GDP 碳排放降低 6.77 吨。就城市规模而言，信息基础设施的碳减排效应随城市规模的增大而增大，对于全国超大及特大城市而言，单位信息基础设施建设投入的提升可使每亿元 GDP 碳排放降低 11.28 吨，对于大城市而言，这一数字降低为 6.75 吨，而对于中小城市而言，信息基础设施投入的碳减排效应并不显著。从传统基础设施的建设水平看，传统基础设施存量较差的城市，信息基础设施投入的碳减排效应并不显著，而传统基础设施存量较好的城市，信息基础设施投入会产生显著的碳减排效应，每亿元 GDP 可降低碳排放 8.97 吨。

综上，信息基础设施的碳减排效应在科技水平高、城市规模大的特大及超大城市、大城市以及传统基础设施较好的城市更为显著，在这些本身已经拥有较好资源禀赋的地区，信息基础设施更多的是扮演"锦上添花"的角色；而在科技水平较低、中等规模和小规模城市以及传统基础设施较差的城市，信息基础设施建设对碳排放强度的影响效应并不显著，在这些自身资源禀赋较差的地区，信息基础设施未能起到"雪中送炭"的作用。也就是说，以互联网、大数据为重要标志的信息基础设施建设在一定程度上依赖于城市的传统基础设施、技术供给、经济规模，初始资源禀赋的差异会影响信息基础设施支持低碳产业发展的质效，也会影响信息基础设施绿色发展特性的有效释放。

基于以上结论，本报告提出以下两点政策建议。首先，应不断推进大数据、云计算、人工智能等新兴行业的发展，释放数字经济红利。并以信息技术创新为抓手，推进创新平台的共建共享，提升城市创新能力。其次，制定信息基础设施建设政策时应考虑区域差异，如城市规模、科技水平、传统基础设施建设情况等。由于城市初始资源禀赋存在不平衡性，单一投资信息基础设施并不会带来碳减排。对于发展较落后的城市来说，应努力推动本地传统基础设施建设，营造良好的营商环境，引进科技创新人才，为信息基础设施建设提供良好的环境和基础。同时，破除生产要素的流动障碍，促进生产要素的优化配置，发挥信息基础设施在地区之间的技术溢出效应。

参考文献

[1] Acemoglu, D., et al., 2014, "The Environment and Directed Technical Change in a North-South Model," *Oxford Review of Economic Policy* 30 (3): 513-530.

[2] Almeida, P., Kogut, B., 1999, "Localization of Knowledge and the Mobility of Engineers in Regional Networks," *Management Science* 45 (7): 905-917.

[3] Akihiro O. et al., 2014, "Energy Efficiency and Agglomeration Economies: The Case of Japanese Manufacturing Industries," *Regional Science Policy & Practice* 6 (2): 195-212.

[4] Chen, M., and Gu, Y., 2011, "The Mechanism and Measures of Adjustment of Industrial Organization Structure: The Perspective of Energy Saving and Emission

Reduction," *Energy Procedia* 5 (6): 2562-2567.

[5] Czernich, N., et al., 2011, "Broadband Infrastructure and Economic Growth," *The Economic Journal* 121 (552): 505-532.

[6] Dong, F., et al., 2019, "Can a Carbon Emission Trading Scheme Generate the Porter Effect? Evidence From Pilot Areas in China," *Science of the Total Environment* 653 (6): 565-577.

[7] Duggal, V. G., et al., 2007, "Infrastructure and Productivity: An Extension to Private Infrastructure and IT Productivity," *Journal of Econometrics* 140 (2): 485-502.

[8] Ezcurra, R., et al., 2004, "Regional Specializaion in the European Union," *Regional Studies* 40 (6): 601-616.

[9] Forman, C., et al., 2005, "How Did Location Affect Adoption of the Commercial Internet? Global Village V. S. Urban Leadership," *Journal of Urban Economics* 58 (3): 389-420.

[10] Hicks, J. R., 1963, *The Theory of Wages*, Macmillan.

[11] Huang Qunhui, et al., 2019, "Internet Development and Productivity Growth in Manufacturing Industry: Internal Mechanism and China Experiences," *China Industrial Economics* (08): 5-23.

[12] Joachim S., 1978, "The Sectoral Transformation of the Labor Force in Seven Industrialized Countries, 1920 - 1970," *American Journal of Sociology* 83 (5): 1224-1234.

[13] Ke, S., et al., 2014, "Synergy and Co-agglomeration of Producer Services and Manufacturing: A Panel Data Analysis of Chinese Cities," *Regional Studies* 48 (11): 1829-1841.

[14] Koutroumpis, P., 2009, "The Economic Impact of Broadband on Growth: A Simultaneous Approach," *Telecommunications Policy* 33 (9): 471-485.

[15] Krugman, P., 1991, "Increasing Returns and Economic Geography," *Journal of Political Economy* 99 (3): 483-499.

[16] Oliner, S. D., et al., 2008, "Explaining a Productive Decade," *Journal of Policy Modeling* 30 (4): 633-673.

[17] Pradhan, R. P., et al., 2020, "Sustainable Economic Growth in the European Union: The Role of ICT, Venture Capital, and Innovation," *Review of Financial Economics* 38 (1): 34-62.

[18] Qin, Y., 2017, "No Country Left Behind? The Distributional Impact of High-Speed Rail Upgrades in China," *Journal of Economic Geography* 17 (3): 489-520.

[19] Röller, L. H., Waverman, L., 2001, "Telecommunications Infrastructure and

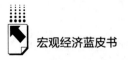
Economic Development: A Simultaneous Approach," *The American Economic Review* 91 (4): 909-923.

[20] Salahuddin, M., et al., 2016, "Is Rapid Growth in Internet Usage Environmentally Sustainable for Australia? An Empirical Investigation," *Environmental Science and Pollution Research* 23 (5): 4700-4713.

[21] Shanzi, K., et al., 2014, "Synergy and Co-agglomeration of Producer Services and Manufacturing: A Panel Data Analysis of Chinese Cities," *Regional Studies* 48 (11): 1829-1841.

[22] Solow, R. M., 1956, "A Contribution to the Theory of Economic Growth," *The Quarterly Journal of Economics* 70 (1): 65-94.

[23] Vega, S. H., Elhorst, J. P., 2015, "The SLX Model," *Journal of Regional Science* 55 (3), 339-363.

[24] Venables, A., J., 1993, "Equilibrium Locations of Vertically Linked Industries," *International Economic Review* 37 (2): 341-359.

[25] K. M. Vu, 2011, "ICT as a Source of Economic Growth in the Information Age: Empirical Evidence From the 1996-2005 Period," *Telecommunications Policy* 35 (4): 357-372.

[26] Wu Jianxin, Guo Zhiyong, 2016, "Research on the Convergence of Carbon Dioxide Emissions in China: A Continuous Dynamic Distribution Approach," *Statistical Research* 33 (1): 54-60.

B.3

"双碳"目标下我国产业结构调整的
风险、制约因素及方向

张小溪　张　莹*

摘　要: 中国要实现"双碳"目标,面临着经济仍需继续发展、资源禀赋约束着能源结构、就业结构错配等严峻的现实挑战。如果不妥善应对这些挑战,将为正在进行的产业结构转型升级带来新的风险,危及能源安全、经济增长,甚至可能引发金融和社会危机。当前中国亟须克服能源结构转型带来的成本增加、碳减排路径不明晰、融资难、就业安置压力大等难题,精准施策,形成促进产业结构持续优化的新动力。

关键词: 碳中和　碳达峰　产业结构

我国经济已经由高速增长阶段转向高质量发展阶段。在错综复杂的国内外环境和经济新常态背景下,以新发展理念为指引,通过供给侧结构性改革等举措,我国产业结构从高消耗、高污染、低技术含量、低利润率向低消耗、低污染、高技术含量、高利润率方向优化转型初具成效,但面对全球资源价格提高、信息化与技术进步加快,以及劳动力成本加大等现实挑战,面对发展中国家"中低端分流"与发达国家"高端压制"的双向挤压,我国需继续促进产业结构转型升级,推动高质量发展仍任重道远。

---

* 张小溪,博士,中国社会科学院经济研究所副研究员,主要研究方向为 ESG 与对外投资;张莹,博士,中国社会科学院生态文明研究所副研究员,主要研究方向为环境经济学和就业。

2020 年 9 月，习近平总书记在联合国大会上宣布中国将采取政策和措施，"二氧化碳排放力争于 2030 年前达到峰值，努力争取 2060 年前实现碳中和"① （以下简称"双碳"目标）。在"双碳"目标愿景的牵引下，通过找准路径，大力推进能源生产和消费革命，促进经济系统转型，探索既能保持产业竞争力、促进经济持续稳定增长，又能强力减排的清洁低碳发展模式，既能更好地促进我国经济高质量发展，也能使我国在国际经济格局重塑中掌握主动权。但考虑到我国人口规模、发展速度、经济总量及资源禀赋等实际情况，这种转型不可能一蹴而就，而且在保证经济持续发展的条件下推动能源转型，将带来一系列潜在风险，因此需坚持系统性思维做出前瞻性研判，并予以妥善应对。

在低碳转型背景下，构建新型清洁低碳的产业结构，必须以当前我国煤、油、气、核、新能源和可再生能源多轮驱动的能源生产体系为基础，遵循"先立后破"的原则，妥善处理好重点和难点问题，为经济发展提供稳定、绿色和成本可接受的产业结构转型升级条件。

一 中国绿色低碳转型面临的挑战

推动绿色低碳转型，积极应对气候变化，既是生态文明建设的重要任务，也是实现"双碳"目标的核心要求。绿色低碳转型绝非一路坦途，作为全球最大的发展中国家，中国要如期实现"双碳"目标，面临着严峻的现实挑战。

尽管实现"碳达峰、碳中和"意义深远，但也需准确把握我国经济发展规律和产业发展趋势，多管齐下消除实现目标过程中可能面临的"灰犀牛"风险，以坚持生态文明建设的定力持续发力，通过制定有效措施积极应对潜在风险，行稳致远地实现绿色低碳转型。

---

① 《习近平在第七十五届联合国大会一般性辩论上的讲话（全文）》，新华网，2020 年 9 月 22 日，https：//baijiahao.baidu.com/s？id=1678546728556033497&wfr=spider&for=pc。

（一）发展仍然是中国经济的主题

中国工业化进程开展的时间较短，目前仍处于碳排放高速增加的阶段，实现碳中和所需的减排基数大。根据《BP 世界能源统计年鉴》统计数据，2011~2017 年中国年均碳排放量为 91.5 亿吨，而第二大碳排放国美国的年均碳排放量仅为 55.8 亿吨。2019 年，中国碳排放量约占全球的 28.8%，人均碳排放量是全球平均水平的 1.6 倍①，人均碳排放水平甚至超过一些完成工业化的国家，如英国、法国等。

中国经济仍需继续发展，绿色低碳转型任务艰巨。当前，许多发达国家已经基本完成工业化和城市化，碳排放早已达峰；而我国基础设施水平、发展阶段与发达国家相比仍存在差距，为了提高人民生活水平，我国能源消费水平和碳排放量仍然难以在短期内就实现大幅下降。正如环境库兹涅茨曲线所示，人均 GDP 与人均碳排放量之间存在先升后降的倒"U"形关系，而中国尚处于倒"U"形曲线的前半段（见图 1）。

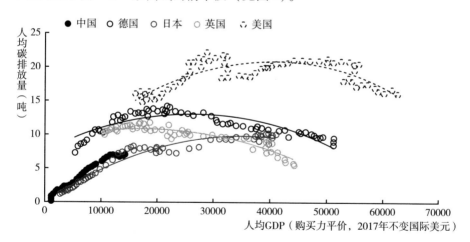

图 1　人均碳排放量与人均 GDP 变化关系

资料来源：Our World in Data, Penn World Table。

---

①　王永中：《碳达峰、碳中和目标与中国的新能源革命》，《人民论坛·学术前沿》2021 年第 14 期。

在实现"双碳"目标的进程中，能源的供应保障仍是经济、社会发展和人民生活水平提高的重要物质基础，与人民群众的日常生活紧密相关。低碳转型之路可以提升产业支撑能力和能源普遍服务水平，切实保障经济发展和民生的需要，防止激进的低碳绿色转型导致化石能源退出过快或生产投资不足造成的能源供需失衡。

（二）完成"双碳"目标的时间紧迫

从发达国家的碳排放路径来看，经济增长水平与碳排放量之间的关系呈现阶段性特征，人均 GDP 是影响人均碳排放量最主要的因素①。以美、英、德、法、日为例（见图 2），1960~1980 年，人均 GDP 与人均碳排放量基本是同增；1980~2005 年，人均 GDP 增加而人均碳排放量趋于稳定；2005 年后，人均 GDP 增加但人均碳排放量趋于下降。由此可以看出，从碳达峰到碳中和是一个长期过程，与经济增长息息相关。

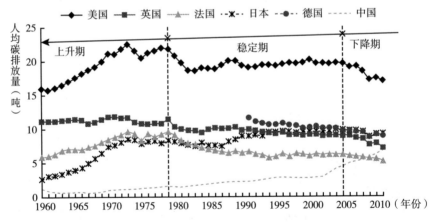

图 2　中国与主要发达国家人均碳排放量阶段划分

资料来源：马丽梅、史丹、裴庆冰：《中国能源低碳转型（2015~2050）：可再生能源发展与可行路径》，《中国人口·资源与环境》2018 年第 2 期。

---

① 林伯强、刘希颖：《中国城市化阶段的碳排放：影响因素和减排策略》，《经济研究》2010 年第 8 期。

完成绿色低碳转型的窗口期短，时间紧。中国承诺的从碳达峰到碳中和的过渡期只有 30 年，欧美发达国家目前提出的碳中和目标距离碳达峰年份普遍有 50 年至 70 年的过渡期[①]，中国的过渡期明显要短。由于中国的城市化、工业化进程尚在推进，因此从发展需求上看，若要在较短时间内实现经济、能源的绿色低碳转型，中国需要面临比发达国家更大的挑战。

（三）资源禀赋约束着能源结构

能源结构的绿色低碳转型受到资源禀赋的制约。如表 1 所示，2019 年，煤炭在中国能源消费总量中的占比仍达 64.7%，远高于美国的 24%、日本的 31.5%、意大利的 10.5%。此外，我国能源还存在"缺油、少气、分布不均"的问题。目前中国抽水蓄能和燃气电站等灵活调节电源的比重仅为6%，在西北风光可再生能源丰沛地区仅为 0.9%，生物质能等储能方式尚未形成规模。

总体来看，中国的人均能源供应量远低于 OECD 国家平均水平，2010年之前甚至低于世界平均水平（见表 2）。石油和天然气消费高度依赖进口，能源供应安全风险居高不下，水电和核电等清洁能源发展空间有限。尽管光伏发电和风电发展迅猛但占比太低，未来较长一段时间煤炭仍然会在能源结构中发挥"压舱石"功能。

表 1　2019 年主要国家能源结构对比

单位：%

国家	石油	天然气	煤炭	核电	水电	可再生能源	其他
中国	0.1	3.1	64.7	4.6	16.9	9.8	0.8
美国	0.5	38.6	24.0	19.3	6.2	11.1	0.3
日本	4.3	35.0	31.5	6.3	7.1	11.7	4.1
意大利	3.6	44.6	10.5	—	15.9	23.8	1.6

资料来源：《BP 世界能源统计年鉴》。

[①] 谢伏瞻、庄国泰：《应对气候变化报告（2021）：碳达峰碳中和专辑》，社会科学文献出版社，2021。

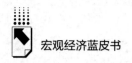

表2　1973~2017年中国与世界、OECD国家人均能源供应量平均水平

单位：吨标准油

年份	1973	1980	1990	2000	2005	2010	2016	2017
世界	1.557	1.623	1.658	1.639	1.762	1.856	1.845	1.858
OECD国家	4.067	4.130	4.225	4.579	4.621	4.371	4.099	4.098
中国	0.484	0.609	0.770	0.895	1.366	1.896	2.155	2.210

资料来源：《中国能源统计年鉴2020》。

（四）工业化进程仍需继续

工业化一直是中国经济转型的主要动力源。虽然中国的工业化起步晚，但是进程迅猛。尤其是自2001年加入世界贸易组织后，中国制造业的产出增长尤为迅速，从2007年以来中国始终是世界上最大的工业品生产国，一系列的五年规划设定了宏伟的工业增长目标。如今，中国贡献了全球工业总产值的1/4，是钢铁、水泥、铝、化工产品、电子产品和纺织产品最主要的生产国。其中，中国生产的水泥和钢铁占世界水泥和钢铁总产量的一半以上。

尽管中国工业行业的整体能源利用率偏低，中国仍不宜太早实现去工业化。目前，中国工业部门能耗水平依然较高，单位GDP能耗约为发达国家的2倍至3倍。由于部分高能耗的制造业具有稳定经济和就业的功能，是立国之基，不能为了降低能源和碳排放强度而大幅降低制造业在国民经济中的份额，因此中国实现绿色低碳转型的空间受到一定的制约。

表3　中国部分经济和能源指标

指标	2000年	2010年	2020年	2000~2020年变化
GDP[10亿美元PPP（2019年）]	4790	12747	24410	+410%
占全球比重(%)	7	13	19	+12个百分点
人均GDP[美元PPP（2019年）]	3773	9479	17291	+358%

指标	2000 年	2010 年	2020 年	2000～2020 年变化
人口（百万人）	1269	1345	1412	11%
一次性能源总需求（艾焦）	49	107	148	+202%
人均一次性能源需求（吉焦/人）	39	80	104	+167%
进口依存度（%）	4	15	23	+19 个百分点
能源体系二氧化碳排放量（吉吨）	4	9	11	+175%
能源强度（兆焦/美元 PPP）	10.2	8.4	6.0	−41%
碳排放强度（克/美元 PPP）	655	616	412	−37%

注：数据因四舍五入原因，略有误差。
资料来源：wind。

（五）新增就业与失业错配

绿色低碳转型带来的新增就业与其造成的失业之间存在错配问题。尽管绿色低碳转型整体给经济发展将带来积极影响与就业的净增加，但增加的就业与减少的就业之间存在时间、空间、产业与技能方面的不匹配。一些高度依赖化石能源产业的地区和工人群体将会直接受政策影响面临经济衰退和失业的风险，由于这些地区经济结构单一、工人群体技能较低，他们很难享受绿色低碳产业快速发展带来的红利，如果无法妥善解决这一问题将影响社会稳定。

二 中国绿色低碳转型中的潜在风险

推动经济、能源实现绿色低碳转型是一项系统性工程，涉及政府、企业、居民等多个主体以及能源、交通、产业等多个部门，若不能有效地处理好发展和转型、整体和局部、短期和中长期的关系，就有可能引发一些新的风险。

（一）能源供给稳定运行的风险

实现"双碳"目标，需要优先发展非化石能源，大力推进低碳能源替代高碳能源、可再生能源替代化石能源。但随着可再生能源的迅猛发展，电力系统灵活性不足、调节能力不够等问题愈加突出，无法保证能源的稳定安全供应，也制约了更高比例和更大规模的可再生能源的利用。随着不稳定的可再生能源、储能技术和电动汽车的大规模接入能源体系，传统能源供应安全的内涵将被改变，如果不具备足够的调节容量或储能设备，能源系统的稳定性、安全性将无法得到保障。

特别需要注意的是在能源系统结构发生变化时，电力稳定运行所面临的风险。随着新能源的快速发展，传统的由煤电作为基础能源的系统结构和电力系统的运行控制方式将会发生变化，传统"源随荷动"的模式将向"源网荷互动"的模式转变，系统中运行主体的行为、需求都存在很大的不确定性，为系统的安全稳定运行带来了很大风险。尤其是在极端天气频发的现实条件下，一些小概率的自然现象将可能引发能源安全大风险。随着气候变化带来的影响加剧，全球温度不断上升，热浪、飓风、洪涝灾害等极端气候事件频发，对能源供需两端都会产生影响。在需求端，极热和极寒天气会大幅提高能源需求；在供给端，极端气候事件可能会影响传统化石能源或新能源的发电效率与发电水平，洪涝灾害与飓风天气还会影响电力输配和其他能源供应系统的弹性。

（二）经济增速下滑的风险

产业结构调整，有可能带来经济增速下滑的风险。国际经验表明，对于依赖化石能源实现工业化的国家来说，其经济在发展的同时伴随着碳排放的增加，而减少碳排放则会对经济增长形成一定的制约。如果采取激进的碳减排措施来实现碳达峰、碳中和，将会对相关高碳产业和企业产生冲击，造成投资、就业和贸易的损失，进而造成 GDP 的损失。根据目前一些模型测算结果，实施碳减排措施会在短期内对我国经济增速产生较小的不利影响。根据中国社会科学院经济研究所的研究报告，2021～2025 年中国 GDP 的潜在增速将保持在 5% 以上水平；到 2035 年，中国 GDP 的潜在增速将下行至 4.33%[①]。

---

① 汤铎铎等：《全球经济大变局、中国潜在增长率与后疫情时期高质量发展》，《经济研究》2020 年第 8 期。

（三）就业减少的风险

淘汰化石能源和高耗能产业，会给特定行业和地区带来就业减少的风险。我国各地区的发展基础差距较大，不同地区的资源禀赋和产业优势具有不同特点，发展关系和投资依赖性也会导致各地绿色低碳转型的社会经济成本存在差异性。快速推动煤炭等化石能源产业和基础设施的退出会对一些地区、行业和从业人员带来不利冲击，再叠加新冠肺炎疫情持续给服务业造成的影响，有可能使一些地区的就业市场短期承受较大压力，不利于维持社会稳定。

（四）通货膨胀的风险

现有技术条件下，扩大清洁低碳能源与减排技术的利用可能推动价格上涨，滋生通货膨胀风险。从我国当前的能源系统整体运行情况来看，与煤炭等化石能源使用相比，新能源利用还没有实现真正意义上的"平价"。扩大新能源应用还会推动铜、锂等金属需求出现长期结构性增长，推高部分重要金属的市场价格。电力系统发电成本的增加叠加部分商品价格上涨，可能会推高全社会的生产者物价指数，进而传导到下游消费者，引发结构性通货膨胀风险。

产业结构转型升级必须考虑经济成本与代价，要把握好新能源对化石能源替代的经济性问题，不应以终端用户的用能成本提高为代价，影响到基本的民生福祉。中国北方农村开展的取暖方式清洁化改造就因收入水平的约束出现了一些问题。《关于京津冀农村地区"电代煤""气代煤"实施效果情况的调查报告》表明，京津冀地区在2016~2018年推行的散煤治理加剧了当地的能源贫困问题，导致用能结构清洁化调整的效果不具有可持续性。

（五）高碳行业企业资产搁浅所带来的金融稳定风险

高碳行业企业资产搁浅会带来金融稳定风险。为实现"双碳"目标，加快绿色低碳转型可能导致以煤炭、煤电为代表的高碳行业面临不良资产、搁浅资产增多的风险。尤其是煤电行业，在愈加严格的碳排放要求下，一些在役煤电机组可能会提前搁浅。初期较不严格的碳减排目标可能会导致搁浅资产的大量累积，如图 3 所示，2020 年中国新批准的燃煤电厂年度发电量大幅增加反映出现实运行中存在着风险。如果搁浅资产的退出过于突然，可能导致企业出现巨大的财务损失。其他高碳行业也将面临收入和利润下降的压力，违约风险加大，将对我国金融体系整体资产质量和金融稳定性带来威胁。

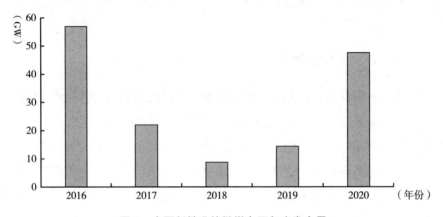

图3　中国新批准的燃煤电厂年度发电量

资料来源：东亚绿色和平组织（2021）。

三　"双碳"目标下产业结构调整的主要制约因素

（一）碳排放约束提高转型成本

产业结构调整面临的碳排放约束提高了转型成本。实现"双碳"目标，是对我国产业结构调整提出的新约束条件，加大了高度依赖化石燃料生产、高耗能传统产业比重大、资源密集或环境脆弱的地区面临的转型升级压力。产业结构的转型升级已经压缩了部分传统产业的盈利空间，实现"双碳"

目标的压力将推动企业加大相关技术研发投资力度，导致部分高耗能行业的综合生产成本进一步提高。

尽管清洁的可再生能源利用成本不断下降，但相对于传统化石能源而言，仍不具备明显的成本优势。为了保证能源供给的稳定性和能源的质量，风光等可再生能源在并网过程中需要具有灵活性的系统为其提供辅助服务，由此产生消纳成本。煤电逐步退出后，如何以成本有效的方式为不稳定可再生能源接入能源体系提供灵活性成为未来能源转型面临的最大难点之一。清洁能源的引进、能源储存及传输技术的突然过渡将导致能源短缺和能源（特别是电力）价格的急剧上涨，对上下游企业产生负向溢出效应。一旦稳定的能源供给无法得到保障，能源供需失衡便将进一步推高用能成本，甚至引发能源贫困等危机。

（二）部分碳排放路径不明晰

中国已经公布了《2030年前碳达峰行动方案》，但是部分行业仍然存在减碳转型路径不清晰、不坚决的问题。目前的产业结构中，能源消费仍以化石能源为主，其中工业碳排放占比高达80%，实现碳脱钩需要一定的过程。传统钢铁、水泥等高耗能产业需面临疫情缓解后需求上涨与减碳目标下产量压减之间的矛盾，这会削弱一些行业自发的加速转型意愿。

（三）创新融资机制尚未完全建立

实现"双碳"目标的创新融资机制尚未完全建立。在大力发展清洁能源、可再生能源等方面，若想实现相关产业的转型升级便需要加大对创新技术的投资力度，构建低碳技术创新体系，并针对该需求建立健全融资支持体系；针对煤炭、石油、钢铁、建筑、传统装备制造业在减碳压力下可能面临的资产搁置风险，也应建立相应的融资风险识别和控制机制。

（四）就业安置压力大

工业特别是制造业进入持续升级过程，叠加"双碳"目标，给煤炭生

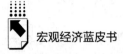
产与高耗能行业所带来的新转型压力将进一步减少工业行业内单位产出所需的劳动力，尽管新能源产业和其他绿色、低碳新兴产业会创造一些新就业机会，但是实现"双碳"目标带来的就业损失和就业创造效应具有时间、空间和技能等方面的不匹配性，部分地区面临的就业结构调整和相应的就业安置问题亟待妥善处理。

清洁低碳能源对传统化石能源的替代，会导致很多传统化石能源产业走向衰退和没落，相关产业职工的就业岗位也将受到影响。研究表明受中国煤电行业转型进程影响的人数在 45 万~50 万人。而延伸到煤电的上游行业煤炭行业之后，这一影响更大。煤炭行业的就业人数虽已从 2013 年的峰值水平 530 万人下降到了 2020 年的 260 万人左右，但规模仍较大。传统高耗能、劳动密集型的煤电和煤炭行业，在能源转型、"去产能"政策以及科技进步等多重因素的叠加影响下，面临着前所未有的就业压力。妥善处理受影响职工的就业安置、社会保障、劳动关系等问题，事关"六稳""六保"的实现和社会稳定大局。

（五）新的消费需求尚待培育

支持实现"双碳"目标的消费需求尚待培育壮大。目前"双碳"目标的确定与执行基本基于一种自上而下的模式，在政府主导下"双碳"目标会全面影响各行业的产业结构调整方向，但与生产相一致的绿色、低碳消费联动机制无法形成，这样可能导致需求约束型的产业转型升级缺口，影响可持续的产业结构脱碳化转型。

（六）技术标准提高制约部分产业国际竞争力

围绕部分低碳和零碳技术的国际技术标准提高，削弱了部分行业生产的国际竞争力。随着全球对碳中和目标的重视程度不断提高，发达国家将会增加在相关技术、产品研发领域的投入，并可能针对碳密集型产品制定投资贸易保护措施，如征收碳边境调节税以及实施反补贴、反倾销政策等，对我国相关产业的发展形成新的牵制。以碳边境调节税为例，如果越来越多的发达国家征收这一税收，将形成事实上的"气候俱乐部"。按照 CGE 模型的模拟结果，中国将遭受长期的福利损失，其中，预计工业部门的总产量下降 0.62%~1.22%，出口下降 3.53%~6.95%，就业减少 1.22%~2.39%。[①]

四　当前产业调整的动力与方向

随着中国迈入中等收入国家行列，为了避免原有的经济增长模式陷入低端锁定的路径依赖，中国必须优化产业结构，聚集新的增长动能，确保顺利跨越"中等收入陷阱"。"双碳"目标的设立将给正在进行的产业结构转型升级带来新的挑战，应针对这些挑战精准施策，形成促进产业结构持续优化的新动力。

（一）以农业转型升级促进乡村振兴

以农业转型升级促进乡村振兴，确保农业和农村经济的发展。坚持把农村经济放在经济工作的首位，加快推进农业政策从增产导向转为提质导向，将农业发展方式从依赖资源消耗的粗放经营转向可持续生产，有效提高农民收入。

（二）传统工业转型升级与新兴产业发展并重

在工业部门，坚持推动战略性新兴产业和先进制造业健康发展与加快传统产业转型升级并重。工业是我国"创新驱动、转型升级"的主战场，战略性新兴产业和高端制造业是产业体系的新支柱，也是提升产业体系国际竞争力的重要领域。因此要解决部分传统行业产能过剩问题，要以技术改造和创新，利用信息化、智能化、自动化、供应链管理等方式，解决部分行业高耗能、高污染、增长效益低的问题。

[①] 沈可挺、李钢：《碳关税对中国工业品出口的影响——基于可计算一般均衡模型的评估》，《财贸经济》2010 年第 1 期。

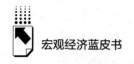

（三）创新发展新型现代服务业体系

积极探索建立适应疫情发生后新生产生活方式的新型现代服务业体系。服务业在现代经济中处于主导地位，也是推动经济发展的重要引擎。突如其来的新冠肺炎疫情改变了原有的生产生活方式。生产生活方式的转变，促使现代服务业加速向数字化转型，通过科技创新、组织创新、管理创新、模式创新等，推动互联网、物联网、云计算、大数据等新技术广泛应用于服务业，实现服务业与制造业、传统服务业与新兴服务业等融合发展。

（四）发挥"新基建"助力作用

加强信息基础设施、融合基础设施和创新基础设施等"新基建"助力产业结构升级。加大对消费升级和产业升级领域以及战略性、网络型新型基础设施建设的投资力度，支持结构转型和产业提升，促进新业态、新产业、新服务发展。

以能源碳中和转型为例，我们需要加大新能源基础设施建设和现有网络（如智能电网）升级投资力度，以改善现有燃料配送和二氧化碳的运输及储存设施。为便于可再生能源发电并网，满足不断增长的电力需求，电网需要进行现代化变革和扩张，由此衍生出大量资金、管理运营和技术需求。此外，正在飙升的电动汽车消费需要更多高速公路电动卡车充电基础设施（包括快充设施）和悬链（高架）线，或卡车、客车等汽车地面进料轨道。

（五）促进产业合理布局

促进地区产业合理布局和协调发展。根据国土空间规划，优化资源要素配置和生产力的空间布局。在产业结构转型升级问题上，充分考虑产业发展要素的区域性特征，借助区域产业结构优化解决发展不平衡问题。

充分考虑行业和地区发展基础、转型难度方面的差异性，制定具有针对性的转型规划。对于转型基础较好的地区，鼓励其加快转型步伐；对于产业和就业结构对高碳行业过于依赖的地区，应使其把握好转型和实现碳达峰、碳中和目标的节奏,在充分考虑经济和就业影响的基础上,制定转型战略,将转型带来的不利影响控制在可接受范围内。

五 政策建议

"双碳"目标愿景将给我国正在进行的产业结构转型升级带来新的挑战,应针对这些挑战精准施策,形成促进产业结构持续优化的新动力。本报告针对产业结构转型升级的方向以及实现"双碳"目标所面临的风险与挑战,特提出以下政策建议。

第一,做好对接"双碳"目标的产业结构转型升级新路线图。"双碳"目标的实现,涉及经济社会全局,对产业结构的持续转型升级提出了新的要求,应开展针对"双碳"目标的产业结构转型战略与路径研究,加强应对气候变化和产业结构转型的综合协调。

产业结构调整不仅事关中国经济可持续发展,也关系到社会民生。如果处理不当,会导致人民群众对产业转型乃至实现"双碳"目标产生怀疑。制定产业结构转型升级规划必须以国家的能源需求和人民利益作为出发点和落脚点,应以保障相对稳定的能源供应为前提,以为企业和人民提供成本可承受的清洁能源为目标。推动经济低碳转型不应在短期内通过激进的行动和方式来实现,而应从我国国情出发,采取从增量替代到存量替代再到全面转型分步走的方式逐步摆脱对煤炭的依赖,最终实现"双碳"目标。

第二,针对"双碳"目标,建立合理的激励与约束机制,加速产业结构优化进程。通过创新低碳转型的激励和约束机制,形成"排碳有成本,减碳有收益"的价值引导,通过激励机制放大低碳转型的正面效应,解决产业、企业成本提高问题,使各类市场主体的减碳转型行动获得合理收益,倒逼碳密集型产业加速退出。

加快与绿色低碳转型相关的供需双向调节,抑制不理性的涨价预期。消除新能源在同传统化石能源竞争时所面临的制度性价格壁垒,促进因技术进步实现的能源价格下降尽快体现在市场价格体系中。针对转型面临的周期性

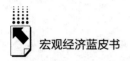

资源要素价格上涨问题，通过有效增加市场供给来尽可能平抑价格，减轻对下游中小微企业的成本冲击。稳定其他与减碳关系不是非常紧密的消费品的市场价格，避免结构性价格上涨演变成影响人民生活的通货膨胀。

第三，坚决控制高耗能项目的盲目扩张，坚持以"双碳"目标统领产业结构升级方向。在疫情缓解后经济亟待复苏的现实压力下，要保持生态文明建设与实现"双碳"目标的战略定力，严格控制煤电、煤化工、钢铁、炼化等碳密集型行业的新增产能，以碳排放量作为重要考核指标来指导完善产业政策，引导新产业准入和传统产业转型升级。

构建以具有灵活性、稳健性和抗风险性的多能互补综合能源为基础的新型能源体系。在全国范围内尤其是可再生能源占比较高的地区，通过合理配置调峰和储能设施，构建成本合理的多能互补系统。

第四，建立健全支持"双碳"目标的投融资机制，推动产业结构转型向低碳方向倾斜。推动实现"双碳"目标或将创造超百亿元的低碳投资需求，需要绿色金融体系为产业结构转型升级提供重要的资金保障。为了解决低碳创新技术研发中的投融资问题，我国已开始积极探索绿色信贷、绿色债券等制度创新。应继续针对减碳项目的特点，加快相关投融资项目的标准体系、信息披露体系、地方试点体系构建，既要支持纯绿的低碳产业发展，也要支持传统产业向节能减排和减碳方向转型升级。

综合运用各种金融工具，鼓励高碳行业提前谋求转型，最大限度地避免因转型造成的金融风险。传统化石能源行业应未雨绸缪研究应对策略，通过业务和技术转型降低相应的资金搁浅风险和金融风险。如在条件允许的情况下，鼓励企业发展新能源业务，实现高效率减排。探索绿色金融新渠道和方式，鼓励企业通过主动转向，降低企业面临的财务风险。

第五，妥善应对产业结构低碳转型所带来的就业问题，促进实现公正转型。部分高度依赖化石能源产业或高耗能产业的地区，将会在"双碳"目标的巨大压力下面临就业岗位减少问题。应将工业的低碳转型与农业增汇以及发展现代服务业相结合，扩大产业转型升级给第一、第三产业带来的新增就业机会，消纳工业部门的就业减少压力。

完善就业保障政策，推动重点地区、产业和群体实现公正转型。针对重点地区、产业和群体，完善就业保障体系，建立健全再培训、再就业体系，加大劳动技能培训投入，探索创新有助于就业转型的资金机制和产业政策。针对受影响群体，打造产业结构公正转型的范例，通过市场机制和政府参与相结合的方式，筑就坚实的社会保障网络，平缓高碳行业的就业减少影响。

第六，培育新的消费观念和需求，推动产业结构转型升级，实现"双碳"目标。商品的供求关系变化是产业结构转型升级的原动力，消费决定了经济行为，应加大对生态文明、低碳转型、绿色生活方式的宣传，引导居民现实消费需求向低碳方向转换。在绿色消费与产业结构转型升级之间形成良性互动。

区域实践篇
Regional Practice

B.4
低碳转型下绿色可持续增长的区域实践

—— "双碳"目标下广州市黄埔区、广州开发区
碳金融发展路径研究

李江涛　张　平　张小溪　马宗明　张自然*

摘　要： 本报告对"双碳"目标下广州市黄埔区、广州开发区碳金融发展路径进行了研究，围绕广州市黄埔区、广州开发区将分布式能源改造和金融服务相结合的模式做出了创新性探索。首先，从"双碳"目标的提出背景、现有碳金融政策及其执行情况和广州市黄埔区、广州开发区碳金融发展现状出发，引出需要研究的问题。其次，从碳排放特征、新能源的效用表现和传统能

---

* 李江涛，博士，广东技术师范大学管理学院院长、教授，主要研究方向为绿色金融与高质量发展；张平，博士，中国社会科学院经济研究所研究员、博士生导师，主要研究方向为经济增长；张小溪，博士，中国社会科学院经济研究所副研究员，主要研究方向为ESG与对外投资；马宗明，博士，银河证券研究院研究员，主要研究方向为ESG；张自然，博士，中国社会科学院经济研究所经济增长理论研究室主任、研究员、博士生导师，主要研究方向为城市化、技术进步与经济增长。

源结构调整等方面对"双碳"目标下发展碳金融的关键问题进行了分析。再次，给出了建设碳金融实施路径的可操作平台。探索"智慧微电网平台+政府投资+原有电网商协调"的合作机制，践行"高效节能技术+绿色金融+碳资产管理+特许收费"的商业模式创新是建设高效能源管理平台的宗旨。最后，为广州市黄埔区、广州开发区在碳金融发展路径及绿色能源管理方面提出了一些对策建议。

关键词： 低碳转型　绿色可持续增长　区域实践　广州开发区

党的十八大以来，推动我国产业体系朝"绿色、低碳"方向发展成了以习近平同志为核心的党中央的重要目标，促进低碳经济发展成了我国未来经济发展的重要命题。低碳经济具有低污染、低能耗、低排放的典型特征，大力推动低碳经济发展是当代各个国家培育竞争优势的关键。2021 年是中国开启"碳中和"征程的元年。根据国家"十四五"规划纲要，我国 2035 年要实现碳排放达峰后稳中有降，努力争取 2060 年前实现碳中和，任务重大而艰巨。

碳金融在世界经济"低碳转型"的大趋势中应运而生，成为推动低碳经济发展和能源结构转型的重要引擎。因此，发展碳金融成为至关重要的议题。要利用碳金融弥补碳中和实现过程中的资金缺口，探索一个运行有效的碳排放权交易市场，最终实现支持和服务碳市场，助力"双碳"目标实现。有关研究显示，未来 30 年，国内碳中和领域投资规模将超 138 万亿元，但政府财政支出规模却仅占 15.94%。目前国内已初步建立起碳排放权交易市场，但仍面临诸多挑战。如市场发展不成熟、市场政策和绿色金融政策不完善、基础设施不足、社会观念未转变等，都制约着"双碳"目标的实现。

国际上的低碳公约可追溯至 2005 年，84 国于日本签订的《联合国气

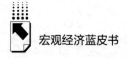

候变化框架公约的京都议定书》正式生效。此议定书督促大多数国家履行碳减排承诺,并促使碳排放权交易、碳减排类的投融资等碳金融体系的建立。截至 2020 年初,全球已有约 20 个碳交易体系正式启动。在我国,发电行业是国家建立碳排放权交易体系的突破口。国家发改委于 2017 年印发的《全国碳排放权交易市场建设方案(发电行业)》便明确了发电行业对碳排放权交易体系建立的关键地位,也奠定了我国碳排放权交易市场建立的基础。建设方案描述了各时间段的目标和具体的实施步骤,计划在 2018~2020 年实现建设期、运行期及完善期的持续过渡,主要包括在发电行业主体间开展配额现货交易,并将范围扩大至钢铁、水泥等行业的控排企业,以达到拓宽市场范围和丰富交易品种的目的。此外,国内碳排放权交易市场最早于 2013 年启动,主要以区域碳排放权交易为主,目前深圳、上海、北京、广东、天津、湖北、重庆和福建 8 个碳排放权交易市场已初步建立。

广州经济技术产业开发区成立于 1984 年,是经国务院批准成立的全国首批 14 个国家级经开区之一,目前与广州高新技术产业开发区、广州出口加工区、广州保税区、中新广州知识城合署办公,实行五区合一,统一简称"广州开发区"。2015 年 9 月 1 日,广州原黄埔区与萝岗区行政区域合并成立新的黄埔区。2017 年 9 月,广州市黄埔区、广州开发区深度融合。作为广州市实体经济主战场、高新技术主站地、湾点明珠,黄埔区经济发展、绿色金融发展近年来走在广州市的前列。

一 广州市黄埔区、广州开发区碳金融发展现状与挑战

(一)广州市黄埔区、广州开发区发展碳金融的必要性

金融是现代经济的核心,为实体经济服务是金融的天职和宗旨。碳金融作为一个创新型的金融领域,通过对"碳资产"的开发,发挥金融的杠杆作用,推动全社会的低碳减排行动。发展碳金融不仅是实现"双碳"目标

的重要手段，而且是经济发展新常态的助推剂，更是生态文明建设的必然要求。广州开发区致力于建设成为绿色生态宜居的社会主义现代化新城，因此离不开碳金融力量的支持。

1. 广州市黄埔区、广州开发区发展定位的需要

《黄埔区、广州开发区国民经济和社会发展第十四个五年规划和2035年远景目标纲要》（下文简称《纲要》）提到，黄埔区、广州开发区要推动绿色低碳循环发展，建设海绵城市样板工程、推动生产生活方式绿色化、提高资源利用效率、推进碳排放率先达峰、完善绿色发展制度体系，即黄埔区、广州开发区要建设成为绿色生态宜居的新区，并且广州开发区要始终确保其发展遵循绿色、低碳和环保的主旋律。《纲要》还指出，深入实施生态优先战略，以实现碳排放达峰为核心做好工作安排，把自然生态作为城市建设发展的基底，依据生态格局统筹生产生活布局，促进社会、人口、环境、资源协调发展，率先建成绿色低碳、宜居怡人、人与自然和谐共生的美丽黄埔，将黄埔区全面建成国家生态文明建设示范区。因此，低碳环保必将成为黄埔区、广州开发区未来发展的一个重要方向，这在政策上具有不可撼动的稳定性，为碳金融在黄埔区、广州开发区的发展提供了有力的制度保证。

要实现低碳经济的发展目标，传统的金融体系已无法给予黄埔区、广州开发区足够的支持，无法在提供大量资金支持的基础上，起到引导产业结构升级、引导经济高质量发展的作用。为此，金融发展在黄埔区、广州开发区的高质量发展中亟须寻求更好的路径。碳金融最终的目的是通过限制人类向自然中排放碳，让社会在低碳环保的环境下发展。实现形式则是通过将碳排放权作为一种可交易的标的资产，按一定的方式计算出额度分配给需要进行碳排放的需求者，由此可能产生两种情况。第一，由于生产技术落后、设备陈旧、观念落后、碳排放核算或监管不到位等，企业碳排放量可能会超出其所获配额，为保证自身的生产经营，企业就需要到碳排放权交易市场中购买碳排放权。此举会增加企业的生产成本，但可能也会倒逼企业自觉遵守碳排放规则，同时创新自身的生产技术，及时淘汰不满足社会和生产需要的生产

设备，这不仅能降低碳排放量，还能推动企业的生产创新。第二，企业可能因自觉遵守碳排放规则而有盈余的碳排放额度，这时企业可以在碳排放权交易市场上出售配额，这不仅能增加企业效益，也能降低碳排放。同时，企业也可利用在碳排放权交易市场获得的收益来进行企业的扩大再生产或升级改造。此外，碳金融的形式还可以是利用碳排放额度进行抵押、绿色信贷、绿色债券等。综上，碳金融不仅具有传统金融所具备的功能，还可以推动企业履行社会责任，引导产业升级改造。但从某种程度上说，碳金融是一个更注重社会责任的新兴领域，是推动黄埔区、广州开发区低碳经济发展的关键力量。

2. 广州市黄埔区、广州开发区建设融资的需要

黄埔区是广州老牌工业区，而现代产业体系的崛起，使其"老"产业优势逐渐走向消退。但黄埔区现代产业体系尚处在发展期，"新"产业的活力还不足，主要表现在传统制造的后劲不足、新兴产业的支撑不足、数字经济的引领不足三个方面。黄埔区、广州开发区是广州市实体经济的主战场。以2020年为例，全区规模以上工业企业有1119家，其中列入国家和省、市、区重点监管范围的用能企业170多家，其能源消费总量也相对较大。数据显示，黄埔区用电主体数量庞大，2020年黄埔区全社会用电量在广州市各区内排名第一。随着经济发展，预计在未来一段时间区内黄埔区用电量仍将保持较强的增长趋势。2021年广州开发区科技创新能力稳居全国经济开发区第一，科技研发投入强度在广州领先。黄埔区大力发展第三产业，积极引进高新技术产业，探索吸引大量数据中心落户。但电能利用效率、局部PUE、冷却系数等成为数据中心落户的限制因素，因此，制定统一的能耗标准，提升用电效率，成为黄埔区探索园区节能减排的一大思考方向。

黄埔区、广州开发区要坚持主导产业引领、龙头企业带动、产业生态支撑，以技术、数据、信息、知识等新生产要素为驱动力，坚定发展生物经济、数字经济，抓好新旧动能转换，增创经济高质量发展新优势。努力促成由硬环境见长向软环境取胜转变，建设环境友好型城市和循环经济发展区域

是广州开发区转型升级创新的重要目标之一。工业园区作为重要的工业生产空间和主要布局方式，是产业集群和经济聚集的重要载体。园区工业生产活动集聚，资源能源消耗密集，污染物排放量大，显著影响区域生态环境质量。园区在发展的早期，污染防治手段及环境管理能力落后于经济发展步伐，使其被贴上高污染区域的标签，园区环境问题引发的社会矛盾时有发生。如何处理好经济发展与资源利用、环境保护的关系，推进绿色、低碳、循环发展，是园区建设管理所面临的关键问题。通过低碳转型实现碳达峰，既是园区高质量发展的内在要求，又是工业领域应对全球气候变化的重要方式，应找准着力点，发挥低碳转型关键作用。广州开发区要积极发展碳金融等新金融模式，助力区内各部门在基础设施、节能减排、环境保护以及企业技术改造和技术创新等方面做好资金安排。

（二）广州市黄埔区、广州开发区碳金融发展现状

1. 政策安排与执行情况

近年来广州市黄埔区、广州开发区积极制定了绿色金融政策，涉及多个方面，显示出了广州市黄埔区、广州开发区发展碳金融的决心及期望。表1归纳了近年来广州市黄埔区、广州开发区的绿色金融政策。

表1　近年来广州市黄埔区、广州开发区绿色金融政策

序号	文件标题	发布单位	发布时间	主要内容
1	《广州市黄埔区 广州开发区促进绿色金融发展政策措施》	广州市黄埔区人民政府、广州开发区管委会	2020年4月	围绕"机构、产品、市场、平台、创新"五大维度，从绿色金融组织机构、绿色贷款、绿色债券及资产证券化、绿色保险、绿色基金、绿色企业上市挂牌、地方金融机构绿色业务、绿色金融风险补偿、绿色认证费用、绿色金融创新等10个方面提出了22项具体措施，发力绿色经济建设

续表

序号	文件标题	发布单位	发布时间	主要内容
2	《关于组织申报黄埔区、广州开发区2021年上半年银行贷款利息补贴等有关扶持项目的通知》	广州开发区金融工作局	2021年3月	对获得银行业金融机构绿色贷款的企业和项目给予贷款贴息支持
3	《广州市黄埔区 广州开发区 广州市高新区促进绿色低碳发展办法》	广州黄埔区发展和改革局	2021年5月	对纳入监管的重点单位实施节能降耗的给予补贴;对循环经济和资源综合利用项目给予投资补助;对区内举办的国家级新能源绿色产业峰会、论坛、创新大赛给予活动补贴
4	《广州市黄埔区人民政府办公室 广州开发区管委会办公室关于印发广州市黄埔区、广州开发区金融发展"十四五"专项规划(2021~2025年)的通知》	广州市黄埔区人民政府	2021年10月	积极创新绿色金融产品和服务。鼓励金融机构创新碳债券、碳远期、碳期权、碳基金、碳资产回购、碳排放权抵质押融资等碳金融产品,助力碳达峰、碳中和目标实现建设可持续金融中心。围绕"碳达峰、碳中和"目标,以金融支持产业可持续发展、绿色转型升级为主线,大力培育发展绿色金融组织,积极推进产融对接,创新绿色信贷、基金、保险、碳金融等产品和服务,拓宽绿色企业直接融资渠道,探索发展社会影响力金融,成为我国金融助力工业园区转型升级和可持续发展典范

另外,广州市黄埔区、广州开发区就未来的碳金融发展也做出了相应的政策安排,表2归纳了广州市黄埔区、广州开发区拟制定的碳金融政策。

具体而言,2020年4月,广州市黄埔区、广州开发区出台《广州市黄埔区 广州开发区促进绿色金融发展政策措施》,简称"绿色金融10条",发力绿色经济建设,"绿色金融10条"是全国力度最大的地方绿色金融政策。

表2　广州市黄埔区、广州开发区拟制定的碳金融政策

序号	政策名称	主要政策内容
1	《关于实施三减一平台的措施细则》	促进工业园区内节能减排和电力减排相结合。三减措施具体为减少外购电力、外购电力绿色化和节能减排措施,一平台指数字化能碳管理平台
2	《关于引导开发区金融机构对接央行1.75碳减排支持工具的实施方法》	政府构建绿色资产管理平台,组合、"打包"利用碳减排支持工具
3	《关于推行企业ESG信息披露的实施细则》	通过引导企业高质量信息披露,健全信息共享机制。实现政府担保、企业增信,提升绿色信贷的效率
4	《关于推进绿色资产证券化的政策及细则》	政府主动加强对绿色资产和业务的整合,运用保险、信贷等进行风险管理,提高资产流动性
5	《加快引进、建设绿色金融中介机构激励措施》	发展碳金融评估、咨询、增信、分布式能源、IDC机构

"绿色金融10条"从"机构、产品、市场、平台、创新"角度出发,着力推动绿色金融产品和服务创新。其中若干条政策措施皆为全国首创,例如,设立绿色金融风险补偿资金池、绿色金融创新奖;对发行绿色债券和绿色资产证券化产品的发行主体、绿色企业,从新三板精选层转板上市、绿色供应链金融服务平台、保险资金支持绿色产业发展、地方金融机构绿色业务、绿色企业获得贷款方面进行资金扶持;按照不额外增加中小微企业融资负担的原则,对中小微绿色企业认证费用进行全额补贴等。多项绿色金融政策措施扶持力度居全国首位,例如,对银行业金融机构按绿色贷款年度余额增量予以奖励,最高奖励200万元;对银行业金融机构设立绿色分支机构的奖励600万元;对企业发行绿色债券及资产证券化产品的最高奖励200万元;对

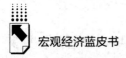

绿色企业从新三板精选层转板上市的奖励 550 万元。

2021 年 5 月，广州市六部门联合发布《广州市黄埔区 广州开发区 广州高新区促进绿色低碳发展办法》（以下简称《办法》），要求进一步发挥财政资金对绿色低碳工作的扶持作用。这是首个由国家级经济开发区出台的碳中和专项政策。该《办法》实施以来，先后扶持了 750 余个光伏、循环经济、充电桩等低碳项目建设。一是调整扶持力度和方式，加大对循环经济、节能改造、能源管理系统建设等涉及固定资产投资、环境效益等项目的扶持力度；二是明确并调整了扶持范围，明确扶持对象为黄埔区企业，明确绿色发展资金的扶持范围为绿色低碳发展、绿色品牌建设、能源管理、"互联网+"智慧能源、新能源和可再生能源推广等方面的项目。如调整了对分布式光伏发电项目投资方和充电桩等新能源基础设施的扶持方式，同时加大了对公共机构利用合同能源管理模式建设官扶项目的扶持力度。

2021 年 6 月，广州市黄埔区、广州开发区印发了修订后的《广州市黄埔区 广州开发区促进氢能产业发展办法》，旨在推进广州市黄埔区、广州开发区新能源综合利用示范区建设，推进氢能产业发展。该办法在原有政策基础上延续对氢能全产业链的扶持，并通过对投资落户扶持、租金补贴、加氢站建设运营补贴等关键环节政策进行修订，加大力度推动氢能产业发展。"氢能 10 条"即 2019 年出台的《广州市黄埔区 广州开发区促进氢能产业发展办法》，是当时全国率先对氢能源产业给予全产业链扶持且扶持力度最大的政策，目前累计已兑现补贴超 1200 万元。广州市黄埔区作为打造广州氢能产业走廊的主要承载地之一，围绕氢能上、中、下游产业的核心技术及关键部件，加快布局和构建氢燃料电池全产业链；立足广州资源禀赋优势，大力发展零碳交通、零碳建筑、零碳能源等新型低碳产业，健全市场化经营机制，引进并培育一批专业化骨干企业，扶持一批"专精特新"中小企业，增创产业竞争新优势；推动近零碳产业园区、绿色工业遗址公园、绿色孵化器等载体建设，加快发展节能环保、智能汽车、新材料、大健康等新兴产业，带动经济社会的绿色低碳发展；高水平布局再生资源产业，加快构建废旧物资循环利用体系，拓宽闲置资源共享利用和二手交易渠道，实现产品全周期的绿色环保。

2. 碳金融建设之路

绿色低碳转型是广州市黄埔区、广州开发区可持续发展的内在要求。自广州获批绿色金融改革创新试验区以来，广州市黄埔区、广州开发区紧紧依托雄厚的产业基础，从政策出台、标准制定、产品创新、绿色认证、系统建设、宣传培训等多方面大力推进绿色金融创新发展，激活绿色经济高质量发展新动能。

广州开发区金融工作局已开展 10 场绿色金融支持企业发展宣讲活动，取得良好成效。广州开发区金融工作局获得广州碳排放权交易所颁发的碳中和证书，成为践行"碳中和"目标的先锋。广州开发区积极举办金融支持碳达峰、碳中和签约仪式，目前南方电网产业投资集团、兴业银行广州分行、国家级经济技术开发区绿色发展联盟（广州）中心、广州天源电力 4 家单位共同签署了金融支持碳达峰、碳中和合作意向协议，提出以南方电网产业投资集团为核心，以电网供应商企业为立足点，提供碳达峰碳中和宣传服务、碳减排量计算服务、绿色融资服务等多方面的金融支持碳达峰举措，全力支持广州市黄埔区、广州开发区开展碳达峰碳中和工作；广发银行广州分行与广州智光电气签署合作协议，支持企业绿色转型升级和绿色技术创新，为区域绿色低碳经济发展提供动能。

2021 年 4 月 7 日，广州碳排放权交易所向广州开发区持牌法人金融机构粤开证券颁发碳中和证书。粤开证券发挥广州金融机构的模范带头作用，率先对我国实现碳达峰、碳中和目标做出积极响应，成为全国首家实现运营活动碳中和的持牌法人金融机构。为深入贯彻落实党中央、国务院关于做好碳达峰、碳中和工作的重大决策部署，粤开证券积极响应国家加快建立健全绿色低碳循环发展经济体系相关政策，将实现碳中和确立为自身碳排放管理的目标，迅速与广州碳排放权交易所洽谈开展碳排放合作事宜。经第三方核查机构认证，由广州碳排放权交易所监督确认，粤开证券通过购买并注销1729 吨中国自愿减排项目产生的碳减排量完成碳中和，获颁碳中和证书。粤开证券立足证券行业，利用科技赋能，力争打造粤港澳大湾区一流精品特色券商，从研究和投资等多个角度积极发展绿色金融，推进碳中和进程。通过负责任的投资战略，引导投资者和社会公众践行碳中和目标，引领金融机构支持粤港澳大湾区推进碳达峰、碳中和，助力我国实现绿色低碳发展和"双碳"目标。研究方面，粤开证券研究院目前已经覆盖绿色金融、生物医药和新能源环保产业等主要板块，为绿色金融业务开展提供坚实的研究基础。行业方面，结合粤港澳大湾区产业特色，覆盖绿色金融涉及的主要行业。投资方面，粤开证券投行部门积极开展绿色债券发行和销售工作，支持附加值高、能耗低的产业发展；同时，粤开证券资管部门将创设与绿色金融相关的资产证券化项目，推进绿色金融产品创新。

2021年10月19日，粤港澳大湾区（黄埔）可持续金融中心（绿色金融创新中心）正式揭牌。目前该中心已引进广州市绿色金融协会、广州高新生态科技有限公司、国家级经济技术开发区绿色发展联盟（广州）中心等各类绿色金融专业服务机构，为广州构建"双循环"新发展格局、实现"双碳"目标提供了重要动力，同时对推动粤港澳大湾区可持续金融发展也具有重要意义。

作为国家绿色产业示范基地、广州市首个国家生态文明建设示范区，广州开发区将服务好碳达峰、碳中和战略部署作为辖区金融工作的重点，发行全国首批、粤港澳大湾区首笔碳中和债，落地广东省首个排污权质押融资项目、黄埔区首笔汽车行业绿色供应链金融业务，开展辖区碳减排项目融资情况摸查，举办金融支持企业碳达峰示范行动座谈会等宣讲活动，倡导企业减少碳排放，协助企业通过绿色金融产品实现融资，为加快建立健全绿色低碳循环发展经济体系营造最优金融生态。

广州市黄埔区、广州开发区发展和改革局为推动广州开发区绿色低碳发展提供了财政补贴，包括非工业类企业国家级"能效领跑者"补贴、其他企业或机构节能目标责任考核补贴、其他企业或机构能源审计补贴、其他企业或机构能源管理体系认证补贴和行业协会活动经费补贴等多种形式的补贴。补贴可覆盖的项目包括支持循环经济和资源综合利用的绿色低碳发展类项目和能源管理信息系统建设项目。

广州市黄埔区内的现代能源集团连同其他骨干能源集团共同推进 550MWp 亚洲最大渔光互补光伏发电项目建设，积极响应国家"双碳"目标号召，深入贯彻低碳和环保的精神。

2022 年广州开发区金融工作局部门预算显示，部门绿色金融工作经费达 210 万元，主要用于引进绿色金融专业服务机构、举办绿色金融产融对接等活动、开展绿色企业认证、完善绿色金融产融对接平台、推动投融资对接，达到完成超过 600 个绿色企业和项目认证的目标。其中发行绿色可转债券和获得绿色信贷、绿色贷款贴息、绿色企业上市奖励的绿色企业超过 30 家，助力绿色企业及项目获得绿色信贷超过 10 亿元。另外则是课题研究经费 70 万元，主要用来开展相关的课题研究，尤其是推动绿色金融发展，助力碳达峰、碳中和目标实现的课题研究。

作为首批国家级的经开区，广州开发区连续四年获得国家级经开区绿色发展最佳实践园区的称号。并且，广州开发区还取得了一系列优秀成绩。2020 年成为国家级生态文明建设示范区国家绿色工业园区、首批国家绿色产业示范基地；制定首个具有开发区特色的绿色金融标准；建设绿色金融融资对接系统，完成 594 个绿色企业和项目认证；成立全国经开区首家绿色融资担保公司，发行全国首批、粤港澳大湾区首笔碳中和债，以及粤港澳大湾区首单地方国企碳中和中期票据；发布国内首个绿色资产评价体系"绿创通"，全区绿色信贷余额和绿色保险保费位居广州市前列；广州开发区 IAB-NEM 新兴产业占全市战略性新兴产业产值比重超 50%。作为广州实体经济主战场、科技创新主引擎，黄埔区、广州开发区在"双碳"行动中也贡献了"黄埔智慧"。黄埔区、广州开发区作为绿色低碳发展的实践和推动者，正在积极创建一批国际"零碳"社区，以小切口、大变化牵引推动碳达峰、碳中和行动。

2022 年 3 月，广州市黄埔区、广州开发区 7 个项目成功入选首批广州市绿色金融改革创新案例，推进了绿色低碳发展，多维度多角度展示了广州市黄埔区、广州开发区绿色金融改革创新成果，营造了良好的绿色金融改革创新发展氛围，为促进广州绿色金融高质量发展贡献了"黄埔力量"。主要包括：①落地广东省首批排污权质押融资租赁业务。该项目亮点是以排污权作为载体开展融资实现绿色金融创新，能够有效盘活企业环境权益资产，促进企业环境权益资产与金融资本有效结合，拓宽企业融资渠道，解决企业融资难、融资贵的问题。另外，通过企业排污权质押融资落地，可以总体把控企业排污量，并且强化对战略性新兴产业的支持，促进产业转型升级，探索实体经济、社会资本和生态协调发展的新路径。②开展绿色资产证券化创新助推公共交通实现绿色出行。该项目亮点一是发行全国首单"碳中和"绿色无 SPV 定向资产支持票据（ABN）、市场首单无 SPV 证券化产品，最大限度地节约交易成本及融资成本。亮点二是发行全国首单三绿公交票款收费收益权资产支持专项计划，计划原始权益人广州公交集团以绿色业务收入为主，有利于盘活绿色基础资产，募集资金用于偿还新能源车辆融资租赁款，为公共出行企业绿色循环发展提供借鉴。亮点三是发行全国首单公交绿色企业债，募集资金用于广州市多层公交立体充电桩停车场基础设施项目建设。③南方电网首批"碳中和债"增强绿色电力安全保障能力。该项目亮点是金融机构作为"碳中和债"牵头主承销商及簿记管理人，会同第三方绿色认证机构及绿色金融科技服务商利用专业优势和技术优势，服务"碳中和债"的发行，探索绿色金融产品创新与服务创新。"碳中和债"的成功发行为南方电网推动减碳降排、绿色转型引入了低成本市场资金，进一步拓宽了融资渠道，使南方电网实现年二氧化碳当量减排 74.34 万吨，减排效果显著，为探索绿色金融服务，实现"双碳"目标提供了新路径。④发行碳中和中期票据推动绿色建筑发展。该项目亮点是发行粤港澳大湾区首单地方国企碳中和中期票据，由粤港澳大湾区地方国企运用绿色融资工具，募集用于知识城广场项目建设的资金。项目建成后预计年度耗能节约量为 2134.32 万 KWh，折合标准煤合计 6539.57 吨，每年可减排二氧化碳 1.46 万吨，具有良好的减排效益，以切实行动支持国家"双碳"目标，体现了地方国企的担当。⑤发行全国经开区深交所首单绿色 ABS 及广州市首单绿色融资租赁 ABS。该项目亮点一是募集资金 100% 投放绿色企业，支持绿色技术改造或转型升级，推动区域绿色低碳可持续发展。亮点二是底层资产来源于广东地区优质承租人，盘活了底层资产。亮点三是该专项计划是在深交所发行的全国经开区、广州市首单融资租赁绿色资产支持专项计划，发行利率创区内融资租赁资产证券化产品历史新低，为绿色企业或项目提供更低成本、更优质资金。⑥创新开展区域性股权市场中小企业绿色可转债。该项目亮点一是制度创新，出台《广东股权交易中心股份有限公司非公开发行可转换股票（股权）的公司债券管理暂行办法》等制度，有针对性地解决中小企业普遍存在的融资贵问题，降低企业在绿色发展转型过程中的融资成本。亮点二是产品创新，根据中小企业自身需求和实际情况定制满足不同场景需求的融资产品，突破传统银行融资方式的局限性。亮点三是应用创新，中小企业可通过绿色可转债的可转条款结合股权激励的应用，在满足公司融资需求的同时实现在公司内部实施股权激励，为公司可持续发展提供支持。⑦构建绿色资产评价体系"绿创通"助力企业融资增信。该项目亮点是"绿创通"。作为国内首个绿色资产评价体系，"绿创通"有利于引导社会资本投向绿色领域，有绿色企业价值发现功能，对企业融资具有增信作用。该绿色资产评价体系实现了无形资产增信、变现及风控的创新。

2020 年以来，广州开发区出台全国力度最大的地方绿色金融政策，建立既符合国内工业园区特点又与国际接轨的绿色金融标准体系，落地全省首个排污权质押融资项目，辖区金融机构共发放绿色信贷产品 57 个，绿色信贷余额达 166 亿元。

近年来广州市黄埔区、广州开发区大力优化能源结构，推进节能减排、能效提升、推广可再生能源等，已取得初步成效。数据显示，"十三五"时期区内单位 GDP 能耗累计下降 20.02%。近年来全区大力扶持氢能源产业，氢能源产业园区专利申请量逐年上升，专利申请量达 51 件，是广州市唯一的具有对外加氢能力的行政区。通过打造高质量氢能产业集群，黄埔区、广州开发区将力争到 2025 年成为粤港澳大湾区氢燃料电池汽车关键领域创新产业"硬核"。另外，近年来全区大力发展光伏发电产业，对光伏发电产业给予扶持，重点推进利用辖区内工商业企业建筑物屋顶、公共建筑屋顶等具备规模化建设条件的资源建设分布式光伏发电项目，鼓励利用居民屋顶，积

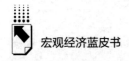

极探索黄埔区道路、公园、广场、河道等公共空间的光伏利用场景。截至2020年底，黄埔区、广州开发区已建成并运行的分布式太阳能光伏发电项目安装容量超 110MWp，年发电量约 1 亿 kWh，光伏发电所产生的电力在所属供电台区内实现 100%"就近消纳"。

在"双碳"目标引领下，作为广东省十大战略性支柱产业之一的"绿色石化"产业，在《广东省制造业高质量发展"十四五"规划》中扮演着重要角色。作为广州实体经济主战场，黄埔区、广州开发区正在冲刺"万亿制造"，奋力打造粤港澳大湾区高质量发展核心引擎。黄埔区、广州开发区已形成汽车、电子、能源等千亿级产业集群，生物医药、化工、食品饮料、电气机械等 500 亿级产业集群，成为粤港澳大湾区先进制造业的重要基地。区内有规模以上绿色产业企业 211 家，产值约 2400 亿元。

（三）广州市黄埔区、广州开发区碳金融发展困境

从广州市黄埔区、广州开发区所取得的一系列成就可以看出，广州市黄埔区、广州开发区在积极探索碳金融的提速发展，但在调研的过程中，我们也发现广州市黄埔区、广州开发区在发展碳金融的过程中面临着碳金融标准不完善、市场监管和激励政策有待完善、碳金融专业人才匮乏等诸多挑战。

碳金融标准不完善。2021 年 8 月，为了进一步明确项目类和非项目类融资的碳排放和碳减排核算方法，中国人民银行制定了《金融机构碳核算技术指南（试行）》。但该指南在指导金融机构实际应用方面还存在不足，主要体现在相关的碳金融标准较为宽泛上。例如，对如何对负债端的投资、债券、租赁以及证券等进行碳核算，如何获得融资主体碳排放和碳减排的数据等都缺乏清晰的说明。为了进一步完善碳金融政策，中国人民银行于2021 年 11 月推出了结构性货币政策工具——碳减排支持工具，但其发放对象目前只针对规模较大的全国性金融机构。另外，目前碳金融相关的政策文件未对获得金融支持的碳减排项目效益的核算方法做出具体的说明，保障碳减排领域的资金支持方面的政策较为缺乏，碳金融标准还有待进一步完善。

碳金融专业人才匮乏。高等教育支持力度不够，高端研究型人才紧缺。

目前，为了促进金融科技产业的孵化，黄埔区、广州开发区于 2020 年 9 月成立了中央财经大学粤港澳大湾区（黄埔）研究院，以服务广州市、粤港澳大湾区建设及"一带一路"倡议为宗旨。但总体而言，区内的高等院校和碳金融研究所数量较少，黄埔区、广州开发区无法持续稳定地获得从事碳金融研究的本土人才。碳金融业务通常涉及多个领域的专业知识，在人才需求方面则往往需要具有气候、金融、产业等多专业知识背景的复合型人才。从区位来看，广州市内其他高等院校可以为黄埔区、广州开发区输送一定的专业性人才，但碳金融行业起步较晚，专业的碳金融人才还十分缺乏，尤其是应用型碳金融人才，主要表现为现有碳金融从业人员知识背景缺乏多元性，具有金融专业背景的人才对气候和产业方面的知识缺乏深入了解，由此导致的直接问题包括相关人员对政策要求掌握不足、碳数据核算不够准确等，从而阻碍了黄埔区、广州开发区碳金融的进一步发展。因此，黄埔区、广州开发区碳金融发展过程中亟须培育碳金融专业人才。

碳金融市场活力不足。从碳价格走势来看，自 2013 年 6 月 18 日国内首个试点碳市场开市至今，各试点的配额价格普遍呈现高开低走再缓慢回升的趋势，且往往在履约期前后出现冲高后滑落的现象，这种现象在广州开发区内也尤为常见。这与企业在非履约期不活跃、在履约期集中进入市场交易，导致碳价大幅波动有关。从试点的经验来看，以履约为目的的集中交易易造成市场流动性有限，难以形成稳定、清晰的价格信号。由于我国尚未形成全国统一的碳交易市场价格，各地配额松紧度、市场活跃度以及政策指导方向不同，各试点地区碳价差别较大。与欧盟等国际碳市场相比，中国各个试点的碳价仍处于中等偏下水平，碳价与企业减排成本也并未完全挂钩。国内碳市场的现货市场流动性不足，使得碳金融市场缺少发展根基。加之碳质押、碳回购等碳金融产品的融资成本优势不明显，影响了区内企业的参与意愿。另外，碳金融市场产品体系单薄。目前区内试点碳市场中碳金融衍生品以上海试点的碳配额现货远期为主，尚未建立起真正意义上且具有金融属性的多层次碳市场产品体系。

碳金融相关制度不健全。首先，碳交易定价机制不够完善。目前未能清

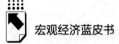

晰界定黄埔区、广州开发区的碳交易定价机制，对于是根据辖区的特殊地位设定交易规则，还是遵从全国碳排放权交易市场的规则，抑或是基于省内的交易所规则来进行定价，都缺乏清晰的界定。其次，碳交易市场监管机制不健全。气候变化主管部门和金融行业主管部门的联合监管模式是发展碳金融的理想监管模式。其中，监管权的配置、联动工作机制的安排等都关乎碳金融行业的发展。目前，由于碳金融行业尚处在发展初期，我国缺乏完整的能用于指导碳金融市场健康发展的统一的法律法规。中国人民银行、银保监会等多个部门各自出台了相应的规则，但各部门之间缺乏统一的标准，导致黄埔区、广州开发区内出现碳金融交易监管冗余和监管缺位同时存在的现象。最后，碳金融风险管理机制不成熟。碳金融交易市场风险监测机制缺失，信息披露较少，透明度较低。目前黄埔区、广州开发区对于碳金融交易市场中诸如碳衍生品交易风险等可能隐含的风险尚未建立一定的防范化解机制。黄埔区、广州开发区试点碳市场已陆续推出了一些自律管理规则，对市场中可能出现的内幕交易、项目违约等金融风险，进行了一定程度的规制和防范，但是仍无法满足碳金融市场的核心监管需求。碳金融产品相较于传统金融产品更为复杂，这意味着目前碳金融监管制度方面的空白亟待填补。碳金融产品体现出的金融特性，与传统金融产品类似，碳金融市场需要与传统金融市场的法律规范紧密衔接，如对于进行场内交易的标准化碳金融产品，就可以依据《证券法》《期货交易管理条例》等上位法规进行有效监管。

二 "双碳"目标下发展碳金融关键问题分析

（一）企业实现绿色转型过程中的需求

广州市黄埔区、广州开发区企业在初级阶段绿色转型中对绿色电力证书、数字化绿色转型、能源绿色转型、碳减排支持工具和碳金融市场供给等存在一定的需求。

1. 绿色电力证书的需求

绿色电力证书简称"绿证",是可再生能源发电企业所发绿色电力的"电子身份证",用以证明与核算可再生能源的发电和使用情况。一张绿证的产生，就意味着有 1000 度（1MWh）可再生能源产生的电力已经上网。与碳配额不同，绿证目前并不依靠行政强制手段使市场参与者产生购买的动机，目前的绿证都是市场主体自愿认购。

企业履行社会责任自愿购买绿证。我们注意到一些大型跨国企业自愿做出使用绿色能源比例的承诺，一些企业还将该承诺的比例要求延伸至其供应链企业。例如，中国最大的中立第三方数据中心服务商万国数据服务有限公司（下文简称"万国数据"），是中国首家承诺 2030 年同时实现碳中和及100%使用可再生能源的数据中心企业，并计划在 2025 年之前完成 50%使用可再生能源的目标，实现这一承诺的方式之一就是购买绿证，用于证明其消费了绿色电力。燃煤发电企业、电网企业要完成国家对其"非水可再生能源"发电/供电量占总发电/供电量比重指标要求，也是通过购买绿证的方式来实现。

越来越多的公司正向外界发出一个明确的信号——它们对绿色电力有巨大的需求，如广州黄埔区的万绿达集团和万国数据。在中国市场，企业主要通过几种方式来满足自身对绿色电力的需求。一是直接购买绿色电力；二是自愿购买绿色电力证书（绿证）；三是场内自建绿色电力消纳，即分布式光伏、风电的绿电自发自用；四是场外投资绿色电力发电场，获取绿色环境权益。受地方政策影响，很多省份尚未完全开放绿色电力直接交易，目前只是试点阶段，大多数企业无法参与。2021 年 6 月 22 日，巴斯夫经过 18 个月，才完成广东首笔绿电交易，每度电溢价约 2 分钱。而对于绝大多数企业来说，投资一个风电场或大的光伏电站成本过高。广州市黄埔区、广州开发区内企业厂区屋顶面积有限，分布式光伏只能满足一定比例的绿电需求。此外，很多企业并不具备安装光伏的条件。所以在现阶段，绝大部分企业的绿电需求要通过购买绿色电力证书来满足。

对于"方舟"碳管理系统，它能实时监测企业或机构的碳足迹，覆盖

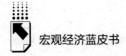

电、暖、气、热以及可再生能源等，并自动生成碳排放报告。同时，还可以模拟、优化企业减排路径。基于"方舟"碳管理系统，企业可以直接采购绿证、碳汇等碳抵消服务，实现一站式碳中和闭环化管理。

2. 数字化绿色转型需求

中国信息通信研究院发布的《中国数字经济发展白皮书（2020）》显示，2019 年，中国数字经济增加值规模达到 35.8 万亿元，占 GDP 比重达36.2%，同比提升 1.4 个百分点。作为"新基建"两大关键组件的数据中心和 5G 基站，承载着数字社会的"血液"流动，价值巨大，耗能和碳排放亦巨大。数据中心的主要运营成本是能源消耗，中国高耗能行业的电价将呈现不断上升的趋势。数据中心作为数字经济的底座及重要基础设施，承载着数字化应用和通信保障任务，同时也是国家、政府信息安全的重要组成部分。因自身功能所导致的大用电量使社会普遍将数据中心列入高耗能行业。尽管数据中心能效较高，但与大多数高耗能行业将在 2025 年前后碳排放达峰不同，数字基础设施领域仍处于规模高速扩张之中。业内人士预计，在中国2030 年实现碳达峰后，数据中心等数字基础设施行业的碳排放量仍将继续增长。因此绿色低碳的能效管理将成为数据中心企业越来越重要的核心竞争力。与此同时，广州市黄埔区、广州开发区企业也必须高度关注甚至警惕数字经济喜报频传背后的惊人的能耗与碳排放量。

随着数字经济的发展，全社会对数据中心的需求也在不断增加，预计IDC（互联网数据中心）每年将以大于 20% 的速度持续增长。万国数据是广州开发区未来数字化战略的关键，其相关公司还有 AI 型的广电运通，虽然该公司基站较少，但一旦介入政府云服务后，其必将涉及高耗能的计算服务。针对数据中心和 5G 基站建设的高耗能与高排放，发展数字经济必须全面贯彻绿色发展理念，加快经济发展向绿色转型。电力成本是数据中心最大的支出成本，科士达公司指出，电力成本可以占到整个数据中心日常运维支出成本的 50%~60%，巨大的能耗带来的是供电压力、环境压力、成本压力等，因此降低 PUE（Power Usage Effectiveness 的简称，是评价数据中心能源效率的指标，是数据中心消耗的所有能源与 IT 负载消耗的能源的比值）是数据中心业务的重点。万国数据高级副总裁陈江平认为，对企业来说，PUE 每降低 0.01，背后都有大量先进技术的应用和运营体系的持续提升。陈江平以入榜的上海四号数据中心为例指出，该数据中心部署了锂电池储能电站技术，结合了可再生能源的直购，全生命周期的绿色低碳设计，并将 AI 节能思路植入 BA 系统。

数据中心若想实现绿色低碳运行的模式，需要这样的一套"组合拳"：选择可以形成自然风洞效应的合适地址；叠加光伏、综合供能、高效制冷和余热循环利用；通过数据清洗与标注提升存储数据的质量；云边端协同优化数据处理效率。

3. 能源绿色转型需求

2022 年 4 月，广东省政府办公厅印发《广东省能源发展"十四五"规划》（以下简称《规划》）。《规划》指出，广东是能源消费大省、资源禀赋弱省，能源自给率低，为保障社会经济发展和民生用能需求，必须守牢能源安全底线，把能源的饭碗端在自己手里，在能够确保能源安全的前提下，加快能源绿色低碳转型，推进碳达峰碳中和进程，实现能源高质量发展。计划到 2035 年大幅提升广东的能源安全保障能力，通过提高能源的利用效率和加快能源科技创新的途径，建立健全国内领先的现代化能源体系。

《规划》指出，在过去的"十三五"期间，广东积极推进能源领域保供应、调结构、提效率、促改革、惠民生等工作，顺利完成能源发展"十三五"规划的主要目标和任务，能源发展转型升级取得显著成效，基本形成供应安全、结构优化、效率提高、产业升级、体制创新的发展格局。

《规划》还提出，要通过有力的能源保障、优化的能源结构、高效的能源利用率、深入的能源改革、高质量的能源创新和集聚的能源产业发展来形成国内领先的新能源产业集群。靠不断优化的能源供应结构，大力发展可再生能源，重点推进海上风电规模化开发，通过光伏发电集中式和分布式一起发展，来推动能源绿色低碳转型。

同时，加快建设智慧能源系统，推动实现能源生产消费新模式新业态，实施一批具有前瞻性、战略性的能源创新示范工程，推动能源产业数字化智能化升级。①

4.对碳减排支持工具的需求

（1）央行适时推出碳减排支持工具

2021年11月，中国人民银行推出了碳减排支持工具。其发放对象暂定为全国性金融机构，基本做法是在自主决策、自负风险的前提下，中国人民银行通过"先贷后借"的直达机制，对金融机构向碳减排重点领域的相关企业发放的符合条件的碳减排贷款，按照贷款本金的60%提供金融支持，利率为1.75%。虽然名义贷款期限为一年，但可以延长两次，实际上是三年期贷款。② 贷款利率应与同期限同档次贷款的市场报价利率（LPR）大致相同。

为确保碳减排支持工具的准确性和直达性，中国人民银行要求金融机构公开披露碳减排贷款发放情况、贷款驱动的碳减排数量等信息，并由第三方专业机构进行验证，接受公众监督。

（2）广州市黄埔区、广州开发区碳减排政策性支持实践

2021年1月14日，黄埔区举行氢燃料电池建筑废弃物运输车绿色低碳示范运营现场启动会，500辆氢燃料电池建筑垃圾运输车绿色低碳示范运营项目从此正式启动。该项目是中国第一批碳减排支持工具支持的最大的氢燃料电池建筑垃圾运输车示范运营项目。500辆氢燃料电池建筑垃圾运输车也是自2021年8月氢燃料电池汽车示范应用广东城市群被批准为示范城市群以来，中国第一批大型氢能重型汽车。车辆每次充氢时间仅需8至15分钟，充氢后续航里程在400公里以上。车辆配备摇臂全封闭盖板，可有效控制残留泥浆泄漏和粉尘污染。预计500辆氢燃料电池建筑垃圾运输车投入运营后，每年可减少碳排放3.5万吨，减少生产氮氧化物等污染物768吨。黄埔区作为一个强大的工业区，在建项目多、体量大，氢燃料电池建筑垃圾运输

---

① 《广东省人民政府办公厅关于印发广东省能源发展"十四五"规划的通知》，2022年4月13日，http://www.gd.gov.cn/zwgk/wjk/qbwj/yfb/content/post_ 3909371.html。

② 参见：https://baijiahao.baidu.com/s? id=1715928360455732985&wfr=spider&for=pc。

车的投入运营对其节能减排、防尘环保工作具有重要意义。①

5. 拓展碳金融市场供给的需求

碳金融在低碳经济发展的过程中可以发挥重要作用，碳金融政策对企业绿色转型和低碳产业的发展提供了很大的支持，绿色转型需要建设碳金融支持工具，需要碳金融支持工具参与能源优化、智慧电网建设。

（1）推出适应区域发展需求的碳金融市场产品

目前，我国绿色金融在市场资金、市场化工具、中介及风险管理工具等方面都存在严重不足，碳金融发挥其调节功效的范围十分有限。根据《中国绿色金融发展研究报告（2019）》，2018年中国绿色金融资金总供给仅为1.3万亿元，但资金总需求高达2.1万亿元，缺口达8000亿元。未来，我国对绿色金融资金的需求将继续上升，绿色金融的供需矛盾将严重制约相关产业的快速崛起。首先，金融机构对相关行业了解不够，影响了绿色金融的资金供给。部分商业银行认为有些行业风险高、投资回报周期长且收益低，所以，投资这些行业的意愿不强烈。广州市黄埔区、广州开发区相关公司发展初期的产品质量参差不齐，个别公司还会发生"骗补"事件，主管部门对金融机构进行整顿并加强监管，以致金融机构对公司的信贷变得更加谨慎。其次，国内绿色债券的标准尚未完全统一，由此导致绿色项目的认定标准不一致，难以客观准确地评价项目的绿色属性，这给绿色债券的发行人和投资者带来了不便，也间接限制了相关企业的债券融资规模。

广州市黄埔区、广州开发区将完善多元化投融资机制，支持绿色低碳能源转型。加大对清洁低碳能源项目和能源供应保障项目的投融资支持。支持能源领域对碳减排贡献较大的项目，将符合条件的重大清洁低碳能源项目纳入地方政府专项债券支持范围。现有低碳转型相关资金应重点用于清洁低碳能源的开发利用、新电力系统的建设和化石能源企业的绿色低碳转型。推动清洁低碳能源相关基础设施项目的市场化投融资，将清洁低碳能源项目纳入基础设施领域房地产投资信托（REITs）试点范围。

---

① 参见：https://baijiahao.baidu.com/s? id=1722093150185662157&wfr=spider&for=pc。

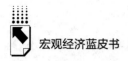

广州市黄埔区、广州开发区探索发展清洁低碳能源产业供应链金融。完善清洁低碳能源行业企业的贷款审批流程和评级方法，充分考虑相关产业链的长期增长及其对碳达峰碳中和的贡献。创新适应清洁低碳能源特点的绿色金融产品，鼓励符合条件的企业发行碳中和债券等绿色债券，引导金融机构加大对碳减排效益显著项目的支持力度；鼓励发行可持续发展债券，支持化石能源企业绿色低碳转型。探索推广能源基础信息应用，为促进绿色低碳能源转型的金融支持提供信息服务支持。鼓励能源企业践行绿色发展理念，充分披露碳排放相关信息。

（2）改善碳金融市场产品的供应

广州市黄埔区、广州开发区绿色金融产品类型的创新与发展受到了绿色金融发展起步较晚的制约。首先，在绿色信贷方面，绿色信贷产品种类比较单一，特色化产品不多。其次，碳金融市场的机制不健全，结构需进一步完善。广州市黄埔区、广州开发区碳金融市场主要以碳排放权交易为主，期货、期权等衍生品市场还不太完善，无法满足相关公司对碳金融产品的创新和多元服务需求。再次，广州市黄埔区、广州开发区已进入共享经济时代，其中绿色租赁业务发展较好。绿色租赁能够盘活共享存量资产、提高资产使用效率、助力共享经济的发展。但目前绿色租赁业务品种单一，在发挥融资功能方面缺少满足科技型、创新型中小微企业需求的产品和服务。显然，对于这类公司而言，绿色金融产品种类单一、协同效应弱是限制企业绿色金融融资渠道的主要原因。

（3）建设碳金融支持工具的配套资源

建设碳金融支持工具的配套资源，是解决新时期碳金融市场产品供给不足问题的重要抓手。当下绿色金融在推动相关产业发展中缺乏相应的配套资源。一方面，这些投资回报周期长和需要大量持续的资金投入的高新技术行业，还需要相应的专业人才。但目前广州市黄埔区、广州开发区专门的绿色金融人才规模较小，并且相关人员缺乏对相关政策法规的深入了解，同时也缺乏对广州市黄埔区、广州开发区相关产业发展前景的前瞻性和专业性的判断，导致一些优质项目无法落地。另一方面，广州市黄埔区、广州开发区大多数上市公司缺乏环境信息披露内容，从而不利于专业人员运用各种绿色金融融资工具将更多的资金引向绿色企业，减少对高污染企业的投资。

（二）广州市黄埔区、广州开发区金融实施方案

1. 广州市黄埔区、广州开发区双转型过程中的融资需求测算

本报告对广州市、广州市黄埔区及其电力部门未来 30～40 年实现碳中和所需新增投资进行了测算。总体思想是将市、区近 5 年 GDP 占全国 GDP 的最高比重对标市、区未来 30～40 年实现碳中和所需新增投资占全国所需新增投资的比重，运用 EPS 模型，借鉴已有权威文献及资料，对实现碳中和所需新增投资进行测算，再根据中国金融学会绿色金融专业委员会课题组对电力投资所占总投资比重的测算对电力部门所需新增投资进行量化。

首先，要对我国未来 30～40 年实现碳中和所需新增投资以及电力部门投资需求占比进行测算。纵观已有的测算成果，如表 3 所示，清华大学气候变化与可持续发展研究院提出，为达成全球温控 1.5℃ 目标，我国能源供应、工业、建筑、交通各部门低碳化累计投资需求约为 174.38 万亿元人民币 （2020～2050 年）；高盛估算的低碳能源基础设施领域的投资需求约为 16 万亿美元 （约合 104 万亿元人民币） （2020～2060 年）；中金公司发布报告认为，与实现碳中和目标相关的投资规模约为 139 万亿元人民币 （2020～2060 年）。各机构的预测数据不同的主要原因是各机构所使用的数据统计口径不同，所用的估算模型也可能有所差异。本报告采用清华大学气候变化与可持续发展研究院的测算结果 174.38 万亿元人民币建立模型。根据中国金融学会绿色金融专业委员会课题组的测算，低碳能源体系、林业生态和环保部门的累计投资需求占比分别为 60%、7%、33%，其中电力部门所需投资占总投资的 34%。

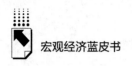

表3 不同权威机构的测算结果

机构名称	清华大学气候变化与可持续发展研究院	高盛	中金公司	中国金融学会绿色金融专业委员会课题组
预测值	174.38万亿元	104万亿元	139万亿元	487万亿元
预测期限	2020~2050年	2020~2060年	2020~2060年	2020~2050年
覆盖的行业范围	低碳能源相关领域,不包括生态环保	低碳能源相关领域,不包括生态环保	低碳能源相关领域,不包括生态环保	根据《绿色产业指导目录（2019版）》中的21个领域确定,即包括低碳能源体系相关领域,包括生态环保
固定资产投资/流动资金投资需求	仅包括固定资产投资需求	仅包括固定资产投资需求	仅包括固定资产投资需求	包括固定资产投资及流动资金投资需求
绿色项目全部投资/绿色部分的额外成本	强调项目中产生绿色效益的额外成本	—	—	在建筑、交通等领域,包括绿色项目的全部投资

其次,将模型口径下的预测数据调整为绿色金融业务口径（报告口径）下的绿色投资需求数据。模型口径与报告口径的主要区别在于,第一,模型口径下的预测数据是根据 EPS 等模型和统计数据估算出来的低碳、环保和生态投资需求,而报告口径下的测算数据是从绿色金融业务分类角度,对绿色贷款累计发放额、绿色债券发行量、绿色企业上市融资和增发规模以及资管机构（包括保险资管机构和绿色股权投资基金）对绿色项目的投资规模的总计。第二,模型口径只覆盖项目的固定资产投资需求,而报告口径则同时覆盖固定资产投资和流动资金投资需求。第三,模型口径下的部分项目统计强调可以产生"绿色额外性"的投资需求（如绿色建筑的节能减排部分的成本、新能源交通工具与传统能源交通工具的成本差别）,而报告口径下的项目统计则在某些行业涵盖了绿色项目的全部投资。根据中国金融学会绿色金融专业委员会课题组的测算,模型口径与报告口径的统计值之比约为61:100（见图1）。用此比

值对模型口径下的投资需求预测数据进行转换所得结果是：在碳中和背景下，未来30~40年我国的绿色投资需求将达到285.87万亿元。

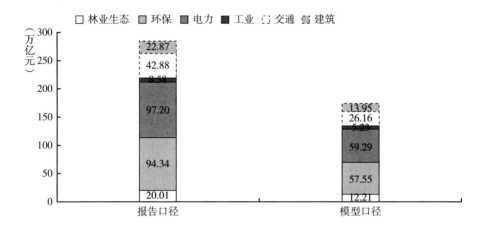

**图1 不同口径下全国各部门未来30~40年
实现碳中和所需新增投资**

选取近五年GDP占比最高的一年的数据作为基础数据，即选取广州市2020年的GDP占比2.75%对广州市未来30~40年实现碳中和所需新增投资进行测算；选取广州市黄埔区2017年的GDP占比0.41对广州市黄埔区未来30~40年实现碳中和所需新增投资进行测算。

具体公式为：

市（区）GDP/全国GDP＝市（区）碳中和所需新增投资/全国碳中和所需新增投资

根据公式，广州市未来30~40年实现碳中和所需新增投资约为7.86万亿元；广州市黄埔区未来30~40年实现碳中和所需新增投资约为1.17万亿元。其中广州市电力部门未来30~40年实现碳中和所需新增投资2.67万亿元；广州市黄埔区电力部门未来30~40年实现碳中和所需新增投资0.40万亿元。

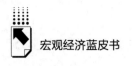

表4 广州市及黄埔区近五年 GDP 情况

单位：亿元，%

年份	广州市 GDP	全国 GDP 不变价	黄埔区 GDP	广州市 GDP 占比	黄埔区 GDP 占比
2017	21503.15	787170.41	3242.23	2.73	0.41
2018	22859.35	840302.63	3225.11	2.72	0.38
2019	23628.60	890304.85	3502.47	2.65	0.39
2020	25019.11	910235.60	3662.67	2.75	0.40
2021	28231.97	1095771.20	4158.37	2.58	0.38

2. 构建赋能生态系统下的创新蓝图

广州开发区的能源改造路径需要绿色金融与之相匹配。与传统金融不同，绿色金融面临资金需求量大、运行周期长、项目利率低的特点，这改变了传统金融依靠利息差获取收益的模式。因此，低成本下的绿色金融想要吸引更多的资金进入，需要政府设计整套的转型机制，并将金融机构、企业和政府三者有机融合于绿色生态系统中。具体来说，可基于以下两个组成设计：一是建立资本融合蓝图，要求资本提供方各自发挥自身作用，与风险回报框架和融资目标相一致；二是建立变革性的新商业模式，以扩展每一项突破性技术。

（1）金融机构

私营部门可采取多种方式参与融资和降低投资风险。净零排放承诺和切实的转型融资承诺有助于明确目标和计划，同时为减排困难部门、交易方和创新解决方案提供专用资本。此外，设计新的可持续性产品可促使资本投向可持续性影响最大的领域。

银行已为绿色基础设施提供了大量融资。随着气候债券和证券化市场规模的不断扩大，预计银行将继续提供大部分债务融资。但是，银行不可能承担全部的建设风险，或是提供更长期的融资，这就需要丰富资金来源渠道，否则必将出现投资缺口。

在这一背景下，资产管理者所持有的大量机构资金可发挥重要作用。保险公司可将融资与去风险化措施相结合，在项目层面，尽早参与与转型和可持续技术相关的工程，以及技术提供方的性能保障工作，这对项目的融资非常重要。保险公司也可通过提供建设、运营业绩和回收的保证债券来保障履约。从信贷、政治和绩效风险的角度看，保险公司在通过承担承保风险帮助企业获得股权和降低债务成本方面发挥着非常积极的作用，该作用应当被扩展到气候创新解决方案上，这是一个目前服务不足的领域。

（2）企业

企业可采取具体行动来获取更多融资。如通过建立严谨的项目架构和创新经营模式来提高项目的财务可行性，通过制定战略规划来确定能够产生规模经济的杠杆，从而降低创新成本和相关的绿色溢价。

一些企业可考虑开发能提供公共服务的项目组合，从而使需求变得多样化。在这种商业模式下，企业可投建以用户侧自发自用、多余电量上网，且在配电系统平衡调节为特征的光伏发电设施。并采取降低风险的措施，包括设备性能保证、性能评估措施和聘请独立技术公司（如工程、采购和施工承包商等）来认证和验证基础技术及环保资格，进一步提高竞争力。出口企业还可以借此获得绿证，突破碳边境调节税的制约。

（3）政府

政府可通过实施针对性的奖励计划和降低风险措施来创造有利环境，包括碳税/碳定价、差价合同、资本/税收优惠、特定项目赠款、贷款担保和其他提高需求和信用的措施。

具有政府背景的政策性银行可利用融资来推动资金流动，激活来自不同利益相关者的资金，对于突破性技术，可以有针对性地提供可信任的特惠资本、技术援助等，并开发一系列可投资的机会。经济合作机构可通过扩大有针对性的债务融资、提供信用保险来助力解决市场失灵问题。

3. 针对广州开发区的绿色金融方案设计

金融机构以及绿色企业在"双碳"目标实现过程中面临着很多的机会，但同时也存在一些信息错配现象。作为资本服务商或者投资人，银行以及担保、保险、证券公司应在低碳转型的进程中保持积极的投资意向，抓住百万亿级别的投资机遇，为高质量的绿色企业提供优质服务。然而，很多绿色企业是中小型企业，所投资的绿色项目小、信用差，因此企业融资困难，无法有效对接有意愿提供服务的金融机构。从金融机构的角度来看，即便是金融机构有意愿服务于规模较小的绿色项目，但由于绿色项目分散，服务效率大大降低。这个问题不仅仅存在于广州市黄埔区、广州开发区，也是资本市场绿色转型的关键堵点。

（1）建立"三位一体"的技术服务体系

政府、金融机构、股权交易中心共建"三位一体"的技术服务体系（见图2），针对广州开发区企业提供绿色金融服务。将券商等金融机构在园区下沉到各片区和街道的服务网点、政府的公共服务网点、股权交易中心服务网点三个平台结合起来，提供覆盖全区的主动服务。

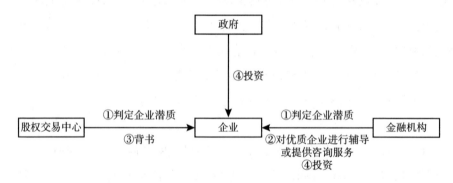

图2　"三位一体"技术服务体系流程

具体实施流程可分为三步。

第一步，从广州开发区企业中挑选培育一批优质绿色企业或项目。此阶段股权交易中心和金融机构应根据绿色企业及项目发展阶段，对绿色企业进行分层。可采取的措施包括但不限于利用绿色企业的财务指标企业规模、PE估值的相对表现，判定该绿色企业是否有四板或者三板潜质；如果暂时还没有，可以判断绿色企业需要孵化的年限。

第二步，对分层选出的优质绿色企业，由指定券商等金融机构对接进行辅导和提供咨询服务，再由股权交易中心做背书，筹集来自券商、政府及其他金融机构的先期投资（比例为总投资的20%~40%），然后进入社会融资阶段。

第三步，对符合上市培育条件的绿色企业，金融机构和股权交易中心提供专业化的全程金融服务，包括但不限于交易、投融资、规范、股改、辅导、会诊等方面的服务。力争每年有3~5家优质企业转板新三板，并设立分梯队培育池形成滚动上市培育体系。

（2）建立绿色产业基金

结合广州开发区内优势绿色产业，由当地股权交易中心和政府部门联合设立不同类型（包括但不限于不同行业、不同阶段和不同形式）的绿色产业基金，对绿色优质企业及项目进行投资，政府可跟投增信，从而吸引更多社会资金，储备和培育更多的绿色企业及项目资源。

与一般的私募基金不同，绿色产业基金是投资于有良好市场前景的绿色产业项目的基金，如绿色产业基金的子基金通常会与产业资本或知名私募基金进行合作，参与项目投资、建设、运营、退出（见图3）。

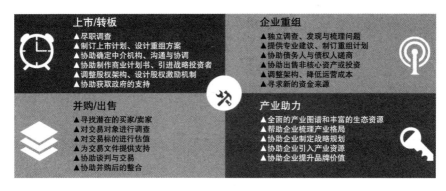

图3 绿色产业基金的核心优势

绿色产业基金可采取有限合伙形式，基于对广州开发区融资需求的测算，本报告将基金规模设置为10亿元人民币，基金概要如图4所示，基金基本架构如图5所示，基金投资决策流程如图6所示，基金风险控制措施如图7所示。

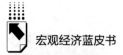

基金名称	·广州开发区绿色产业基金（暂定名）
基金形式	·法律组织形式为有限合伙
基金规模及注册地	·基金规模10亿元人民币，基金注册在广州开发区
基金期限	·基金存续期为5年，其中投资期3年、回收期2年，经合伙人大会通过可以延长存续期1年（暂定）
投资方向和地域	·绿色产业，投资于广州市企业的资金不少于基金总规模的60%，投资于广州开发区企业的资金不少于基金总规模的50%，其余资金将用于投资全国范围内的优质企业
基金管理人投资决策委员会	·投资决策委员会设投资委员五位（暂定）：在产业资本、广州开发区产业投资、股权交易中心三者中分配名额。经3/5的投资委员通过，投资方案方可实施
有限合伙人	·出资人须为合格的法人投资者，且单个出资人出资金额不低于1000万元人民币 ·能为投资项目带来资源的主体
管理费用	·投资期每年按实缴金额的2%收取，回收期按未退出投资本金的1%收取，延长期1年按未退出投资本金的0.5%收取（暂定）
收益分配机制	·基金退出取得的现金收入，应尽快分配。基金分配资金时将按照以下顺序进行： ·（1）返还全体合伙人累计实缴出资额，直至各合伙人均收回其全部实缴出资额； ·（2）如有余额，向各合伙人支付，直至各合伙人之实缴出资额每年实现年化6%的门槛收益率； ·（3）如有余额，余额的20%分配给基金管理人、80%按照实缴出资比例分配给全体合伙人； ·（4）以上各项分配，前一顺位没有足额分配的，不进行后一顺位的分配

图4　绿色产业基金概要

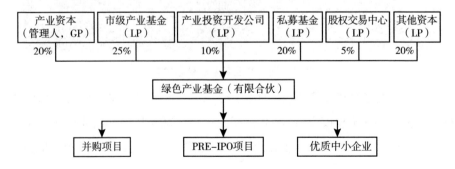

图5　绿色产业基金架构

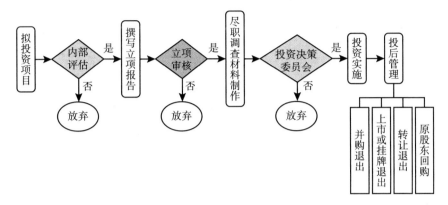

图 6　绿色产业基金投资决策流程

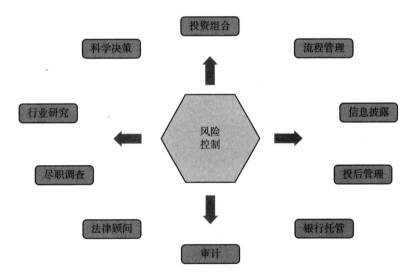

图 7　绿色产业基金风险控制措施

案例 1：荆州银河战略新兴产业基金

为使企业拓宽绿色项目融资渠道，充分发挥基金为企业赋能的功能，银河资本与荆州产业基金管理有限公司合作成立了总规模 4 亿元，首期规模为 2 亿元的荆州银河战略新兴产业基金。其中投资于湖北省企业的资金不少于基金总规模的 60%，投资于荆州市企业的资金不少于基金总规模的 50%，

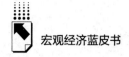

投资于荆州开发区企业的资金不少于 6000 万元。该基金将立足荆州市高端装备制造、电子信息、医药化工等优势产业,借助银河证券及银河创新资本在资产管理、投资银行领域的专业服务经验,挖掘技术领先且具有高成长潜力的企业,通过资金投入、资产整合、业务扶植等方式帮助被投企业成长。

对于投资项目,银河创新资本不仅找到了优质项目资源,而且在投后会提供各类产业及金融增值服务,开展专业的资本运作以帮助被投企业实现 IPO 或并购。目前,银河创新资本引入北京中关村高新科技园区的中博农畜牧科技股份有限公司与江陵县政府成立"湖北江陵乡村振兴产业融合发展示范园"项目,该项目总投资约 20.5 亿元,其中第一产业总投资 12.5 亿元,第二产业总投资 6.5 亿元,第三产业总投资 1.5 亿元。项目计划在江陵县建设一个集畜牧水产养殖,农业种植,乳制品加工,肉制品加工,牧场、加工厂观光旅游,奶制品配送服务,农牧业和奶业科普,农耕文化展览,农事体验休闲为一体的现代化乡村振兴产业园。除招商引资引进项目外,银河创新资本前期还对荆州的南湖航天电子、江瀚新材料、瑞邦生物、嘉华科技等企业进行了初步尽职调查,将其作为基金投资储备项目。

另外,银河证券与荆州市政府还合作在荆州设立区域资本市场综合服务基地。该基地为荆州区域内的企业改制、区域股权市场挂牌、新三板挂牌、IPO 上市、股权再融资、各类型债权品种融资等资本运作需求提供全方位服务,培育更多企业进入多层次的资本市场。

银行创新资本引领了产业发展新模式,通过推广运用由政府和社会资本合作设立的产业基金撬动社会资本,引导更多的金融资源投向新兴产业领域,破解地方企业发展投融资困局,助力新兴产业发展。

(3) 整合绿色资产及实现绿色资产证券化

绿色资产证券化是一种利用市场资金服务绿色经济的模式(产品具体类型见表5)。即将暂时缺乏流动性但未来具有现金流的绿色资产作为抵押,置入绿色资产池作为底层资产,以此发行证券获得即时现金流,后续将底层资产产生的未来现金流用于绿色产业项目的建设、运营、收购或债务偿还。

表5　不同类型绿色资产证券化产品概况

产品种类	监管（管理）机构	投向范围
绿色信贷资产证券化产品	中国人民银行、中国银保监会	资产端：未提及 投向端：募集资金用于支持绿色产业
绿色企业资产证券化产品	中国证监会	资产端：基础资产属于绿色产业领域 投向端：可以用于绿色产业项目的建设、运营、收购，或偿还绿色产业项目的银行贷款等
绿色资产支持票据	中国银行间市场交易商协会	资产端：支持发行与各类环境权益挂钩的结构性债务融资工具、以绿色项目产生的现金流为支持的绿色资产支持票据 投向端：用于绿色项目建设、运营，补充配套流动资金或偿还绿色贷款

普通资产证券化是将暂时缺乏流动性但未来具有现金流的资产作为抵押，置入资产池作为底层资产，以此发行证券获得即时现金流，后续以底层资产产生的未来现金流偿还资金。

作为创新型资产证券化产品，绿色资产证券化与一般资产证券化在交易结构、现金流归集、信用增级等产品设计方面并无差异，主要区别在于绿色资产证券化的基础资产现金流需符合绿色标准且募集到资金需用于绿色产业领域，即用于绿色产业项目的建设、运营、收购或债务偿还。根据《上海证券交易所资产证券化业务知识问答（二）》，资产支持证券是否可被认定为绿色资产支持证券，可从基础资产、募集资金投向和融资主体是否为绿色主体三个维度进行判断，具体可划分为"资产绿""投向绿""主体绿"三类，原则上，只要符合三类中任何一个，都可以认定为绿色资产支持证券。此外，根据发行场所和监管机构的不同，绿色资产证券化产品类型主要包括中国人民银行和中国银保监会监管的绿色信贷资产证券化产品、中国证监会监管的绿色企业资产证券化产品、中国银行间市场交易商协会管理的绿色资产支持票据以及少量中国银保监会监管的项目资产支持专项计划。发行场所除标准化程度较高的银行间市场和交易所市场外，还包括机构间报价系统、银登中心和各地金融资产交易中心或金融资产交易所。

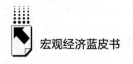

案例2：广州开发区融资租赁绿色资产支持专项计划

2021年8月，广州开发区融资租赁绿色资产支持专项计划在深圳证券交易所成功发行，民生银行广州分行全程参与，担任托管银行及基石投资人。该项目是深圳证券交易所全国经开区首单绿色资产证券化产品，也是广州市首单绿色融资租赁资产证券化产品。该笔绿色资产证券化项目募集资金2.75亿元，期限约3年，优先A档和B档票面利率分别为3.3%和4.08%，全场认购倍数达3.9和2.7，发行利率创黄埔区、广州开发区融资租赁资产证券化产品历史新低。募集资金将100%投放到绿色优质企业和项目中，包括工业节能、污染防治、环境修复等行业领域，支持实体企业绿色转型升级改造，真正做到运用绿色金融工具，促进区域绿色低碳循环经济发展。同时，该专项计划资产包括17份融资租赁合同，包含27笔融资租赁债权，涉及承租人13户，资产池的基准日本金余额为2.75亿元，基准日租金余额为3.04亿元。

该项目底层资产均为绿色资产，募集资金用途为服务绿色实体经济，做到了运用绿色金融工具助力绿色低碳循环经济发展，并通过社会化监督手段，从源头确保资金运用到绿色项目，提高资源配置的有效性和精确性。此外，通过国企信用传递提高了市场投资者的认可度，解决了绿色项目投资回收期长、资金占用时间长的问题。民生银行广州分行全程参与该绿色资产证券化项目，践行了债券投承销一体化的业务思路。

案例3：广州地铁集团第一期绿色资产支持票据

2019年，广州地铁集团在地铁线路的建设过程中急需大量资金，迫切需要开拓一种创新、可持续的融资模式。兴业银行广州分行了解广州地铁集团的融资需求后，紧密贴合广州地铁集团轨道交通项目建设的融资需求，创新性地以绿色金融为抓手、以轨道交通客运费收益权作为基础资产，向其提供了资产证券化项目融资服务方案，并联合第三方认证公司绿融（北京）投资服务有限公司，将广州地铁集团作为全国首批"绿色债券发行主体"（绿色企业）上报中国银行间市场交易商协会进行认证。在兴业银行广州分行的帮

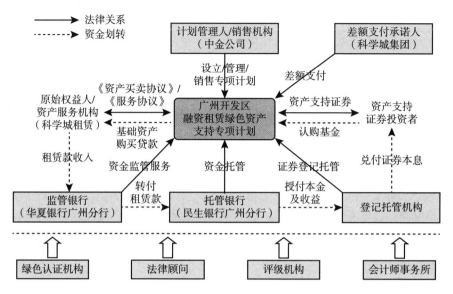

图8　广州开发区融资租赁绿色资产支持专项计划交易结构

助下，广州地铁集团顺利注册并成功发行50亿元绿色资产支持票据。该笔票据一举成为国内首单"绿色发行主体、绿色资金用途、绿色基础资产"的资产支持票据产品，是国内首单以轨道交通客运费收益权作为基础资产的证券化产品，也是全国绿色金融改革创新试验区（广州）首笔绿色资产支持票据业务。

　　具体做法上，广州地铁集团将其持有的客票款收益权作为信托财产委托给平安信托有限责任公司（简称"平安信托"），设立"广州地铁集团有限公司第一期绿色资产支持票据"。平安信托以该信托财产为支持发行优先档资产支持票据①和次级档资产支持票据。广州地铁集团按要求制定《广州地铁集团有限公司绿色债券框架》，对其及其下属公司绿色债券的发行与管理设立制度规范，用以确保绿色债券发行与管理合乎法律法规与监管的要求。该框架对广州地铁集团发行绿色债券的募集资金使用、项目评估和筛选、环

_____

① 优先档资产支持票据采用固定利率在银行间债券市场以簿记建档方式向机构投资者发行（委托人自持部分除外）。

境风险与环境效益核算、募集资金管理、报告与披露等提出明确要求。此次绿色资产证券化加绿色发行人的业务模式，有效解决了广州地铁集团所需资金量大、融资成本要求高等问题，为清洁交通行业的融资创新拓宽了渠道。同时，该期绿色资产支持票据是广州地铁集团作为绿色发行人发行的首期票据，在市场上的反响较为强烈，创下 2018 年以来全市场 AAA 级企业①同期限证券化产品发行利率最低的纪录。

继此次绿色资产支持票据发行成功后，广州地铁集团还发行了广州地铁集团地铁客运收费收益权 2019 年第一期绿色资产支持专项计划优先级资产支持证券，总规模 31.58 亿元，系全国首单以地铁客运收费收益权为基础资产的 ABS 项目，亦是少有的"双绿"（绿色主体+绿色基础资产）ABS项目。

（4）对接央行碳减排支持工具

2021 年 11 月 8 日，中国人民银行创设推出了"碳减排支持工具"这一结构性货币政策工具，该结构性货币政策工具只针对特定领域且划定了应用范围，主要包括新能源利用、储能和智能电网类项目。清洁能源领域主要包括风力发电、太阳能利用、生物质能源利用、抽水蓄能、氢能利用、地热能利用、海洋能利用、热泵、高效储能（包括电化学储能）、智能电网、大型风电光伏源网荷储一体化项目、户用分布式光伏整县推进、跨地区清洁电力输送系统、应急备用和调峰电源等。节能环保领域主要包括工业领域能效提升、新型电力系统改造等。碳减排技术领域主要包括碳捕集、封存与利用技术等。

按 1 年期 LPR3.8%计算，碳减排支持工具有 2 个多百分点的利差，其政策激励与导向动能足以引导金融机构在自主决策、自担风险、商业可持续的前提下，向碳减排重点领域内的各类企业一视同仁地提供碳减排贷款，从而支持清洁能源、节能环保、碳减排技术等重点领域的发展，并撬动更多社

---

① AAA 级企业是在中国各银行对企业信用的等级评价中，得分最高的企业。其信用好，合同履约能力强，具有优秀的信用纪录，经营状况佳，盈利能力强，发展前景广阔。

会资金促进碳减排。

目前广州开发区内很多绿色项目均符合碳减排支持工具的应用范围，包括分布式光伏及智能电网等。广州开发区政府通过构建绿色资产管理平台，将园区内规模较小（如 1000 万元以下）的绿色项目统一打包，充分利用碳减排支持工具，实现碳减排支持工具对绿色项目的高效支持。目前政策支持范围暂定为包括国家开发银行、政策性银行、国有商业银行、中国邮政储蓄银行、股份制商业银行等在内的 21 家金融机构。黄埔区、广州开发区利用绿色资产管理平台的绿色项目，根据当地银行资源优势，选择符合贷款条件的项目。自 2022 年第一季度起，中国人民银行将按季度发放碳减排支持工具资金。金融机构总行于次季度第一个月 10 日前以正式文件向中国人民银行申请碳减排支持工具资金，并报送碳减排贷款统计信息和碳减排贷款台账。对审核通过的碳减排贷款申请，中国人民银行货币政策司与金融机构总行签订贷款合同、质押合同等。

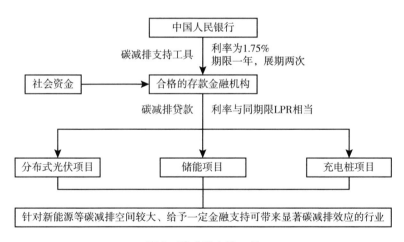

图 9　碳减排支持工具

案例 4：兴业银行广州分行分布式光伏项目贷款

作为可再生能源的重要组成部分，光伏发电在我国实现能源体系转型、达成"双碳"目标的道路上扮演着重要角色。2021 年 11 月，兴业银行广州分

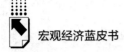

行首笔分布式光伏项目贷款落地，专项助力企业进行 1900.455kwp 分布式光伏发电项目建设，引导企业由传统城镇燃气企业向综合型能源供应商转型。

该笔分布式光伏项目贷款审批快、期限长、担保条件灵活，还针对分布式光伏项目设立补贴政策，最大限度地支持企业投建光伏发电站。其投建项目采取"合同能源管理方式"进行，由某传统制造业企业提供建筑物屋顶，申请企业负责光伏电站的投资、建设、运营及维护。光伏电站建成后，该制造业企业可分享 25 年的节能效益，每年可节省约 6 万元的电费开支。

案例 5：建设银行花都分行绿色"电桩融"

建设银行花都分行积极响应"绿色发展、绿色出行"号召，针对充电桩建设遭遇资金瓶颈、车桩配比缺口巨大的情况，创新推出"电桩融"专属贷款产品，为充电站建设提供前端资金支持。该产品以企业充电桩运营收费权作为抵质押物，由银行充分运用充电站场的银行结算大数据，在对未来充电桩运营收费进行科学测算的基础上发放信用贷款，有效解决充电站场因缺乏经营收入数据和有效抵押物而无法融资的问题，克服新能源汽车发展的基础设施瓶颈。

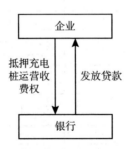

图 10　"电桩融"信贷流程

"电桩融"为充电站领域的融资探索了新的路径。虽然新能源汽车充电桩具有较大的融资需求，但因许多充电站场无法满足金融机构对企业的传统评价标准，因此针对该领域的融资产品尚处于稀缺状态。此外，"电桩融"产品创新了风险缓释措施。企业投资充电桩项目看重的是充电桩运营收入，在追加投资后能提高企业违约成本，降低建设银行花都分行信贷融资风险，拓宽充电站融资方式，提高企业在金融机构的融资成功率，有效解决企业融资难问题，实现银企双赢。

（5）创新针对中小企业的绿色债券

传统的绿色债券受众企业资质普遍较高，且大多属于国有企业，本身已具备一定的融资成本优势。但对于从事绿色产业的中小企业及民营企业来说，其经营规模较小、信用等级较低，往往面临更加严峻的融资问题。因而需要通过对绿色项目给予财政贴息或政府增信的形式，直接或间接减少绿色债券融资成本，并协助中小绿色产业企业发行绿色债券，获得低成本融资，释放绿色产业供给潜力。

图 11　绿色债券发行流程

案例 6：交通银行广东省分行碳中和债

2021 年 2 月，中国银行间市场交易商协会在中国人民银行指导下，在绿色债务融资工具项下创新推出碳中和债，募集资金专项用于清洁能源、清洁交通、可持续建筑、工业低碳改造等低碳减排领域。在碳中和债推出后，交通银行广东省分行联合第三方评估机构对珠海华发集团有限公司（简称"华发集团"）的项目建设和融资需求进行详细梳理，筛选符合碳中和债募投领域的绿色项目，最终将目标锁定在华发集团绿色建筑项目上，并严格按照中国银行间市场交易商协会对碳中和债发行要求对募投项目的碳减排效果进行核查及披露。2021 年 4 月，交通银行广东省分行为华发集团顺利发行2021 年度第一期绿色中期票据（碳中和债），成功募集资金 3 亿元，专项用于华发集团子公司珠海十字门中央商务区建设控股有限公司投资开发建设的珠海国际会展中心（二期）项目，实现粤港澳大湾区地方国企首单及交行系统内首单"碳中和"主题绿色债券创新落地。该笔债券严格按照"可测度、可核查、可验证"原则，确保募投资金实现切实的碳减排效果，通过引导社会资金投入新型绿色建筑，引领金融资源配置向"碳中和"聚集，打造"碳中和"债券市场发展典范。

项目的创新点在于，碳中和债作为专项用于低碳减排相关领域的绿色债券子品种，募集资金用途相对于常规绿色债券品种更加聚焦具有碳减排效益的绿色项目，并首次融合了国内外绿色债券标准，更有利于吸引境内外资金参与投资。同时，通过发行文件公开披露募投项目的环境效益数据、披露项目存续期进展情况及碳减排效益实现情况，进一步规范了企业专项资金的使用，为企业绿色发展树立了良好的市场形象。

案例7：广州市净水有限公司绿色中期票据

广州市净水有限公司（简称"净水公司"）作为集污水处理、建设、运营、资产经营及研发于一体的特大型国有污水处理企业，主要负责广州中心城区的生活污水处理。2021年，净水公司的净水厂建设与运营对资金的需求较大，迫切需要开拓一种创新融资模式。净水公司根据自身的特点与需求，与兴业银行广州分行及兴业证券股份有限公司开展合作，并联合第三方认证公司绿融（北京）投资服务公司，提出污水治理项目通过"绿色债券+气候债券"双认证方式注册发行中期票据（简称"绿色中期票据"）的项目融资方案，同时结合国内外的标准对地埋式生态净水厂项目进行绿色认证，有效解决资金需求大、融资方式较为单一等问题，该绿色中期票据项目在完成注册后择机发行。

此次债券发行呈现三大亮点：一是选择了合理的融资工具和融资方式。净水公司根据自身的特点与需求，创新性地以绿色金融为抓手，以地埋式生态净水厂作为绿色募投项目，注册发行10亿元绿色中期票据，为地埋式生态净水厂的建设及运营提供了资金支持。此外，采用双重认证方式有助于推动污水处理项目进入国内的碳中和债支持范围，有望引导更多的社会资金投入污水处理行业。二是地埋式生态净水厂变"邻避"为"邻利"。净水公司通过水质提标、污泥减量、臭气治理等技术的创新，以智慧化建设为工具开展精细化管理，解决地埋式净水厂建设的关键性难题，使整个污水处理设备可以采用地埋式建设方式。同时，通过地下净水厂的建设和创新技术的发展实现净水厂空间资源循环利用，不仅有效解决了净水设施的邻避效应问题，也为净水企业指引了新的提效增益行进方向。三是提升了企业的社会形象。完成国内、国际标准的双重绿色认证，积极发行绿色中期票据，有利于净水公司充分体现自身以及污水处理行业的碳减排贡献，树立行业标杆，履行企业社会责任，实现企业社会形象提升和融资成本下降的相互促进和正向循环。

案例8：珠江三角洲水资源配置工程专项债券（绿色债券）

2020年5月，珠江三角洲水资源配置工程专项债券（绿色债券）在深圳证券交易所成功发行，发行金额27亿元人民币，期限10年，发行利率为2.88%。该绿色债券为广东省人民政府发行的首支绿色政府专项债券，也是全国水资源领域的首支绿色政府专项债券，该绿色债券募集资金全部注入广东粤海珠三角供水有限公司，用于珠江三角洲水资源配置工程项目建设。项目公司注册于广州南沙新区，由广东粤海水务股份有限公司与广州南沙资产经营有限公司、深圳市特区建设发展集团有限公司和东莞市东江水务有限公司共同组建。此次债券发行的主要亮点为：利用绿色政府专项债券融资，依托政府信用并借助免税等政策，有效降低绿色项目的融资成本；并且期限较长（达10~30年），可充分满足绿色项目特别是大型基础设施类项目的建设运营周期需要。此外也可以有效解决绿色项目融资成本错配与期限错配问题，为绿色项目融资与建设运营提供了有效解决方案。

（三）新能源的效用表现

根据国际能源署数据，我国2015年能源相关二氧化碳排放量为91.4亿吨，其中工业园区贡献了 31%，即 2015 年工业园区二氧化碳排放量为 28.3 亿吨。工业园区 2015~2035 年和 2015~2050 年二氧化碳排放量削减幅度以工业部门降幅区间的中位数 28% 和 65% 作为后续研究的参考目标，即 2035 年和 2050 年全国工业园区二氧化碳排放量限值预期将控制在 20.3 亿吨和 9.9 亿吨。由此，全国工业园区 2015~2035 年和 2035~2050 年的碳减排目标下限需要分别达到 7.9 亿吨和 10.4 亿吨。

1. 新能源的消纳特征

电网自身调节能力有限且市场机制不够完善、消纳不足、并网困难是目前阻碍新能源发展的关键问题。将园区微电网与新能源发电有机结合，使其成为电力系统发展的载体有着广阔的发展前景，因为这是应对节能减排需求日益增加和新能源快速发展的现状、促进电能利用效率提高和新能源大规模就地消纳的有效途径，有利于实现节能减排。与传统石化能源相比较，新能源消纳具有如下特征。

（1）不可储存的典型特征。可存储性和可运输性是电力系统的传统型一次能源主体的特征；而高度不确定性是与气象环境相关的一次性能源供应资源（如风能和太阳能等）的特征。

（2）能源网络规模与形态发生变化。电网形态向多种形态电网并存转变，如柔直电网、微电网等，交直流混联大电网逐渐退出。

（3）负荷结构与特性发生变化。有源配电网多数能灵活转换，"产消者"广泛存在，负荷调节支撑能力变强，因此不再是单一用电，而是往发、用电一体化方向转变。

（4）电网平衡模式发生变化。新型电力系统的供应和需求都存在较大的不确定性，电力平衡模式发生了转变，储能、多能转换参与缓冲的更大空间、更大时间尺度范围内的平衡替代了原来的"源随荷动"的发、用电平衡。

（5）电力系统技术基础发生变化。一是电源并网技术发生了变化，由交流同步向电力电子转变；二是交流电力系统同步运行机理发生了变化，由物理特性主导转变为人为控制算法主导；三是微秒级开关过程的引入，让电力电子器件分析认知由机电暂态转变成电磁暂态；四是运行控制发生了变化，由大容量同质化机组的集中连续控制转变为广域海量异构资源的离散控制；五是故障防御发生了变化，广泛调动源网荷储可控资源的主动综合防御体系逐渐取代原来的独立的"三道防线"。

2. 光伏屋顶的效用表现

随着太阳能光伏系统的安装，以及直流电器（如 LED、电子产品和热泵）和直流蓄电池的发展，整栋建筑将可以做到完全改用直流电，因为自发自用将减少对电网交流电的需求。目前，建筑使用的是交流电，交流电在电器层面上转换为直流电。直流系统的主要优点是能够避免转换损失，这取决于配电系统和电器中使用的转换器，转换总损失在 10%到 20%之间。

直流系统还可以促进建筑物的需求响应，因为电网在某一特定时间点对终端用能增减的要求反映在电压变化上，而直流电器可以对电压变化做出动态反应。确保直流电器的产出量并制定相关国际标准，将是直流电系统具备大规模可行性的先决条件。

假设屋顶太阳能光伏的装机容量在满足各区域直流系统的高峰需求之外没有任何冗余，那么在承诺目标情景下，2060 年中国的建筑光伏发电总量中约有 60%将由建筑直接消耗。也就是说，其余的 40%将需要进入交流电网或本地分布式储能设备。

对直流电器予以市场准入，并且提倡创新型商业模式——聚合商或零售商拥有并管理消费者物业的电网资产，将有助于低成本调控电力系统、提高配电系统的韧性。承诺目标情景下，中国在 2060 年将有机会管理并利用每日 2000~3000 吉瓦时的多余电力。

电动车有可能会成为重要的市场参与者，但并非所有的电池容量都可以用来储存余电。首先，只有在直流电网上闲置且未充满电的车辆才能参与储电。未参与 V2G 服务的车辆参与程度仅限于日均交通用电量，即车载电池容量的 15%左右。然而，如果电动车电池能够向直流电网中的其他负载放电，那么它们储存屋顶太阳能光伏余电的能力将会更高。这种情况下，大约 40%的电动车就足以吸收春秋两季所有的屋顶光伏余电，这一比例在夏冬两

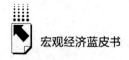

季为25%。因此，将直流系统、分布式光伏、电动车和储能结合起来，不仅可以促进可再生能源发电的部署，还可以推动可再生电力与电力系统的集成并促进需求部门的使用。

3. 氢能源的效用表现

在承诺目标情景下，中国的电解产能到2030年将接近25吉瓦，到2060年将达到750吉瓦，而现在还不到100兆瓦。在预测期内，中国在全球新增电解产能中的比重将接近40%，该比例在2040年之前将迅速上升，之后趋于平稳。这些电解厂将消耗大量的电力，其用电量在2060年将接近3300太瓦时。相比之下，用于制氢的煤炭将从2020年的1.15亿吨煤当量下降至2060年的不到0.9亿吨煤当量（占中国煤炭需求总量的15%），其中80%以上将与CCUS（碳捕获、利用与封存技术）结合使用；而用于制氢的天然气将从目前的接近300亿立方米下降至2060年的略高于200亿立方米，其中90%以上将与CCUS结合使用。2060年，从这些电解厂捕获的二氧化碳总计将超过2亿吨。

4. CCUS（Carbon Capture, Utilization and Storage，碳捕获、利用与封存技术）的效用表现

承诺目标情景下，CCUS将在中国低碳转型中发挥重要作用，这在很大程度上是由中国现有能源基础设施的结构和煤炭在当今能源结构中的巨大作用所决定的。二氧化碳捕集将被部署到工业、燃料转化和发电领域，对捕集的二氧化碳将予以永久封存或通过多种方式加以利用。中国现有的许多电厂和工厂都是近期才建成的，将来它们可以在完成CCUS改造后继续运行，从而避免因提前退役而耗费大量资本。利用CCUS还可以进行生物质能碳捕捉与封存（BECCS）以及直接空气捕捉与储存（DACS），这两类技术都可以减少大气中的二氧化碳净含量，从而产生负排放。

从现在到2060年，CCUS将总计贡献中国二氧化碳累计减排量的8%，且贡献量随着时间的推移而不断增加。中国若想达到在《巴黎协定》中承诺的减碳目标，只需要在2020~2030年小幅增加二氧化碳捕集总量。中国应利用这段时间广泛部署CCUS所必需的有利环境，包括建立先进的监管框

架以及在交通运输和封存方面的基础设施。2030年以后，CCUS技术将加速部署，力争使电力、工业和燃料转化部门的减排量到2060年增加到26亿吨。2060年，通过BECCS、DACS结合二氧化碳封存，将有约6.2亿吨二氧化碳得到移除，占二氧化碳捕集总量的25%，完全抵消工业和交通运输部门的剩余碳排放。

为了减少现有电力和工业资产的碳排放，CCUS的使用将日益增加；在大多数应用中，CCUS能够以相对较低的额外成本实现高达99%的二氧化碳捕集率。燃煤和天然气发电厂的二氧化碳捕集率日后将越来越高：在燃煤发电和天然气发电领域，平均二氧化碳捕集率在2030年将分别达到96%和95%，2060年将达到约98%。

在承诺目标情景下，到2060年在捕集的所有二氧化碳中，有超过8.2亿吨（32%）来自重工业。在水泥和化工行业中，到2060年CCUS对二氧化碳减排总量的贡献比重分别高达33%和13%。

5. 生物质能的效用表现

在承诺目标情景下，生物能源的消费方式也将发生明显变化。今天，传统固体生物质能约占最终生物能源用量的70%、一次生物能源用量的42%，这种形式的生物质能会引起室内空气污染和其他问题，对人类的健康和福祉有害。在中国，传统固体生物质能的使用到2030年将被完全淘汰，部分原因是固体、液体或气体生物质能的使用效率通过现代炉灶、锅炉等将得到提高。2060年，大部分生物质能将用于发电和供热（包括工业），其中相当一部分将与CCUS结合使用。用于发电的生物质能将对早期的电力脱碳做出重大贡献，占到2030年生物能源相关二氧化碳减排总量的65%以上。2020~2060年，生物质能在国家电力结构中的占比将增加近两倍，从3%增加到约9%；作为可调度的发电能源，生物质能将发挥重要作用，支持电力系统消纳更多的波动性可再生能源，并且在与BECCS相结合的情况下将产生负排放。

在承诺目标情景中，生物质能作为清洁燃料和原料在工业部门中的使用比重将从2020年的仅1%上升到2060年的8%。2060年中国生物质能供给

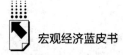

总量中，1/5 将由工业消耗。生物质能可以替代高温工艺中使用的化石燃料；特别是在水泥行业，生物质能将提供该行业终端能源的 1/4。在钢铁行业，生物质能作为煤炭的替代品也将发挥重要作用，2060 年将满足该行业能源需求的 8%，并且贡献该行业从现在到 2060 年累计减排量的 11%。2060年生物质能贡献的二氧化碳减排量中，约有 37% 来自重工业。

承诺目标情景下，液体生物燃料在交通运输部门的使用也将显著增长，但此类燃料在 2060 年仍将只占交通运输部门一次生物能源使用总量的 8%；随着道路车辆转型为电池电动车和燃料电池电动车，生物燃料将逐步转向航空领域。2060 年，航空用生物燃料将贡献 5500 万吨二氧化碳减排量，占生物能源相关二氧化碳减排总量的 6%。

（四）传统能源结构调整

1. 传统能源结构历史沿革

2002 年 3 月，国务院发布了《电力体制改革方案》，中国正式实行厂网分家，发电厂主要由"五大四小"发电集团及各地的能源公司等掌控，电网按地区分成六大电网分区控制。截止到 2022 年，全国电网由三家组成，即国家电网、南方电网和蒙西电网（内蒙古国资委管理）。

2002 年光伏产业兴起，主要以沙漠、山地、渔光互补光伏集中发电形式上网，靠政府补贴生存。2017 年出现一次发展高潮，屋顶分布式光伏有了长足发展。2005～2007 年风力发电机国产化，陆地风电场开始并网发电。2010 年 7 月第一个海上风电场实现并网运行。储能发展始于燃煤电厂调峰调频，近 5 年来储能变电站发展加快，由于变电站集中使用大量化学储能电池，火灾隐患难以克服，至今未有相关消防规范颁布。1968 年和 1973 年建成的岗南、密云两座小型混合式抽水蓄能电站，是我国抽水蓄能工作的开始，中期建设放缓，2012 年以后，其调峰速度快与安全可靠等特点得到重视，2015 年以后抽水蓄能电站建设向大规模、高容量、高电压并网运行发展。

2016 年虚拟电厂的出现促进了分布式新能源的兴起。虚拟电厂初期是微电网概念，采用风光储结构给孤岛供电；中期引入市电，开始研究风光储调配综合供电管理系统，新能源电量不足时由市电补充，过盈时上网售电。由于混合电量中储能电量属性难以判别，电价无法核算，其发展受限。工业园区综合能源调配管理融合售电与监测运维业务后，服务企业统称聚合商。

"双碳"背景下，赋予虚拟电厂新的含义，是能源与信息技术深度融合的重要方向，是将不同空间的可调节负荷、储能和分布式电源等一种或多种资源聚合起来，实现自主协调优化控制。参与电力系统运行和电力市场交易的智慧能源系统，是一种跨空间的、广域的源网荷储的集成商，不仅可以促进新能源消纳，提高电网安全保障水平，还可以节约电厂和电网投资，降低用户用能成本，将给未来能源电力系统带来革命性变化。

"双碳"目标下的新型电力系统是基于"源—网—荷—储"构建的以新能源为主的供电网络。聚合商管理功能高度延伸，技术与安全难度前所未有，现有聚合商基本难以达到要求。新型电力系统如图12所示。

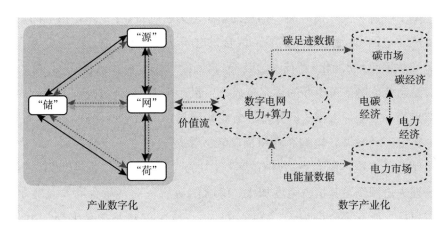

图12 新型电力系统

2. 新能源市场竞争

厂网分家后，电厂只负责发电，电网从电厂购电并负责输电和售电给用户，购电和售电价格统一由国家发改部门定价。煤炭价格上涨造成发电成本增大，煤电企业亏损严重，煤电价格联动呼声强烈，放开发电价格势在

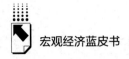

必行。

2015 年全国第一家民营企业售电公司在深圳挂牌，计划外发电量有了价格竞争市场，初期售电公司还是通过阶梯电价、综合平均电价等政策性方式获利。近两年用户端负荷高度集中，造成局部电荒，煤炭价格高达 1500元/吨，煤电企业经营困难，纷纷停产报修，电力供应缺口增大，限电拉闸频繁，放开煤电价格迫在眉睫。

《关于进一步深化燃煤发电上网电价市场化改革的通知》由国家发改委在 2021 年 10 月出台，通知明确指出将重视煤电上网电价市场化改革工作，工商业目录销售电价也将取消。2022 年是南方电网代购电的最后一年，也是电厂有供应代购电指标的最后一年，代购电主要保障居民用电价格不变。2022 年广东电力市场交易规模有望达 5500 亿千瓦，较 2021 年增长 104%，约占广东全社会用电量的 67%。2023 年电力市场将全面放开，均采用电力能源竞价机制，电网经营将逐步转变为"输网费成本+微利"模式。

基于"源—网—荷—储"构建的新型电力系统特点："源"由电网供电转变成"电网+区域分布式能源"混合供电模式；"网"由传统安全模式转变成"数字化+智能化+新技术与装备+保安全"的经验探索模式；"荷"由相对稳态变成随时可中断的暂态模式；"储"由电网内部可控调节转变为外部节点峰谷突变冲击模式。分布式新能源建设在原有电网固有客户市场中，加上售电市场放开，电网企业将面临较大挑战，在"源、荷、储"三方面必将倾其所能抢占制高点。具有竞争实力的"五大四小"发电集团，煤电市场损失份额倒逼其抢占力度加大，综合能源服务商（聚合商）是竞争的重点目标。原有聚合商由于"人、财、物、技"欠缺基本会出局。2022～2023 年是小规模博弈初期，预计 2024～2025 年是央企、国企、混合所有制企业博弈的白热化竞争期；2030 年以后基本是"边角余料，打扫战场"时期，此时电网建设规模大有过盈的可能性。在这场能源博弈中，政府具有特质权益，体现在其所具有的新能源落地管辖属性和碳金融投资属性上，但在专业技术领域存在缺陷，宜采用与优势技术部门分层合作的模式，如能源设备方面与"五大四小"发电企业合作，综合能源服务管理方面与电网企业合作，其中把握合作时机是关键。

3. 新能源发展时延性与有序性

《国家发改委 国家能源局关于完善能源绿色低碳转型体制机制和政策措施的意见》（发改能源〔2022〕206 号）强调，中国"十四五"时期能源方面的主要目标是建立推进能源绿色低碳发展的制度框架，形成相对完善的政策、标准、市场和监管体系；重点构建以制度引领、能耗"双控"和非化石能源为目标的能源绿色低碳转型机制。

《"十四五"现代能源体系规划》指出要提升电力负荷弹性，加大电力需求侧响应能力建设力度，整合分散需求响应资源，引导用户优化储用电模式，高比例释放居民、一般工商业用电负荷的弹性。加强服务市场与大工业负荷的联系，让大工业更好地辅助服务市场，鼓励电价敏感型高载能负荷改善生产工艺和流程，如电解铝、铁合金、多晶硅等，同时发挥可控负荷、可中断负荷等功能。开展工业可调节负荷、楼宇空调负荷、大数据中心负荷、用户侧储能、新能源汽车与电网（V2G）能量互动等各类资源聚合的虚拟电厂示范。2025 年全国电力需求侧响应能力争取达到最大负荷的 3%~5%，其中华东、华中、南方等发达地区力争达到最大负荷的 5% 左右。

新型电力系统呈现市电、可再生能源、储能、充电桩等并存的能源结构新特征。针对传统电网管理系统难以精确刻画和动态调整配电系统场路耦合特性，难以进一步提升新型配电系统安全、低碳和经济运行水平等问题，要深入研究新型配电网系统数字建模与优化技术、智能设备测控技术，推动仿真与人工智能应用，实现配电设备全息监控及动态容量柔性调控。

新型配电系统数字化进程急需大量的新技术作为支撑，只有通过在线多物理场仿真开展配电设备状态评估与预测性检修，以及系统内部调控策略才能实现新能源、电动汽车安全接入和调度控制。

如何应对新能源多节点接入所带来的风险是电网系统所需解决的最大难题，既要保障新能源最大消纳，亦要保障企业供电的可靠性，同时要保障电网原有供电方式向新型电力系统转变的时延性、适配性。新能源发展

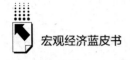

存在有序阶梯过程，要充分理解由"市电为主新能源为辅"逐步向"新能源为主市电为辅"的转变过程。

以市电、光伏、储能和充电桩为典型节点的新型配电系统是未来城市电网最具代表性的组网模型。电力设备物联网是能源供应与能源消耗数据获取的必要基础，能耗数据不仅可以核算产品单位能耗，亦可以追踪碳指标起源与减碳途径。

2022 年 3 月国家能源局南方监管局发布《关于公开征求〈南方区域电力并网运行管理实施细则〉〈南方区域电力辅助服务管理实施细则〉（征求意见稿）意见的通告》，指出深化电力体制改革，持续推动能源高质量发展，保障广东、广西、云南、贵州、海南五省（区）电力系统安全、优质、经济运行及电力市场有序运营，促进源网荷储协调发展，维护电力投资者、经营者、使用者和社会公共利益的合法权益，根据《中华人民共和国电力法》《电力监管条例》《电力并网运行管理规定》《电力辅助服务管理办法》等法律法规、政策文件及技术标准，组织编制了《南方区域电力并网运行管理实施细则》《南方区域电力辅助服务管理实施细则》及相关专项实施细则（简称南方区域"两个细则"），现向社会公开征求意见。该征求意见稿明确了新能源企业的进网准入标准和合法权益，指明了新能源企业的可持续发展前景。

三 建设碳金融实施路径的可操作平台

（一）平台总体目标

通过研究区域内负荷设备、新能源设备的"能"和"碳"全生命周期协同量化记账方法，研制具有能流柔性智能调控能力的负荷及能源调控终端设备，探寻新型综合能源运营的盈利模式，创新综合能源管理企业的商业模式。

企业用户面临碳减排的压力，希望通过获取低成本的电力供应和降低单位产品能耗的措施，保障产品产量和利润的最大化。融资成本与电价是影响单位净利润的核心因素，研究绿色金融与碳资产交易融入的净利润增幅，探索"智慧微电网平台+政府投资+原有电网商协调"的合作机制，践行"高效节能技术+绿色金融+碳资产管理+特许收费"的商业模式创新是建设高效能源管理平台的宗旨。

在建设碳金融实施路径的可操作平台时，应兼顾政府、电网、平台运维企业等多方利益，由政府主导项目场地落实和碳金融投资，电网决定新能源入网安全和调控，平台运维企业注重服务质量和生存环境，只有各种要素的利润均衡才有利于可持续发展。

（二）平台主要特点

1. 综合能源管理可操作平台建设

综合能源管理可操作平台建设原则有三：第一，要结合原有供电网络减少建设成本；第二，分布式新能源应立足区域消纳，消纳指标应最大限度地满足区域负荷需求；第三，综合能源管理可操作平台要兼顾相关利益者的合法权益，重点关注负荷用户的普惠性。

（1）综合能源组态的新型配电网

碳排放主要是企业生产能耗需求所造成的，降低单位产品能耗是实现"双碳"目标的关键之一。企业内及企业间的工作时段高度集中，负荷峰值叠加，增大峰谷差距，而目前电网中能源供应随机调节平衡滞缓，难以满足突变峰值，不仅造成能源浪费，而且使得电网系统崩溃风险陡增。市电、光伏、储能和充电桩将是未来应用广泛的典型组网方式，充分调控新能源发电量和负荷，可达到削峰填谷、降低能源浪费和地区能耗强度的目的，构建能耗"双控"的减碳路径。在电力设备数字化物联基础上，精准获取能源供应与能源消耗数据，提出核算产品单位能耗以及追踪碳指标数据的精准计算方法，为控碳、减碳等能源管理提供数据和技术支撑。2022年以前工业园区分布式新能源接入供电系统微电网框架如图13所示。

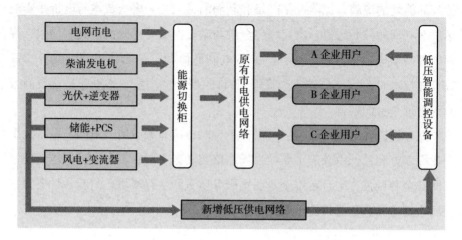

图 13　2022 年以前工业园区分布式新能源接入供电系统微电网框架

综合能源管理可操作平台的新型供电系统特点：①光伏与储能共用电池组，采用中压 10kV 上网可充分利用原有供电网，减少低压供电网建设，降低投资成本；②采用智能电缆与智能变压器新技术，通过其动态阈值，提高负荷与能源冲击张力，增加柔性调节功能；③采用负荷调控器调配负荷，削峰填谷，提高能源使用效率；④采用能源调控器合理调配光储出力比和新能源与市电的消纳比；⑤智慧能源管理平台是能源调控器中枢，并具有能耗核算、碳指标核算、电费成本核算与成本分解、售电价格与利润核算、电费收缴、运维检修等管理功能。

已有专业人员研究低压侧"交—直"流混合供电方式，但"交—直"流混合供电需要新建直流低压供电网，调控能源总量受限，效率难以提高。建议采用"交—直"流混合供电方式时，前期要做经济分析对比。

（2）综合能源管理可操作平台功能

①新型配网中负荷设备"能—碳"双控功能

为实现负荷设备电能与碳值同步获取，在新型配网中可通过智能设备的架设实现区域负荷设备的能耗特征参数实时测量，构建起物联网络。同时以负荷设备能源消耗类型为判据，将设备按照可控制、不可控制、精准记账、模糊记账进行分类。通过采用区块链记账技术，建立"固定负荷+固定负荷变量"与"可调控负荷+可调控负荷变量"的智能调控模型。基于调控模型，采用设备同时率调控技术离散企业内部和企业间负荷强度，实现削峰填谷、均衡负荷。

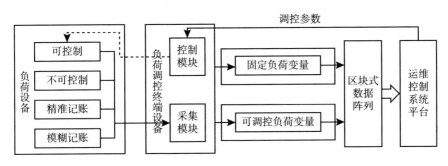

图 14 负荷设备"能—碳"双控系统

②新型配网中新能源接入设备"能—碳"双控功能

为实现新能源接入设备电能与碳值同步获取，实现接入碳指标定量的新能源接入，以能源供应设备输入稳定性为判据，将新能源接入设备分为稳定可靠能源与波动能源设备两种。采用区块链记账技术，建立"稳定能源供应+变量能源供应"的协同调控模型。依据能源消耗数据建立能源供应的耦合模型，采用新能源中压入网调控方式，充分利用原有供电网络，降低市电供应峰值，建立光储匹配比例及消纳比的合理阈值，并利用区块链模式对能源供应与能源消耗数据进行记账并入运维管理平台。

③区块链式能耗和碳量化数据存储功能

区块链技术是一种数据结构组织方式，具有分布式存储、去中心化等特性。区块链存储方式能够保证电网设备数据在不同时间和不同节点的电能数据不被篡改，构建用户与电网管理企业的数据唯一性，同时可实现数据共享。通过节点设备能耗的共享，区块链技术能够实现对电力的消耗情况的实时监管，同时实时对可调设备负荷和新能源接入情况进行调控。

区块链式能耗和碳量化数据存储结构如图 16 所示。每个区块包含区块

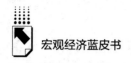

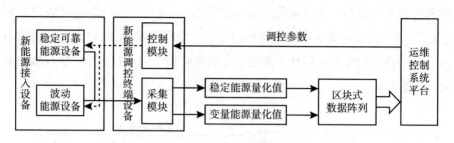

图15 新能源接入设备"能—碳"双控系统

头和区块体，其中区块头记录着前一区块标识、本区块时间戳，以及用于该区块的随机数和校验参数，区块体则包含区块的所有分布式数据。

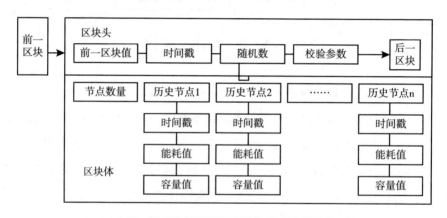

图16 区块链式能耗和碳量化数据存储结构

④智慧能源管理平台"源—网—荷—储"联动控制功能

通过将物联网、区块链贯穿能耗双控、能耗产出效益、产品碳排放监测全过程，合理调配"源"的使用品类，最大限度地提高新能源消纳比，让绿电功能发挥到极致；利用"网"实现市电补充的及时性与可靠性；通过"荷"享受优质、低价、稳定的能源供应；基于"储"合理存储低价能源与充放电容量及次数，提高电池使用寿命。"源—网—荷—储"联动控制具有多种模式，可根据不同要素需求模型进行转换，其灵活调控技术是新型配电网中必不可少的关键技术，需要数智技术与数智装备的支撑。

⑤智慧能源管理平台经济效益核算功能

依据能源消耗数据、新能源供应数据、市电购电数据、建设投资数据、企业产品生产数据，即可核算单位产品能耗、碳指标使用量、区域能耗总量和强度、电价构成、售电利润、利润分配、投资回报率、碳价值等一系列考核指标。其中，企业生产精准数据提供还需要国家颁布相关政策指导文件，在"双碳"背景下，碳指标与产品产量息息相关，企业精准生产数据获取只是时间问题，再有利润核算与分配还需要利益相关方达成核算标准方面的共识。

⑥综合能源管理可操作平台数智化技术拓展

新型电力系统的复杂多样性必须有数字化支撑，结果数据不影响结果，过程数据影响结果。数字化是技术概念，数智化属于数字技术应用。综合能源管理可操作平台建设基于数字化与智能化相容互通的判断决策机理，是物理空间与现实空间的相互映射。平台数智化是依据过程演变数据形成态势感知，实时动态把控最优状态，提前预防可能发生的风险，实现智能调控。数智化未来发展可以与气象数据相连接，预测新能源出力数据，提前安排市电补充调整工作，保障园区企业用电更可靠。

（3）综合能源管理可操作平台能效产出与管理

根据平台设备组成可划分为：光伏发电设备、储能发电设备、市电供应设备、企业用能设备、充电桩设备、负荷与能源调控设备、系统平台等七大类。根据管理与投资组成可分为：光伏供应商、储能供应商、充电桩供应商、综合能源管理服务商（调控设备、平台系统、安装运维管理）、电网企业、用能企业、投资企业、园区管辖企业（政府部门）等。区域内参与新型配电网企业的特点如表6所示。

综合能源管理可操作平台能效产出取决于电价优势、供电安全、运维服务三个关键性指标。

①电价优势来源于新能源建设成本和负荷与能源调控水平

降低新能源建设成本。光伏发电投资运行年限按 20~25 年考虑，经营期平均电价（含税）以 0.62~0.67 元/kWh 为宜；储能投资单位造价控制在

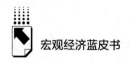

表6 区域内参与新型配电网企业的特点

企业	服务特点	资金投入规模	预测回收年限
光伏供应商	短时维保	大	5~6年
储能供应商	短时维保	大	8~9年
充电桩供应商	短时维保	中	3~5年
综合能源管理服务商	长期管理	中	5~6年
电网企业	长期管理	小	3~5年
用能企业	长期使用	无	无
投资企业	长期参与	大	20年以上收益
园区管辖企业	长期管理	小	20年以上收益

2000~2200元/kWh,回收期以7~8年为宜;充电桩投资因各工业园提供场地大小不同投资差距较大,可根据具体情况具体核算,回收投资年限以3~5年为宜。

提高负荷与能源调控水平。以广州开发区东区北片(果园一路以东,果园四路以北)广州联合冷热设备有限公司(公线专变1000kVA,大客户企业)为例。图17展示了8月15日24小时总负荷变化曲线;图18展示了8月18日24小时总负荷变化曲线;图19展示了2021年全年总负荷变化曲线。

8月15日总负荷有功功率曲线图显示,0∶00~7∶30(低谷时段7.5小时)、17∶00~24∶00(高峰时段2小时,平时段5小时),企业用电小时有功功率为20~22kw,共14.5小时,平均有功功率未超过22kW。8∶30~12∶00为第一次用电高峰时段,12∶00~13∶00为午休低峰用电时段,13∶00~15∶00为第二次用电高峰时段。第一次用电高峰时段企业用电负荷在180~120kW的区间内波动,第二次用电高峰时段企业用电负荷在180~110kW的区间内波动,不平衡度>38%。存在同时率分配不合理现象。

在总电量不变的前提下,8月15日实际生产状态下的电价平均为0.925元/kWh,如果24小时均衡负荷生产电价平均为0.676元/kWh,电价差为0.249元/kWh。8月18日实际生产状态下的电价平均为0.9234元/kWh,如

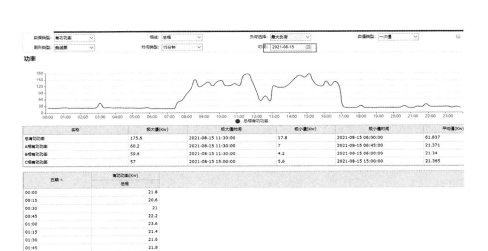

图 17　8 月 15 日 24 小时总负荷变化曲线

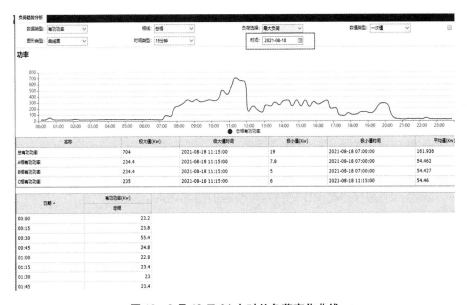

图 18　8 月 18 日 24 小时总负荷变化曲线

果 24 小时均衡负荷生产电价平均价格为 0.676 元/kWh，电价差为 0.2474 元/kWh。

综合能源管理可操作平台的调控技术是获取低综合电价的关键措施，低

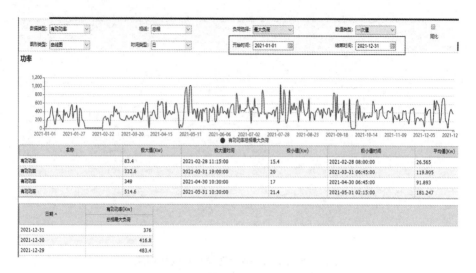

图 19　2021 年全年总负荷变化曲线

电价主要来源于各能源间、用户内部、用户与用户间能效的整合。

②通过提高供电安全性与服务质量增强用户归属感

在新型电力系统应用过程中，用户必然存在疑虑和担忧，做好区域微电网技术，增强服务意识是用户、服务商、政府建立良性互动的纽带，要讲清楚新能源与新技术给用户带来的益处，让用户理解"双碳"、能耗和企业生存的相互关系，要做到无限制服务，让用户有归属感和社会责任感。

2. 综合能源管理可操作平台对碳金融的迫切需求

2022 年广东省加大力度促进新能源行业的发展，特别是储能行业的健康发展，预计尖峰电价将达到 1.9 元/kWh，谷时电价为 0.39 元/kWh，峰谷电价差为 1.51 元/kWh，常规峰谷电价差在 0.7 元/kWh，可以投资储能发电设施，回收投资周期在 8~9 年，在峰谷电价差到达 1.5 元/kWh 时，储能发电具有良好的盈利空间，同时也会为光伏发电提供盈利空间。2023 年电力能源全面进入市场交易后，尖峰电价预计在 2.2~2.5 元/kWh，居民用电亦有涨价趋势。受俄乌冲突影响能源价格暴涨，未来不定因素诸多，总体而言电力价格上涨趋势强劲。

　　新型能源管理系统是光伏、储能、充电桩、市电等设备的集成，具有投资大、回收周期长、可复制性强等特点，需要大量资金投入。"能—碳"双流管理的电网综合运营服务管理模式将为绿色金融提供广阔投资空间。我们不仅要研究能源绿色低碳转型的多元化投融资机制，还要研究地方政府专项债券、国家绿色发展基金、企业发行的碳中和债等绿色债券、可持续发展挂钩债券等绿色金融融入机制。重点研究将清洁低碳能源项目纳入基础设施领域不动产投资信托基金（REITs）示范工程落地广州开发区的可行性。通过绿色金融投资、碳资源管理、信息披露、特许收费的新能源项目相关要素研究，建立综合电价核算方法与智能收费系统，形成"物联网+区块链+能源管理+绿色金融+碳指标交易"的新型配电系统，为碳金融落地新型电力能源市场提供广阔空间。

3. 碳金融发展过程中的信息披露管理

　　企业践行 ESG 理念，是实现资本市场促进企业发展良性循环的关键。企业只有以 ESG 为抓手，实现高质量发展，才能有效且高效地对接资本市场，形成由高质量企业组成多层次资本市场、多层次资本市场促进企业高质量发展的良性循环及格局。我国经济目前正由高速增长阶段转向高质量发展阶段，近年来投资者越来越关注上市公司的可持续发展能力。推动上市公司高质量发展对促进我国资本市场的进一步完善、产业结构的优化和升级至关重要。ESG 的每一个维度（环境、社会责任及公司治理）都包含一套丰富且全面的可持续发展因子。ESG 作为一种评估企业环境可持续性、社会价值与治理能力的综合矩阵指标体系，是评估企业高质量发展水平的可行性标准之一。多项研究表明，企业依托对 ESG 的实践，得到了更好的财务绩效，包括较高的资产估值水平、较高的公司现金持有量、较高的抗风险能力以及较低的借款成本。

　　从内部治理的视角看，专注于社会责任的承担更利于企业实现产品差异化并使企业更好地利用价格杠杆实现营销目标。同时，履行社会责任使得企业人力资源管理效率更高，员工使命感凝聚力更强，从而提高企业生存能力。从外部环境的角度看，遵从企业守则、践行社会责任使得企业在消费者中享有更高的声誉，获得更高的客户满意度及忠诚度；使企业在供应商中更易获得信任，得到更高的贸易额度；亦使企业更容易获得政府部门的支持，从而享受更多政策性优惠。从 ESG 的机理来看，企业践行 ESG 理念离不开政府及监管部门自上而下的参与（包括政策要求与信息披露水平、政府对企业的增信及其他激励政策等）、资本市场自下而上的参与以及资本市场有效资源配置功能的充分发挥。资本市场的资金是趋利避害的，如果仅仅靠政府增信及背书，企业本身无法有效践行 ESG 理念；从资本市场的角度来看，政府增信的做法是不可持续的。ESG 三维度中，公司治理是 ESG 的核心，公司治理水平的提高有助于公司 ESG 水平的提高，且高水平 ESG 能有效支撑上市公司内部治理。因此，在企业加强公司内部治理，逐步践行 ESG 理念的基础上，政府应引导企业进行高质量的信息披露，通过政府担保实现企业增信，实现更有效且高效的资本市场支持。

（1）有效加强企业信息披露

首先政府应为每个企业根据其所处行业特点和公司发展现状、前景建立清晰的转型路径，该路径需要具有透明度较高的信息披露政策，为发行人和投资者提供清晰的企业运作信息。同时包括更多后续投资的前沿技术（如碳捕获和储存等负排放技术）信息。企业的转型路径首先需以行业绿色转型路径为指向标。行业绿色转型路径不仅要符合《巴黎协定》的气候目标，还需反映该行业平均水平或同类最佳水平，从技术层面证明其可行，并确保该行业符合净零排放目标。公司需要选择关键绩效指标（KPI），这些 KPI 和绩效目标需要与相关行业绿色过渡路径保持一致甚至是超越，并用于描述公司将如何以及何时赶上、遵循、超越该行业绿色转型路径。企业低碳转型时可通过特定 KPI 和相关绩效水平清楚地说明特定转型路径的实施情况。

其次，金融机构需要清晰辨明目标企业的项目性质。将开发与应用新能源的项目设定为绿色收益项目，将提高碳及其他传统能源使用率的项目设定为转型项目。以西班牙石油公司 repsol 提出的转型金融框架为例，将可再生能源及氢能源项目、生物燃料项目及清洁型运输项目设置为转型性的绿色收益项目，它在实现可持续目标方面的实效主要在于提高绿色项目在企业总体项目中的占比，从而降低企业总体的碳排放率。而以提高传统能源使用率、提升碳捕捉率、循环使用碳燃料、非生物领域的能源运输项目为代表的转型项目则是纯粹意义上的转型项目，这些项目的实效可以体现在企业的 KPI 上，在实现可持续目标方面可以预设具体碳排放的减少量。

此外，企业自身应健全信息共享机制，积极披露信息，降低企业信贷风险。政府部门也应加强环保信息披露，将企业的 ESG 表现与碳排放减免额度挂钩，畅通环保信息交流共享机制，降低投资人获取信息的成本以及信贷风险，提升发展绿色信贷的效率。

（2）政府担保实现企业增信

绿色信贷对企业研发投入、能源消费结构具有深刻影响。绿色信贷不仅可以增加企业的绿色研发投入，也可以改善企业的能源消费结构。从研发投入方面来看，外部融资是促进企业研发的关键因素。绿色信贷以国家的绿色理念为导向，必然会对绿色企业的研发投入产生积极影响，减少环保企业的融资成本，降低企业进行绿色研发创新的风险。首先，绿色企业相对于其他企业来说，融资难度系数更大，融资的主要来源是政府补贴，对传统的民间融资的需求低，融资渠道过于单一，外加企业与银行信息不对称，大部分绿色企业存在融资难的问题。而绿色信贷将在一定程度上为绿色企业解决融资难的问题。其次，企业在进行绿色技术研发时，成本较高，风险较大，回报周期相对漫长，不能够产生直接的经济效益。而绿色信贷的特点在于引导资金流向，为绿色企业进行技术的研发和运用提供融资支持。

广州市黄埔区、广州开发区相关政府部门要积极与绿色民营企业进行联合，通过政府增信、第三方增信或其他创新型增信方式，降低绿色企业融资门槛，加强资本市场对接绿色企业的意愿。同时，建立绿色信贷的贴息制度和担保制度，通过财政资金杠杆，支持企业对绿色项目加大投入。

首先，广州市黄埔区、广州开发区政府可联合融资担保机构、征信机构、符合一定条件的绿色企业以及其他金融机构建立"绿色企业增信池"。一方面减轻政府的财政压力，提高担保效率；另一方面解决政府性融资担保模式中存在的代偿压力大、成本高、效率低等问题，为政府性融资担保机构

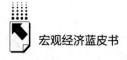

更好地发展提供新思路。

其次，政府应完善风险补偿机制，加大资金支持力度，充分发挥政府性融资担保机构的输血造血功能，支持中小企业发展。一是规范风险补偿金来源，按照地区年度政府性融资担保机构担保总额的一定比例，安排一定预算资金作为政府性融资担保机构风险补偿金，可参照广州市黄埔区、广州开发区财政预算制定给予支持的相关措施。二是建立由融资担保机构预留准备金、利润留存和政府补偿三部分组成的多层次风险准备金，实现风险补偿可持续。三是积极推进融资担保机构实行的反担保、再担保等风险补偿措施。对于担保额较大或担保期限较长的受担保企业，要求其提供反担保人或担保品，并引入再担保机构分担风险，政府部门对能够有力促进中小企业和高新技术发展的反担保、再担保机构给予补偿。

最后，完善风险预警机制，降低担保风险。随着各个融资担保机构的融资产品推陈出新以及"绿色企业增信池"融资担保范围的扩大，政府性融资担保机构应逐步提高风险识别能力。加强融资担保机构队伍建设，培养风险意识，设立标准化业务流程，贷前深入调查被担保企业所在行业前景及企业核心竞争力、信用状况、资产状况、经营状况等。同时，融资担保机构应设置并不断完善风险预警指标体系，加强贷中、贷后管理，持续关注被担保企业的经济运行情况，一旦出现"洗绿"等苗头，及时做出反应，以保证有效退出。

4. 享用"1.75"央行政策工具"组合"平台功能

当地政府应该牵头打包筛选优质的绿色资产，建立绿色资产管理平台，通过政府增信、第三方管理、资产证券化的方式，统一融资，提高绿色资产流动性。

（1）提高平台意识打造绿色资产管理及服务体系

首先，广州市黄埔区、广州开发区政府部门可联合当地股权交易中心以及大型金融机构（如大型券商、绿色金融中介机构），共同建立"三位一体"的技术服务体系。将券商等金融机构在当地园区甚至下沉到各片区和街道的服务网点、政府的公共服务网点、股权交易中心服务网点三个平台结合起来，提供覆盖全区的主动服务，并从中挑选培育一批优质绿色企业或项目，根据绿色企业及项目发展阶段，对绿色企业进行分层。例如：股权交易中心和金融机构可以通过绿色企业的财务指标企业规模、PE估值的相对表现，判定该绿色企业是否有四板或者三板潜质；如果暂时还没有，可以判断绿色企业需要孵化的年限。按照分层选出的优质绿色企业，提前让券商等金融机构对接并进行辅导和提供咨询服务，然后由股权交易中心做背书，券商、政府及其他金融机构参与先期投资（比例大致为总投资的20%~40%），再进入社会融资阶段。对于符合上市培育条件的绿色企业，为其提供专业化的全程金融服务，提高服务精细度，将工作做深、做具体，工作包括但不限于交易、投融、规范、股改、辅导、会诊等方面的服务，目标是每年形成3~5家优质企业，并使其转板新三板。

其次，实现融资本地化，推进普惠金融。通过三位一体的服务平台，在广州开发区内建立"服务中心"，以全区企业为服务范围，探索构造一个"熟人"间直接融资的金融生态圈，可包括银行、券商、信托、私募股权基金、小贷、担保、财富管理和互联网金融等要素，使中小微企业能够在本地就可以平等地享受资本市场带来的好处。结合碳金融实践实现普惠金融，使得金融资源在使用中更透明、更立体、更易监管，体现市场对资源的优化配置作用。

最后，推动设立创新创业母基金。结合各园区内优势绿色产业和未来发展产业，联合当地股权交易中心、地方政府设立不同类型的绿色产业基金，包括但不限于不同行业、不同阶段和不同形式的绿色产业基金，对绿色优质企业及项目进行投资，政府可跟投增信，从而吸引更多社会资金，储备和培育更多的绿色企业及项目资源。

（2）整合绿色资产及实现绿色资产证券化

绿色资产证券化是一种利用市场资金服务绿色经济的模式。政府应主动牵头加强对同类资产的集中与整合，如果在运用保险进行风险管理的基础上再进行证券化操作，金融机构便可发挥各自优势，提高绿色资产的流动性。比如，保险公司可利用自身在核保、定价上的优势，通过保险公司对客户的区分及费率的厘定来确定绿色资产质量，有利于不同层次资产的整合；对于银行间市场 ABN，银行可以承担主承销商、托管人、投资者功能，对于交易所 ABS，银行可以承担财务顾问、托管人及投资者功能。目前绿色信贷资产的证券化已经有较多的成功案例。在此基础上，当地政府可从底层资产的拓展和交易结构方面探索创新实践。

（3）引导广州市黄埔区、广州开发区金融机构对接央行绿色金融工具

广州市黄埔区、广州开发区政府应妥善引导当地商业银行积极对接央行碳减排支持工具。园区内很多绿色项目均符合碳减排支持工具的应用范围，包括分布式光伏及智能电网等。广州开发区政府部门可通过构建绿色资产管理平台，将园区内规模较小（如 1000 万元以下规模）的绿色项目统一打包，充分利用碳减排支持工具，实现碳减排支持工具对绿色项目的高效支持。此外，也可以由黄埔区、广州开发区政府部门牵头，打造一个政府、券商和股权交易所共同构建的绿色产业基金。

四　碳金融发展路径及绿色能源管理政策建议

（一）坚持党领导建设碳金融发展保障机制

（1）加强党的政治建设，提升碳金融业服务能力。加强党对广州市黄埔区、广州开发区碳金融工作的政治引领，建设党组织定期交流制度；抓好党员队伍建设，以开展党建培训、举办碳金融知识讲座等方式，引导党员干部有效落实区政府工作。

（2）推动党建引领金融监管制度建设。第一，推进碳金融组织党建引领金融监管制度建设，推进构建金融监管预警机制，进一步开展有关党的理论、路线、政策、方针等学习活动，完善党员政治教育、管理监督等工作，促进广州市黄埔区、广州开发区金融服务向高质量发展。第二，健全监管评级和差异化监管制度，分业态制定并实施监管细则、监管标准和监管评级办法。

（3）加强绿色金融人才培育。第一，建立高层次金融人才储备平台和碳金融人才引进交流平台，加速绿色金融人才集聚。第二，实施绿色金融人才培养工程。组织多方面高层次人才和金融机构高级管理人才赴国内外金融中心考察、进修学习等，培养既了解碳排放、金融知识又具有国际视野的高端人才。第三，完善金融人才社会服务环境，为选用的高级金融人才在住房、税收、医疗等方面提供支持。

（二）"双碳"目标与低碳转型发展

（1）积极引导市场资金流向低碳绿色发展项目；严格执行固定资产投资项目能源效益标准化审查制度，从源头上加强节能管理，严格把控高耗能项目的准入。

（2）严格执行能源消费等量置换、煤炭消费减量置换、高耗能项目限批等节能审查制度；将能耗"双控"指标纳入国民经济计划并分解下达至各个领域，完成各领域每年度"双控"考核并将执行结果向社会公告。

（三）发展绿色金融，以碳金融支持园区能源、电力结构优化

（1）健全能源法律和标准体系。第一，健全碳达峰碳中和工作所需的能源法律制度体系。在现行能源领域法律法规中，将与碳达峰碳中和工作要求不相匹配的内容进行全面清理。第二，加快推进并完善清洁低碳能源标准体系。加快研究和制修订清洁高效火电、可再生能源发电、核电、储能、氢能、清洁能源供热以及新型电力系统等领域的技术标准和安全标准，推动太阳能发电、风电等领域标准国际化。鼓励广州市黄埔区、广州开发区的行业协会和企业等依法制定更加严格的地方标准、行业标准和企业标准。

（2）深化能源领域"放管服"改革。持续推动简政放权，继续下放或取消非必要行政许可事项，进一步优化能源领域营商环境，破除制约市场竞争的各类障碍和隐性壁垒，增强市场主体创新活力。优化政务服务环境，深化体制机制和人事制度改革，构建高效精简的管理体系，鼓励广州市黄埔区、广州开发区依托投资项目在线审批监管平台建立综合能源服务项目多部

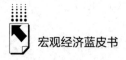

门联审机制，实行一窗受理、并联审批。

（3）加强能源领域监管。加强对能源绿色低碳发展相关的能源市场交易、清洁低碳能源利用等方面的监管，维护公平公正的能源市场秩序。稳步推进能源领域自然垄断行业的改革，加强对有关企业在规划落实、公平开放、运行调度、服务价格、社会责任等方面的监管。深化对自然垄断企业竞争性业务的市场化改革，加强市场秩序监管，考核有关企业履行能源供应保障、科技创新、生态环保等职责的情况。

（4）完善能源领域科技创新激励政策。首先，通过市场化的方式吸引社会资本对清洁低碳能源技术研发进行投资，对关键技术进行攻克，破解能源领域技术"卡脖子"问题。其次，完善国有能源企业节能低碳考核制度，推动企业关键共性技术研发及产业化应用，培育壮大能源技术新优势。

（5）搭建园区的分布式电力交易中心，制定工业园区低碳路线图。第一，在产业结构调整方面，园区通过产业结构调整降低碳排放强度，提高附加值，淘汰落后产业增加新的产业；同时若想提高信息产业的竞争力和加强新基础设施建设必须优化能源结构、提高绿电配额，否则IDC、超算都难以落地，影响园区的数字化产业转型。第二，在能源结构转型方面，大幅度提高分布式发电的比重，参与园区周边的绿电发电投资，获得更多绿电配额。第三，在能效提升方面，建立和配置智慧电网、建立园区产业结构—能源路线图，打造园区升级的路线图。

（6）搭建智慧能源平台。通过平台的优化设计，实现电力市场环下风、光、储、蓄联合优化运行，在提高可再生能源消纳比例的同时，进一步增大降费空间，真正实现让零碳更经济，资源更优化、更具竞争力。推进能源体系清洁低碳发展，根据实际情况，建设园区特色的储能系统，推动低碳能源替代高碳能源、可再生能源替代化石能源。

（四）搭建服务机构体系推进绿色金融市场建设

（1）优化绿色信贷服务。商业银行可尝试利用人工智能技术优化信贷服务，构建相关服务平台，更精准有效地为企业提供绿色信贷服务。完善绿色信贷评估体系，制定相关公司污染控制标准，优化绿色信贷的评估方式。同时减少审批环节，提高审批效率，进一步优化服务。

（2）创新绿色保险产品，提供多元化的绿色保险产品。绿色保险在绿色金融中作用凸显，近年来，中国绿色保险产品不断创新，服务体系初步建立，在绿色金融中发挥着越来越重要的作用。可以看到绿色保险的保额和赔付额在逐步上升，绿色保险产品体系也已初步建立。绿色保险产品体系涵盖了绿色保险产品、绿色保险服务及保险资金三大类绿色应用。

（3）推动碳金融产品的创新。积极创新与碳减排相关的金融产品，包括与碳减排表现挂钩的可持续发展挂钩债券、与控排企业履约能力挂钩的信贷产品等。加强对投资资产组合碳强度的管理，尤其是针对八大控排行业的节能减排、减污降碳，投资碳减排技术和转型项目；同时，要开展受控行业企业的气候变化风险压力测试，帮助扶持受控行业企业的转型升级。

（4）完善绿色金融服务。第一，要促进金融机构从息差获取转向提供金融服务，培育绿色金融服务体系，并把绿色金融服务考核纳入金融监管；第二，积极利用地方碳金融交易市场、期货市场、深港澳金融市场聚集优势，打造多类绿色金融工具和服务机构，引领全国绿色金融服务和占领交易制高点；第三，政府积极扶持智慧能源服务公司，不断扩展广东省境内的绿色转型活动，特别是在广州开发区、城市更新等存量资产上下功夫促进绿色转型；第四，大力发展绿色租赁，通过与清洁能源设备制造商以及绿色转型装备供应商等厂商合作，为其下游客户采购设备提供租赁服务，助力核心厂商扩大销售，实现货款快速回笼。探索开展分成租赁、生物性资产租赁等创新模式，为客户提供更具针对性的金融服务。

（五）碳金融激励绿色低碳消费措施

（1）建立健全绿色能源消费促进机制。第一，推进统一的绿色产品认证与标识体系建设，完善绿色低碳产品，提升绿色标识产品和绿色服务的市场认可度。第二，建立电能替代推广机制，健全绿电交易规则，完善标准化绿电交易流程，推广绿色电力证书交易，鼓励全社会优先使用绿色能源和采购绿色产品及服务。广州市黄埔区、广州开发区应结合本地实际，采用先进能效和绿色能源消费标准，大力宣传节能及绿色消费理念，深入开展绿色生活创建行动。第三，鼓励有条件的地方开展高水平绿色能源消费示范建设，引导工业企业开展清洁能源替代，降低单位产品碳排放，鼓励具备条件的企业率先形成低碳、零碳能源消费模式。第四，鼓励建设绿色用能产业园区和企业，发展工业绿色微电网，支持在自有场所开发利用清洁低碳能源，建设分布式清洁能源和智慧能源系统，完善支持自发自用分布式清洁能源发电的价格政策。

（2）完善建筑绿色用能和清洁取暖政策。大力推广使用绿色建材和绿色建筑，健全建筑能耗限额管理制度，完善建筑可再生能源应用标准，深化可再生能源建筑的应用。对园区内已有建筑进行节能改造，鼓励推进光伏发电与建筑一体化应用，支持利用太阳能、地热能和生物质能等建设可再生能源建筑供能系统。实施绿色建筑统一标识制度，加大对既有建筑节能改造和公共建筑节能的运行监管，大力推进太阳能、地热能等可再生能源在建筑中的应用。

附录

碳金融相关概念梳理

从广义和狭义的角度来看，狭义碳金融指的是以碳排放配额和碳减排信用为媒介或标的的资金融通服务；广义碳金融是指在低碳经济发展环境下衍生出来的，以碳排放相关标的为基础的碳交易以及为企业的低碳减排项目提供投融资的金融服务。从原生产品和衍生产品的角度来看，碳金融原生产品包括碳排放配额和核证自愿减排量，又称为碳现货，碳现货的交易又分为配额型交易和项目型交易；碳金融衍生产品包括碳远期、碳期货、碳期权、碳掉期等传统衍生品，以及碳基金、碳债券、碳质押和抵押、碳信托和绿色信贷等创新衍生品。

"气候金融"的概念源于《联合国气候变化框架公约》（UNFCCC），即通过地方、国家或跨国融资，从公共部门、私人部门和其他渠道获得资金，用于减少温室气体排放与遏制气候变化。而"绿色金融"还涉及除气候变化之外的其他环境指标和风险，投资者对绿色所代表的环境问题也更为关注。

"可持续金融"的定义可以分为两种：一种是采用广泛的环境、社会和经济的治理方法；另一种是仅采用范围更窄的"绿色金融"概念，甚至只针对适应气候变化的"气候金融"概念或只针对减缓气候变化的"碳金融"概念。

碳金融、气候金融、绿色金融和可持续金融概念的关系：可持续金融涵盖面最广，涉及环境问题、社会问题、经济问题及治理问题；绿色金融仅涉及环境问题；碳金融通过借助市场机制以最低的社会成本实现对温室气体的控制；气候金融通过创新的金融机制将气候变化带来的潜在损失最小化。四者的关系由图20所示。

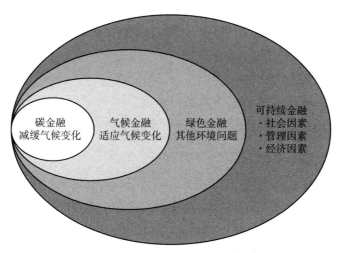

图20　碳金融、气候金融、绿色金融、可持续金融范围区分

资料来源：UNEP、中国社会科学院。

区域经济发展前景篇

Prospect Report of Regional Economic Development

B.5
1990~2022年中国30个省（区、市）发展前景评价

——低碳转型与绿色可持续增长

张自然　张 平　刘霞辉*

摘　要： 本报告从指数、分级和排名等方面对中国30个省（区、市）
1990~2022年的经济增长、增长潜力、政府效率、人民生活和
环境质量五个一级指标进行分析，并对其"十四五"发展前景
进行评估。报告认为尽管中国经济正面临着结构性减速和2020
年以来近三年的严重疫情的影响，但中国30个省（区、市）的
发展前景和经济发展质量仍然得到了一定的稳固、恢复和提升。
综合来看，发展前景和一级指标的改善情况仍基本延续以往的

---

* 张自然，博士，中国社会科学院经济研究所经济增长理论研究室主任、研究员、博士生导
师，主要研究方向为城市化、技术进步与经济增长；张平，博士，中国社会科学院经济研究
所研究员、博士生导师，主要研究方向为经济增长；刘霞辉，中国社会科学院经济研究所研
究员、博士生导师，主要研究方向经济增长。

走势。发展前景指数、经济增长指数、人民生活指数是西部地区改善情况优于东部、中部地区，环境质量指数是中部地区改善情况优于东部、西部地区，增长潜力指数和政府效率指数是东部地区改善情况优于中、西部地区。从疫情以来的区域发展情况对比来看，除环境质量外，其他一级指标均是西部地区改善情况均优于东部、中部地区。发达地区经济发展质量受到了比发展中地区更为严重的影响，从而区域差距有一定程度的缩小，但这种缩小却不是我们希望看到的，不是我们所希望实现的共同富裕。同时，随着城市化的深入发展，公共服务、社会保障、生活质量和生态环境逐渐上升到较为重要的地位。

关键词： 发展前景　区域差距　主成分分析法　区域发展

一　引言

2022 年已经是《中国经济增长报告》对中国 30 个省（区、市）进行评估的第十二个年头。通过对 1990～2022 年的区域发展前景进行分析评估，本报告认为尽管中国经济面临着持续的结构性减速和 2020 年以来近三年的严重疫情的影响，中国 30 个省（区、市）的发展前景和经济发展质量仍然有所恢复和提升。综合来看，发展前景和一级指标的改善情况基本延续以往的走势。发展前景指数、经济增长指数、人民生活指数是西部地区改善情况优于东部、中部地区，环境质量指数是中部地区改善情况优于东部、西部地区，增长潜力指数和政府效率指数是东部地区改善情况优于中、西部地区。受 2020 年以来新冠肺炎疫情的影响，发达地区的经济发展质量和发展前景及相当多的具体发展指标受到了比中部、西部地区更为严重的影响，使地区之间的差距缩小，但这种差距的缩小不是因为中西部地区的发展进步产生的，而是发达地区的发展停滞引起的，这不是我们所希望实现的共同富裕。

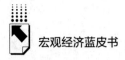

本报告第二部分是对中国30个省（区、市）（不包含西藏）发展前景的评价结果，第三部分是"十四五"期间30个省（区、市）发展前景及一级指标指数和排名情况，第四部分为30个省（区、市）发展前景及一级指标的分级情况，第五部分为区域发展及30个省（区、市）发展前景的影响因素分析，第六部分为结论。

二 中国30个省（区、市）发展前景评价结果

本报告继续采用客观分析方法即主成分分析法得出中国30个省（区、市）的发展前景及一级指标排名、发展前景指数等。中国30个省（区、市）发展前景评价指标设计、数据来源及处理和中国30个省（区、市）的发展前景评价过程见《宏观经济蓝皮书：中国经济增长报告（2020~2021）》。

（一）2022年30个省（区、市）发展前景和一级指标排名

和2021年类似，2022年发展前景、经济增长、增长潜力和人民生活等方面仍然是上海市名列第一；政府效率方面则北京市名列第一；而环境质量则是广东省名列第一（见表1）。

表1 2022年30个省（区、市）发展前景和一级指标排名情况

省（区、市）	北京	天津	河北	山西	内蒙古	辽宁	吉林	黑龙江	上海	江苏
发展前景	5	8	17	21	9	12	13	16	1	3
经济增长	8	7	15	22	6	21	23	17	1	4
增长潜力	6	17	25	28	10	11	9	15	1	3
政府效率	1	5	27	21	24	14	17	9	4	6
人民生活	4	2	14	12	15	6	7	27	1	5
环境质量	8	11	27	29	14	26	3	12	2	17
省（区、市）	浙江	安徽	福建	江西	山东	河南	湖北	湖南	广东	广西
发展前景	2	20	7	18	6	22	23	11	4	26
经济增长	3	16	5	25	12	19	14	20	2	26
增长潜力	2	24	12	23	14	20	21	16	4	22
政府效率	3	25	12	18	2	28	20	19	7	23
人民生活	3	24	9	26	10	18	13	21	19	28
环境质量	4	10	7	9	22	30	23	5	1	13

续表

省(区、市)	海南	重庆	四川	贵州	云南	陕西	甘肃	青海	宁夏	新疆
发展前景	14	19	15	30	28	10	29	24	25	27
经济增长	30	18	13	27	24	9	11	29	28	10
增长潜力	7	26	13	30	29	18	27	8	19	5
政府效率	8	11	13	16	26	15	29	22	10	30
人民生活	20	30	17	25	23	11	29	8	22	16
环境质量	6	18	19	24	15	28	25	21	20	16

（二）2022年30个省（区、市）发展前景排名和权重

和2021年相比，2022年发展前景排名上升的省（区、市）有10个。上升了4位的有1个：湖南（2022年在全国排第11位）；上升了3位的有1个：山西（2022年在全国排第21位）；上升了2位的有3个：重庆（2022年在全国排第19位）、黑龙江（2022年在全国排第16位）、青海（2022年在全国排第24位）；上升了1位的有5个：江西（2022年在全国排第18位）、陕西（2022年在全国排第10位）、福建（2022年在全国排第7位）、广西（2022年在全国排第26位）、吉林（2022年在全国排第13位）。

排名下降的省（区、市）有7个。下降了7位的有1个：湖北（2022年在全国排第23位）；下降了2位的有5个：辽宁（2022年在全国排第12位）、宁夏（2022年在全国排第25位）、四川（2022年在全国排第15位）、新疆（2022年在全国排第27位）、海南（2022年在全国排第14位）；下降了1位的有1个：天津（2022年在全国排第8位）。

其他省（区、市）2022年的发展前景排名不变（见表2）。

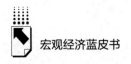

表2　2022年30个省（区、市）发展前景排名变化及权重

省（区、市）	北京	天津	河北	山西	内蒙古	辽宁	吉林	黑龙江	上海	江苏
2021年	5	7	17	24	9	10	14	18	1	3
2022年	5	8	17	21	9	12	13	16	1	3
2022年变化	0	-1	0	3	0	-2	1	2	0	0
权重（%）	5.62	3.90	2.41	2.29	3.16	2.86	2.72	2.52	7.71	7.60

省（区、市）	浙江	安徽	福建	江西	山东	河南	湖北	湖南	广东	广西
2021年	2	20	8	19	6	22	16	15	4	27
2022年	2	20	7	18	6	22	23	11	4	26
2022年变化	0	0	1	1	0	0	-7	4	0	1
权重（%）	7.68	2.32	4.33	2.36	5.60	2.25	2.21	2.90	6.57	2.02

省（区、市）	海南	重庆	四川	贵州	云南	陕西	甘肃	青海	宁夏	新疆
2021年	12	21	13	30	28	11	29	26	23	25
2022年	14	19	15	30	28	10	29	24	25	27
2022年变化	-2	2	-2	0	0	1	0	2	-2	-2
权重（%）	2.62	2.33	2.58	1.13	1.55	3.11	1.54	2.19	2.04	1.84

1. 2022年经济增长排名和权重

和2021年相比，2022年经济增长排名上升的省（区、市）有12个。上升了2位的有4个：辽宁（2022年在全国排第21位）、广西（2022年在全国排第26位）、内蒙古（2022年在全国排第6位）、山西（2022年在全国排第22位）；上升了1位的有8个：黑龙江（2022年在全国排第17位）、湖南（2022年在全国排第20位）、重庆（2022年在全国排第18位）、福建（2022年在全国排第5位）、安徽（2022年在全国排第16位）、浙江（2022年在全国排第3位）、河南（2022年在全国排第19位）、陕西（2022年在全国排第9位）。

排名下降的省（区、市）有8个。下降了7位的有1个：吉林（2022年在全国排第23位）；下降了2位的有2个：天津（2022年在全国排第7位）、云南（2022年在全国排第24位）；下降了1位的有5个：新疆（2022年在全国排第10位）、宁夏（2022年在全国排第28位）、北京（2022年在全国排第8位）、江苏（2022年在全国排第4位）、贵州（2022年在全国排第 27 位）。

其他省（区、市）2022 年的经济增长排名保持不变（见表 3）。

表 3　2022 年 30 个省（区、市）经济增长排名变化及权重

省（区、市）	北京	天津	河北	山西	内蒙古	辽宁	吉林	黑龙江	上海	江苏
2021 年	7	5	15	24	8	23	16	18	1	3
2022 年	8	7	15	22	6	21	23	17	1	4
2022 年变化	−1	−2	0	2	2	2	−7	1	0	−1
权重（%）	4.45	4.71	3.06	2.21	4.76	2.29	2.09	3.03	7.97	5.21

省（区、市）	浙江	安徽	福建	江西	山东	河南	湖北	湖南	广东	广西
2021 年	4	17	6	25	12	20	14	21	2	28
2022 年	3	16	5	25	12	19	14	20	2	26
2022 年变化	1	1	1	0	0	1	0	1	0	2
权重（%）	5.24	3.05	4.85	1.90	3.34	2.60	3.30	2.60	7.91	1.56

省（区、市）	海南	重庆	四川	贵州	云南	陕西	甘肃	青海	宁夏	新疆
2021 年	30	19	13	26	22	10	11	29	27	9
2022 年	30	18	13	27	24	9	11	29	28	10
2022 年变化	0	1	0	−1	−2	1	0	0	−1	−1
权重（%）	0.62	2.84	3.30	1.54	1.93	3.88	3.54	1.14	1.32	3.78

2. 2022年增长潜力排名和权重

和 2021 年相比，2022 年增长潜力排名上升的省（区、市）有 7 个。上升了 4 位的有 1 个：河南（2022 年在全国排第 20 位）；上升了 3 位的有 1 个：宁夏（2022 年在全国排第 19 位）；上升了 2 位的有 1 个：海南（2022 年在全国排第 7 位）；上升了 1 位的有 4 个：黑龙江（2022 年在全国排第 15 位）、山东（2022 年在全国排第 14 位）、吉林（2022 年在全国排第 9 位）、新疆（2022 年在全国排第 5 位）。

排名下降的省（区、市）有 8 个。下降了 3 位的有 1 个：江西（2022 年在全国排第 23 位）；下降了 2 位的有 3 个：内蒙古（2022 年在全国排第 10 位）、湖南（2022 年在全国排第 16 位）、湖北（2022 年在全国排第 21 位）；下降了 1 位的有 4 个：安徽（2022 年在全国排第 24 位）、青海（2022

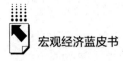

年在全国排第 8 位）、广西（2022 年在全国排第 22 位）、北京（2022 年在全国排第 6 位）。

其他省（区、市）2022 年的增长潜力排名保持不变（见表 4）。

表 4　2022 年 30 个省（区、市）增长潜力排名变化及权重

省(区、市)	北京	天津	河北	山西	内蒙古	辽宁	吉林	黑龙江	上海	江苏
2021 年	5	17	25	28	8	11	10	16	1	3
2022 年	6	17	25	28	10	11	9	15	1	3
2022 年变化	-1	0	0	0	-2	0	1	1	0	0
权重(%)	5.06	2.55	1.46	1.06	4.05	4.03	4.09	2.77	9.26	7.11
省(区、市)	浙江	安徽	福建	江西	山东	河南	湖北	湖南	广东	广西
2021 年	2	23	12	20	15	24	19	14	4	21
2022 年	2	24	12	23	14	20	21	16	4	22
2022 年变化	0	-1	0	-3	1	4	-2	-2	0	-1
权重(%)	7.63	1.54	3.43	1.66	3.01	1.92	1.89	2.76	6.77	1.73
省(区、市)	海南	重庆	四川	贵州	云南	陕西	甘肃	青海	宁夏	新疆
2021 年	9	26	13	30	29	18	27	7	22	6
2022 年	7	26	13	30	29	18	27	8	19	5
2022 年变化	2	0	0	0	0	0	0	-1	3	1
权重(%)	4.48	1.45	3.17	1.00	1.06	2.27	1.30	4.44	1.98	5.06

3. 2022 年政府效率排名和权重

和 2021 年相比，2022 年政府效率排名上升的省（区、市）有 4 个。上升了 2 位的有 1 个：江西（2022 年在全国排第 18 位）；上升了 1 位的有 3 个：四川（2022 年在全国排第 13 位）、贵州（2022 年在全国排第 16 位）、甘肃（2022 年在全国排第 29 位）。

排名下降的省（区、市）有 5 个：吉林（2022 年在全国排第 17 位）、辽宁（2022 年在全国排第 14 位）、新疆（2022 年在全国排第 30 位）、湖北（2022 年在全国排第 20 位）、湖南（2022 年在全国排第 19 位），都下降了

1位。

其他省（区、市）2022年的政府效率排名保持不变（见表5）。

表5　2022年30个省（区、市）政府效率排名变化和权重

省（区、市）	北京	天津	河北	山西	内蒙古	辽宁	吉林	黑龙江	上海	江苏
2021年	1	5	27	21	24	13	16	9	4	6
2022年	1	5	27	21	24	14	17	9	4	6
2022年变化	0	0	0	0	0	-1	-1	0	0	0
权重（%）	8.36	5.61	1.57	2.02	1.83	2.90	2.41	3.95	5.91	5.36

省（区、市）	浙江	安徽	福建	江西	山东	河南	湖北	湖南	广东	广西
2021年	3	25	12	20	2	28	19	18	7	23
2022年	3	25	12	18	2	28	20	19	7	23
2022变化	0	0	0	2	0	0	-1	-1	0	0
权重（%）	6.27	1.81	3.49	2.23	7.75	1.34	2.15	2.16	5.16	1.90

省（区、市）	海南	重庆	四川	贵州	云南	陕西	甘肃	青海	宁夏	新疆
2021年	8	11	14	17	26	15	30	22	10	29
2022年	8	11	13	16	26	15	29	22	10	30
2022年变化	0	0	1	1	0	0	1	0	0	-1
权重（%）	4.38	3.81	2.95	2.48	1.66	2.79	1.05	1.92	3.84	0.94

4.2022年人民生活排名和权重

和2021年相比，2022年人民生活排名上升的省（区、市）有3个。上升了2位的有2个：陕西（2022年在全国排第11位）、贵州（2022年在全国排第25位）；上升了1位的有1个：河北（2022年在全国排第14位）。

排名下降的省（区、市）有5个：江西（2022年在全国排第26位）、湖北（2022年在全国排第13位）、山西（2022年在全国排第12位）、内蒙古（2022年在全国排第15位）、黑龙江（2022年在全国排第27位），都下降了1位。

其他省（区、市）2022年的人民生活排名保持不变（见表6）。

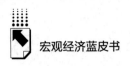

表6 2022年30个省（区、市）人民生活排名变化和权重

省(区、市)	北京	天津	河北	山西	内蒙古	辽宁	吉林	黑龙江	上海	江苏
2021年	4	2	15	11	14	6	7	26	1	5
2022年	4	2	14	12	15	6	7	27	1	5
2022年变化	0	0	1	−1	−1	0	0	−1	0	0
权重(%)	4.85	5.41	3.27	3.47	3.23	4.30	4.19	2.26	6.58	4.51
省(区、市)	浙江	安徽	福建	江西	山东	河南	湖北	湖南	广东	广西
2021年	3	24	9	25	10	18	12	21	19	28
2022年	3	24	9	26	10	18	13	21	19	28
2022年变化	0	0	0	−1	0	0	−1	0	0	0
权重(%)	4.86	2.30	3.91	2.26	3.78	3.03	3.45	2.63	2.88	1.85
省(区、市)	海南	重庆	四川	贵州	云南	陕西	甘肃	青海	宁夏	新疆
2021年	20	30	17	27	23	13	29	8	22	16
2022年	20	30	17	25	23	11	29	8	22	16
2022年变化	0	0	0	2	0	2	0	0	0	0
权重(%)	2.68	1.73	3.04	2.27	2.35	3.54	1.76	4.09	2.43	3.10

5. 2022年环境质量排名和权重

和2021年相比，2022年环境质量排名上升的省（区、市）有7个：天津（2022年在全国排第11位）、宁夏（2022年在全国排第20位）、安徽（2022年在全国排第10位）、四川（2022年在全国排第19位）、湖南（2022年在全国排第5位）、湖北（2022年在全国排第23位）、云南（2022年在全国排第15位），都上升了1位。

排名下降的省（区、市）有5个。下降了2位的有2个：青海（2022年在全国排第21位）、黑龙江（2022年在全国排第12位）；下降了1位的有3个：贵州（2022年在全国排第24位）、海南（2022年在全国排第6位）、新疆（2022年在全国排第16位）。

其他省（区、市）2022年的环境质量排名保持不变（见表7）。

表7　2022年30个省（区、市）环境质量排名变化和权重

省（区、市）	北京	天津	河北	山西	内蒙古	辽宁	吉林	黑龙江	上海	江苏
2021年	8	12	27	29	14	26	3	10	2	17
2022年	8	11	27	29	14	26	3	12	2	17
2022年变化	0	1	0	0	0	0	0	−2	0	0
权重(%)	4.40	3.81	1.35	0.78	3.44	1.66	5.69	3.79	6.01	3.04
省（区、市）	浙江	安徽	福建	江西	山东	河南	湖北	湖南	广东	广西
2021年	4	11	7	9	22	30	24	6	1	13
2022年	4	10	7	9	22	30	23	5	1	13
2022年变化	0	1	0	0	0	0	1	1	0	0
权重(%)	5.42	3.89	4.77	4.11	2.00	0.18	1.92	5.21	7.68	3.65
省（区、市）	海南	重庆	四川	贵州	云南	陕西	甘肃	青海	宁夏	新疆
2021年	5	18	20	23	16	28	25	19	21	15
2022年	6	18	19	24	15	28	25	21	20	16
2022年变化	−1	0	1	−1	1	0	0	−2	1	−1
权重(%)	5.15	2.89	2.75	1.90	3.12	1.11	1.79	2.63	2.73	3.11

（三）30个省（区、市）发展前景与一级指标指数及排名

1.30个省（区、市）发展前景指数及排名情况

本报告运用主成分分析法得出了中国30个省（区、市）1990~2022年发展前景排名情况、30个省（区、市）1990~2022年发展前景指数（上一年＝100）和30个省（区、市）1990~2022年发展前景指数（以1990年为基期），分别见附录的表1、表2和表3。1990年以来、2000年以来、2010年以来30个省（区、市）发展前景的平均综合评分及2015~2022年各年30个省（区、市）发展前景的综合评分分别见图1至图11。

30个省（区、市）1990~2022年发展前景指数（以1990年为基期）变化趋势见附录的图1。从图中可以看出，33年来湖南和黑龙江的发展前景指数分别改善最多和最少。西部地区发展前景指数改善情况优于东部地区和中部地区，东部地区发展前景指数改善情况优于中部地区。

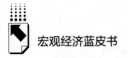

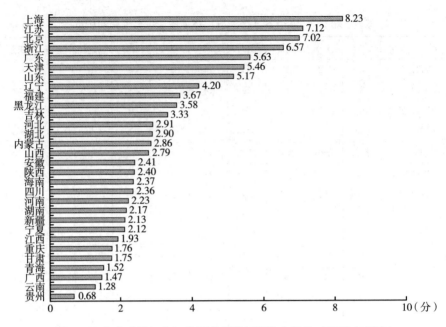

图1　30个省（区、市）发展前景的平均综合评分（1990年以来）

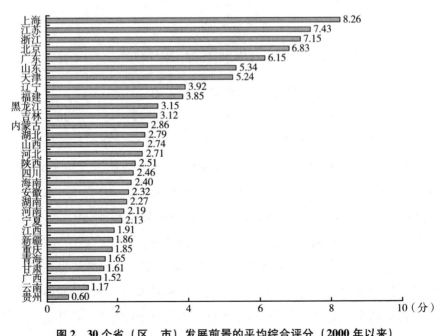

图2　30个省（区、市）发展前景的平均综合评分（2000年以来）

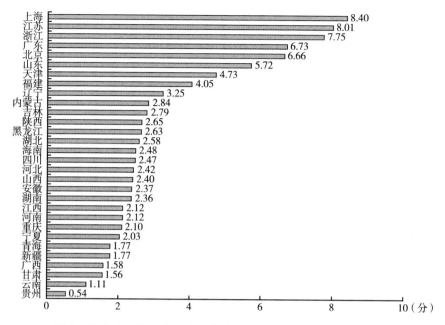

图3　30个省（区、市）发展前景的平均综合评分（2010年以来）

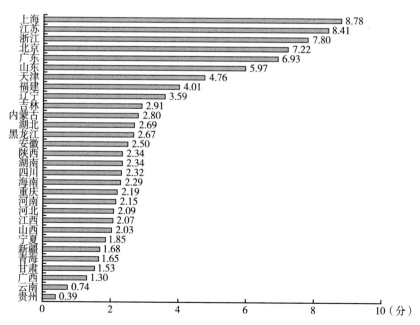

图4　30个省（区、市）发展前景的综合评分（2015年）

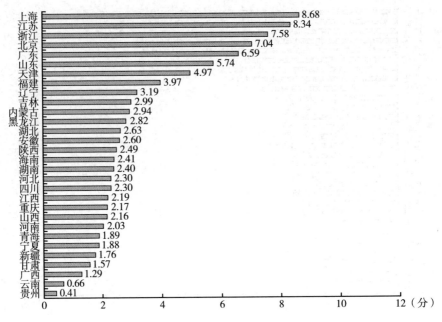

图5　30个省（区、市）发展前景的综合评分（2016年）

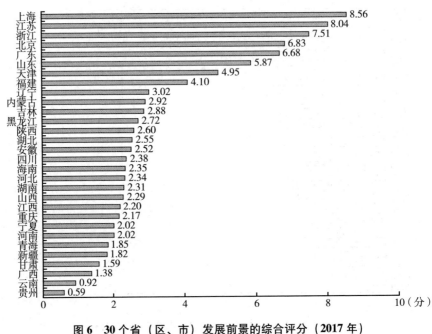

图6　30个省（区、市）发展前景的综合评分（2017年）

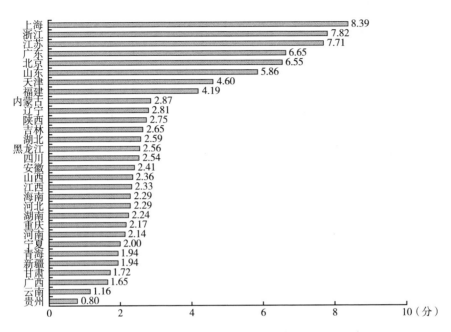

图 7　30 个省（区、市）发展前景的综合评分（2018 年）

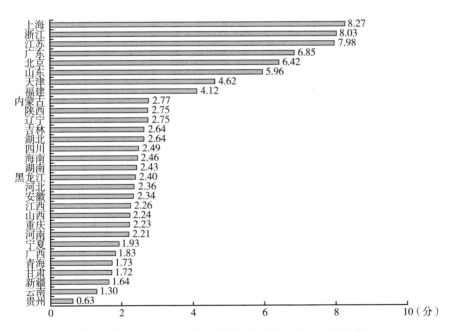

图 8　30 个省（区、市）发展前景的综合评分（2019 年）

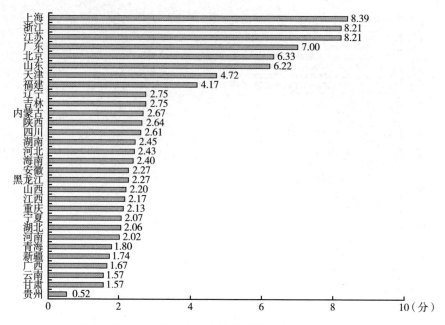

图9　30个省（区、市）发展前景的综合评分（2020年）

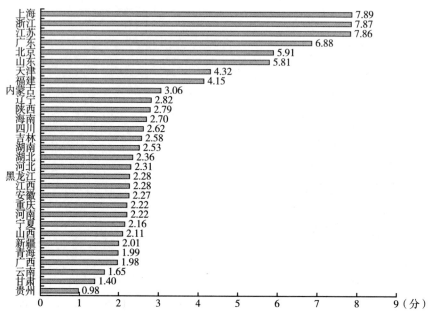

图10　30个省（区、市）发展前景的综合评分（2021年）

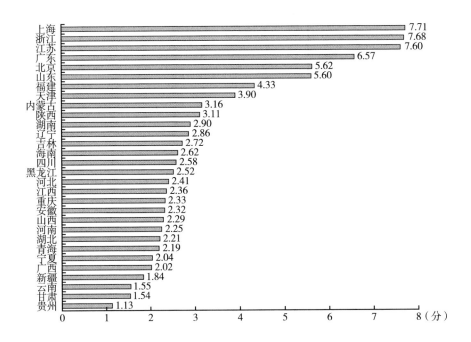

图11 30个省（区、市）发展前景的综合评分（2022年）

2. 30个省（区、市）经济增长指数及排名情况

中国30个省（区、市）1990~2022年经济增长排名情况、30个省（区、市）1990~2022年经济增长指数（上一年=100）和30个省（区、市）1990~2022年经济增长指数（以1990年为基期），分别见附录的表4、表5和表6。1990年以来、2000年以来、2010年以来30个省（区、市）经济增长的平均综合评分及2015~2022年各年30个省（区、市）经济增长的综合评分分别见图12至图22。

30个省（区、市）1990~2022年经济增长指数（以1990年为基期）变化趋势见附录的图2。从图中可以看出，33年来内蒙古和贵州的经济增长指数分别改善最多和最少。西部地区经济增长指数改善情况优于东部地区和中部地区，东部地区经济增长指数改善情况优于中部地区。

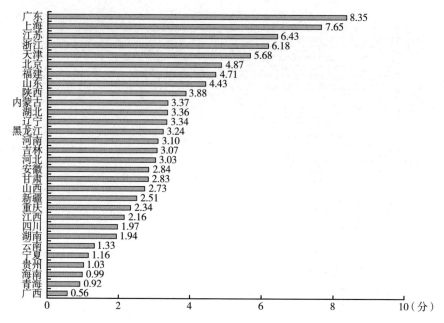

图12 30个省（区、市）经济增长的平均综合评分（1990年以来）

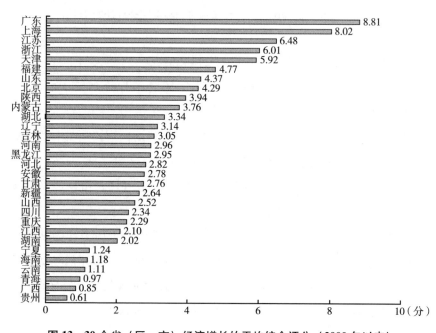

图13 30个省（区、市）经济增长的平均综合评分（2000年以来）

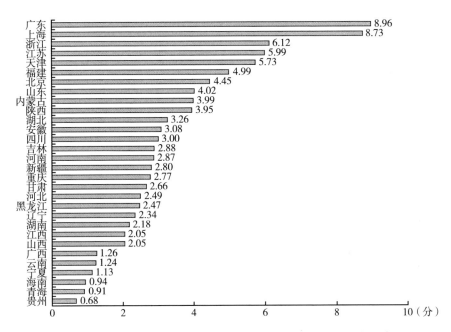

图14　30个省（区、市）经济增长的平均综合评分（2010年以来）

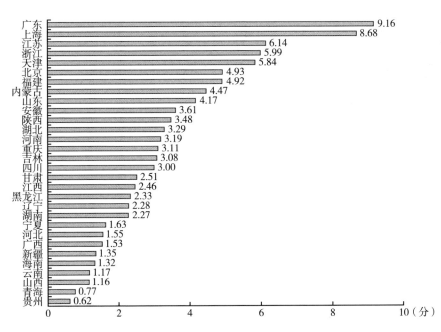

图15　30个省（区、市）经济增长的综合评分（2015年）

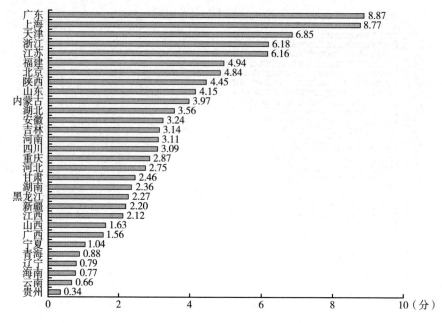

图 16　30 个省（区、市）经济增长的综合评分（2016 年）

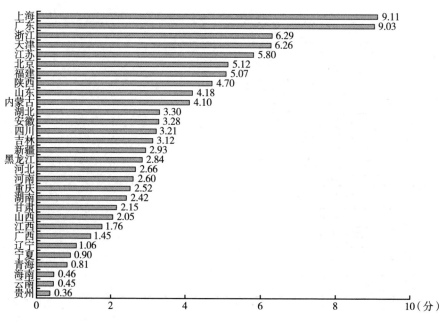

图 17　30 个省（区、市）经济增长的综合评分（2017 年）

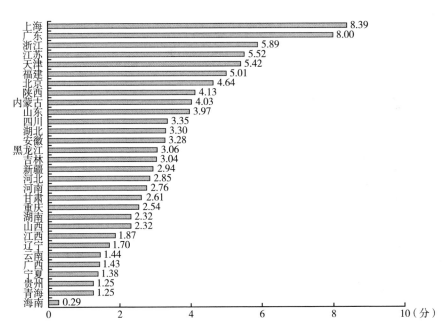

图18　30个省（区、市）经济增长的综合评分（2018年）

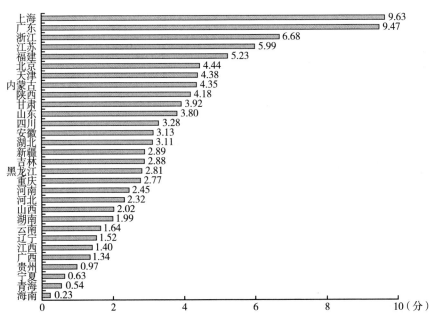

图19　30个省（区、市）经济增长的综合评分（2019年）

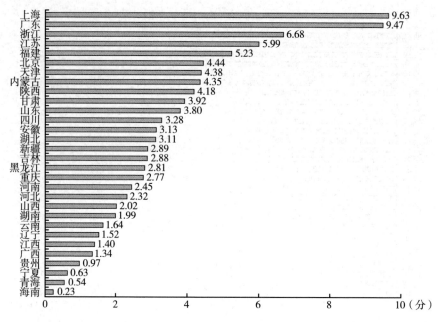

图20　30个省（区、市）经济增长的综合评分（2020年）

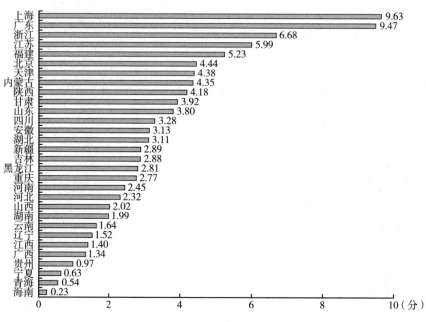

图21　30个省（区、市）经济增长的综合评分（2021年）

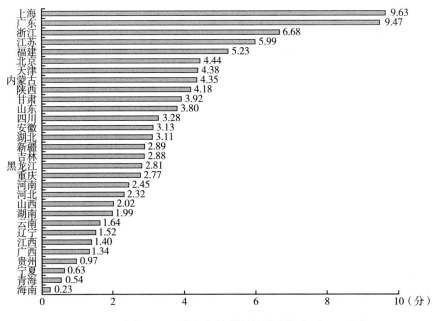

图22 30个省（区、市）经济增长的综合评分（2022年）

3.30个省（区、市）增长潜力指数及排名情况

30个省（区、市）1990~2022年增长潜力排名情况（按排名顺序）、30个省（区、市）1990~2022年增长潜力排名情况、30个省（区、市）1990~2022年增长潜力指数（上一年=100）和30个省（区、市）1990~2022年增长潜力指数（以1990年为基期），分别见附录的表7、表8、表9和表10。1990年以来、2000年以来、2010年以来30个省（区、市）增长潜力的平均综合评分及2015~2022年各年30个省（区、市）增长潜力的综合评分分别见图23至图33。

30个省（区、市）1990~2022年增长潜力指数（以1990年为基期）变化趋势见附录的图3。33年来宁夏和黑龙江的增长潜力指数分别改善最多和最少。东部地区增长潜力指数改善情况优于中部地区和西部地区，中部地区增长潜力指数改善情况优于西部地区。

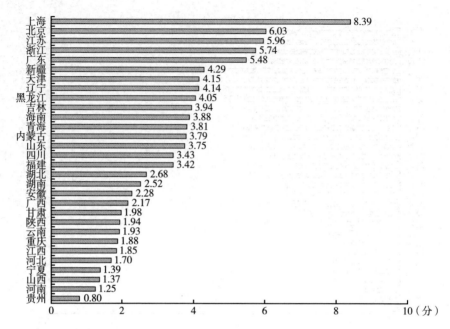

图23　30个省（区、市）增长潜力的平均综合评分（1990年以来）

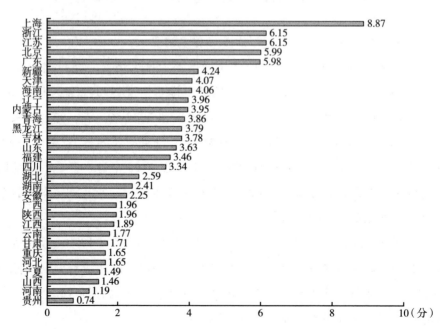

图24　30个省（区、市）增长潜力的平均综合评分（2000年以来）

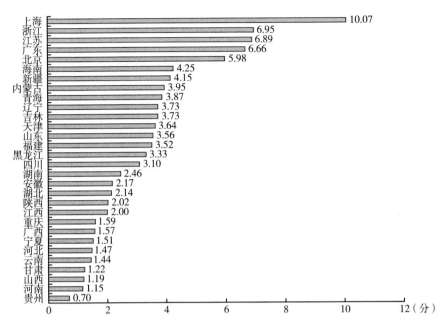

图25　30个省（区、市）增长潜力的平均综合评分（2010年以来）

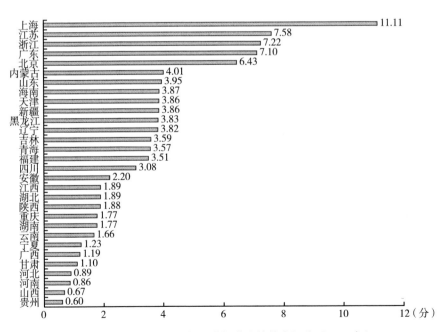

图26　30个省（区、市）增长潜力的综合评分（2015年）

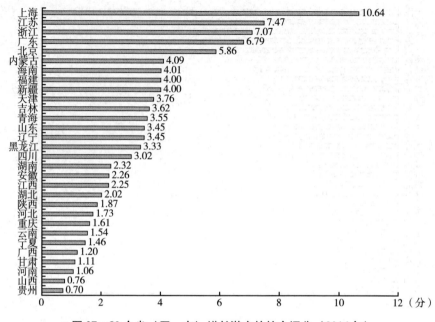

图27　30个省（区、市）增长潜力的综合评分（2016年）

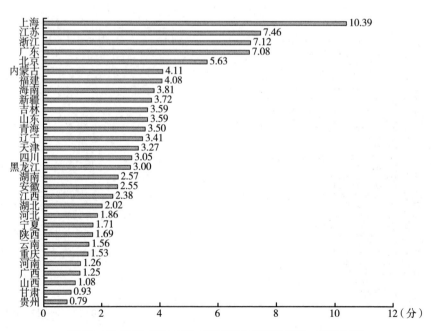

图28　30个省（区、市）增长潜力的综合评分（2017年）

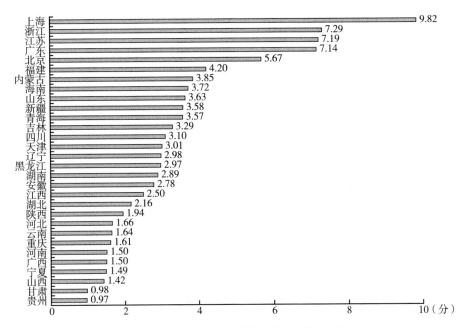

图 29 30个省（区、市）增长潜力的综合评分（2018 年）

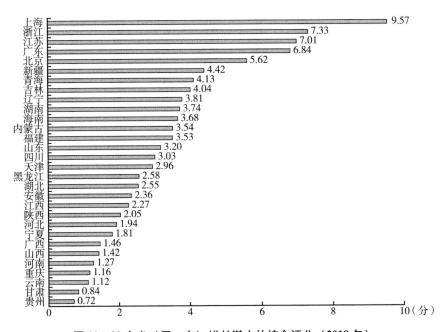

图 30 30个省（区、市）增长潜力的综合评分（2019 年）

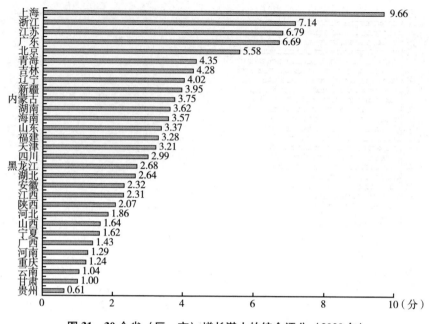

图31　30个省（区、市）增长潜力的综合评分（2020年）

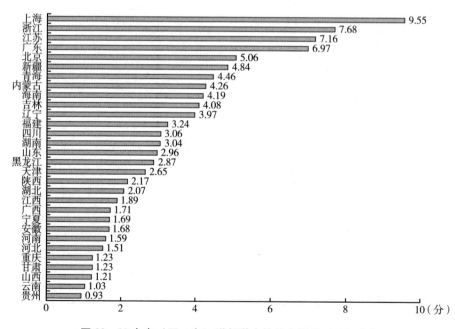

图32　30个省（区、市）增长潜力的综合评分（2021年）

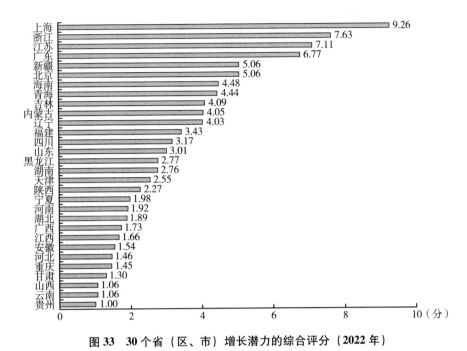

图33　30个省（区、市）增长潜力的综合评分（2022年）

4. 30个省（区、市）政府效率增长指数及排名情况

30个省（区、市）1990~2022年政府效率排名情况（按排名顺序）、30个省（区、市）1990~2022年政府效率排名情况、30个省（区、市）1990~2022年政府效率指数（上一年＝100）和30个省（区、市）1990~2022年政府效率指数（以1990年为基期）分别见附录的表11、表12、表13和表14。1990年以来、2000年以来、2010年以来30个省（区、市）政府效率的平均综合评分及2015年~2022年各年30个省（区、市）政府效率的综合评分分别见图34至图44。

30个省（区、市）1990~2022年政府效率指数（以1990年为基期）变化趋势见附录的图4。33年来山东和甘肃的政府效率指数分别改善最多和最少。东部地区政府效率指数改善情况优于西部地区和中部地区，西部地区政府效率指数改善情况优于中部地区。

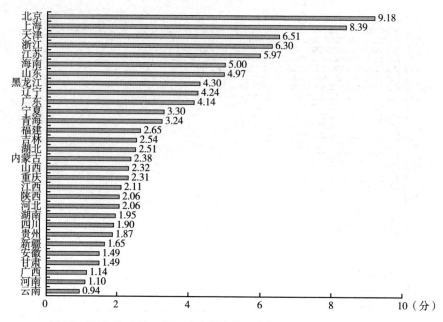

图34 30个省（区、市）政府效率的平均综合评分（1990年以来）

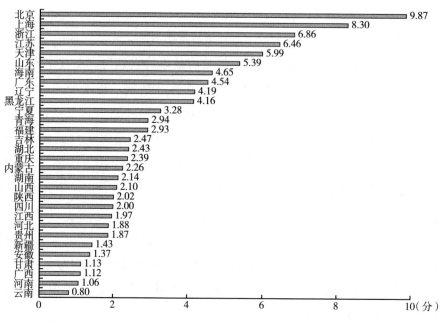

图35 30个省（区、市）政府效率的平均综合评分（2000年以来）

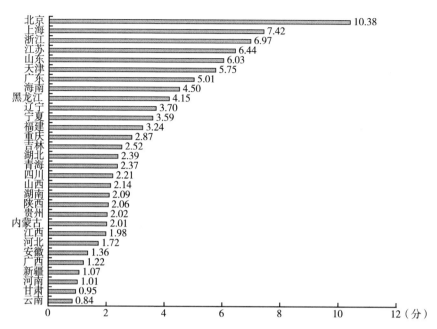

图36 30个省（区、市）政府效率的平均综合评分（2010年以来）

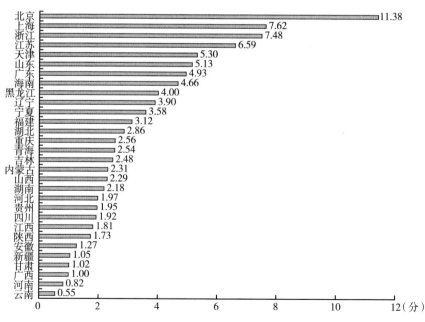

图37 30个省（区、市）政府效率的综合评分（2015年）

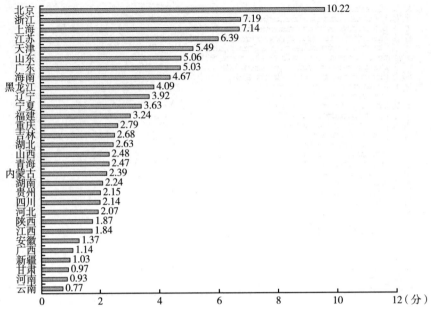

图38 30个省（区、市）政府效率的综合评分（2016年）

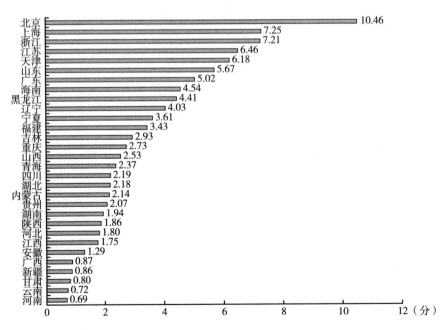

图39 30个省（区、市）政府效率的综合评分（2017年）

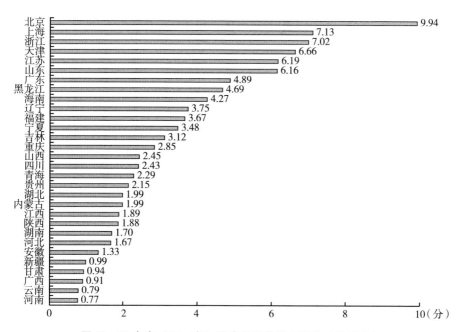

图40 30个省（区、市）政府效率的综合评分（2018年）

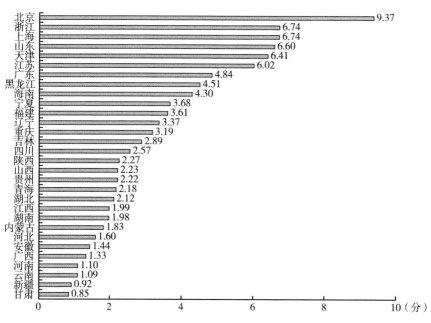

图41 30个省（区、市）政府效率的综合评分（2019年）

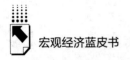

宏观经济蓝皮书

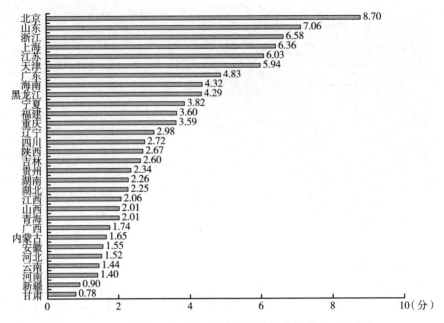

图42　30个省（区、市）政府效率的综合评分（2020年）

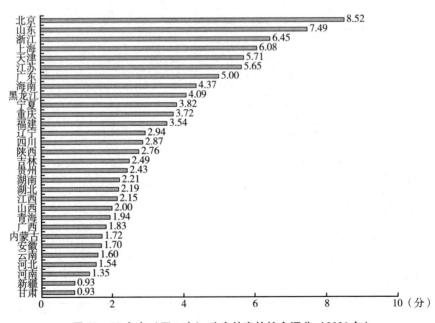

图43　30个省（区、市）政府效率的综合评分（2021年）

198

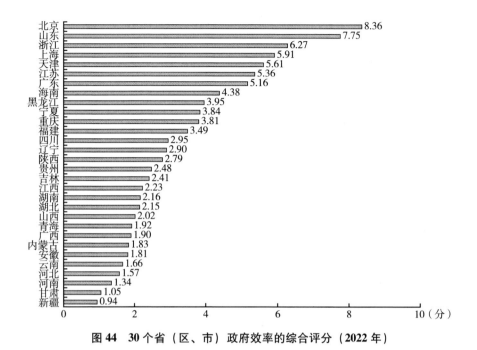

图44　30个省（区、市）政府效率的综合评分（2022年）

5. 30个省（区、市）人民生活增长指数及排名情况

30个省（区、市）1990~2022年人民生活排名情况（按排名顺序）、30个省（区、市）1990~2022年人民生活排名情况、30个省（区、市）1990~2022年人民生活指数（上一年=100）和30个省（区、市）1990~2022年人民生活指数（以1990年为基期）分别见附录的表15、表16、表17、表18。1990年以来、2000年以来、2010年以来30个省（区、市）人民生活的平均综合评分及2015~2022年各年30个省（区、市）人民生活的综合评分分别见图45至图55。

30个省（区、市）1990~2022年人民生活指数（以1990年为基期）变化趋势见附录的图5。从图中可以看出，33年来贵州和北京的人民生活指数分别改善最多和最少。西部地区人民生活指数改善情况优于中部地区和东部地区，中部地区人民生活指数改善情况优于东部地区。

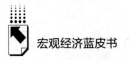

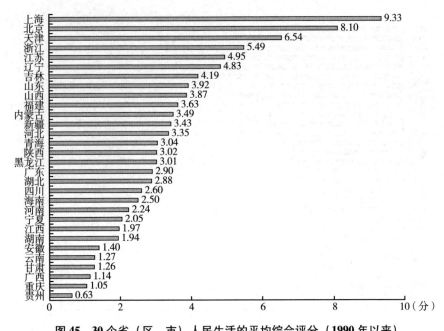

图45 30个省（区、市）人民生活的平均综合评分（1990年以来）

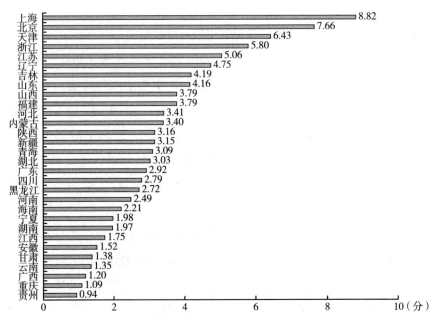

图46 30个省（区、市）人民生活的平均综合评分（2000年以来）

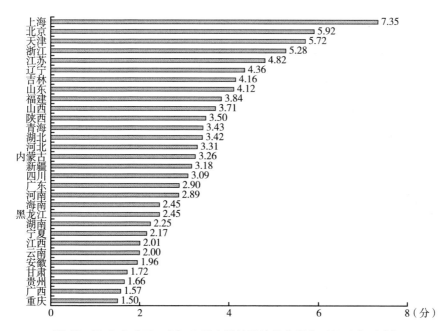

图47 30个省（区、市）人民生活的平均综合评分（2010年以来）

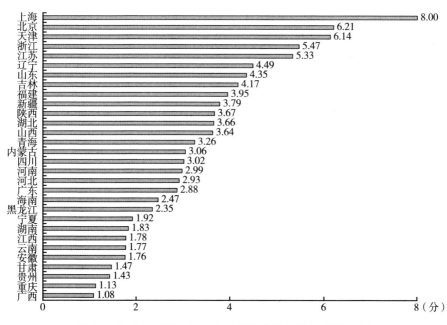

图48 30个省（区、市）人民生活的综合评分（2015年）

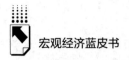

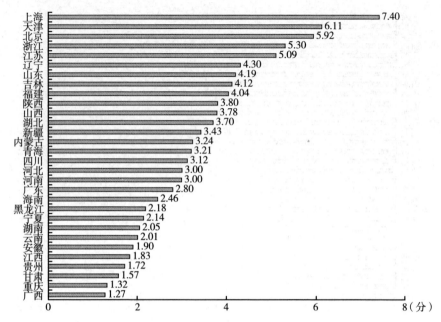

图49　30个省（区、市）人民生活的综合评分（2016年）

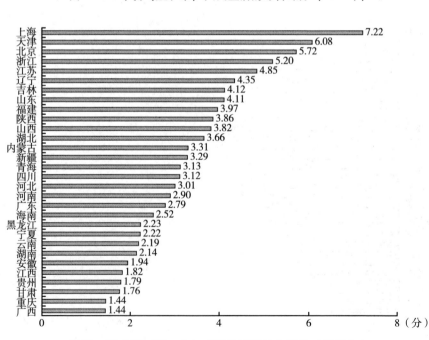

图50　30个省（区、市）人民生活的综合评分（2017年）

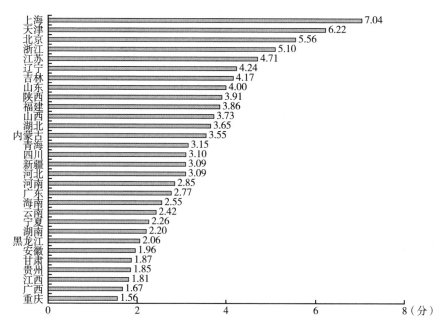

图51　30个省（区、市）年人民生活的综合评分（2018年）

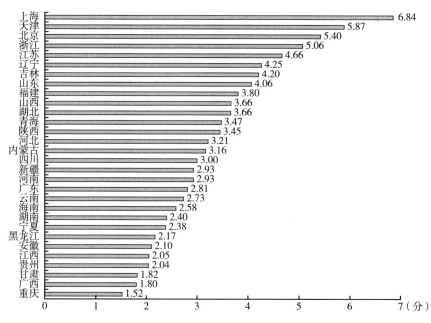

图52　30个省（区、市）人民生活的综合评分（2019年）

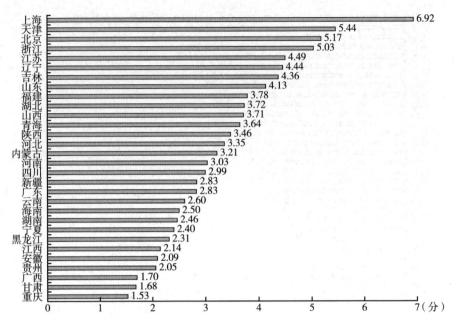

图 53　30 个省（区、市）人民生活的综合评分（2020 年）

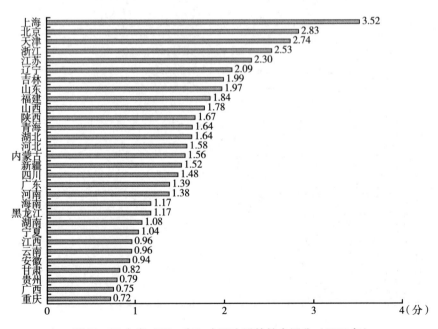

图 54　30 个省（区、市）人民生活的综合评分（2021 年）

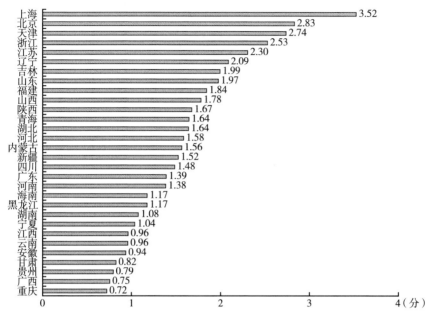

图 55　30 个省（区、市）人民生活的综合评分（2022 年）

6. 30 个省（区、市）环境质量增长指数及排名情况

30 个省（区、市）1990～2022 年环境质量排名情况（按排名顺序）、30 个省（区、市）1990～2022 年环境质量排名情况、30 个省（区、市）1990～2022 年环境质量指数（上一年＝100）和 30 个省（区、市）1990～2022 年环境质量指数（以 1990 年为基期），分别见附录的表 19、表 20、表 21 和表 22。1990 年以来、2000 年以来、2010 年以来 30 个省（区、市）环境质量的平均综合评分及 2015～2022 年各年 30 个省（区、市）环境质量的综合评分分别见图 56 至图 66。

30 个省（区、市）1990～2022 年环境质量指数（以 1990 年为基期）变化趋势见附录的图 6。从图中可以看出，33 年来北京和河南的环境质量指数分别改善最多和最少。中部地区环境质量指数改善情况优于东部地区和西部地区，东部地区环境质量指数改善情况优于西部地区。

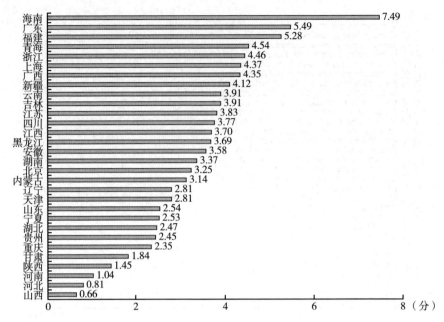

图56 30个省（区、市）环境质量的平均综合评分（1990年以来）

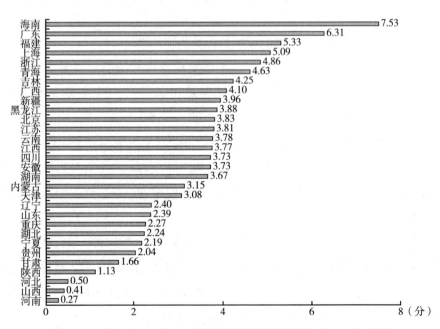

图57 30个省（区、市）环境质量的平均综合评分（2000年以来）

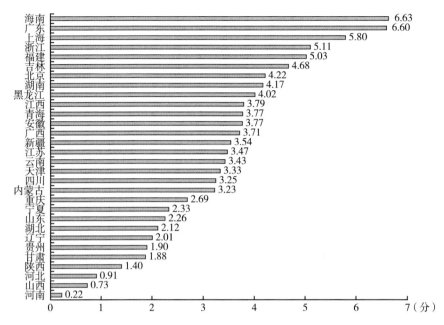

图58　30个省（区、市）环境质量的平均综合评分（2010年以来）

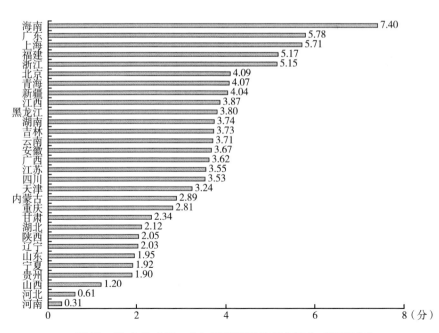

图59　30个省（区、市）环境质量的综合评分（2015年）

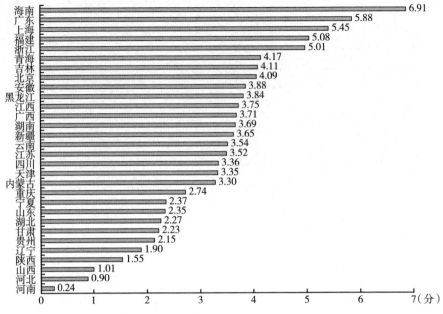

图60　30个省（区、市）环境质量的综合评分（2016年）

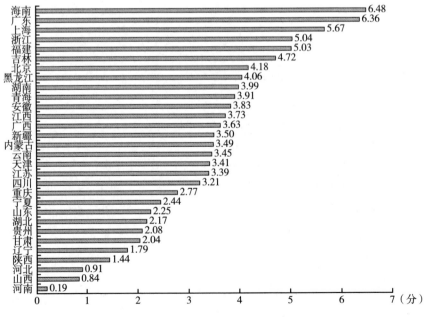

图61　30个省（区、市）环境质量的综合评分（2017年）

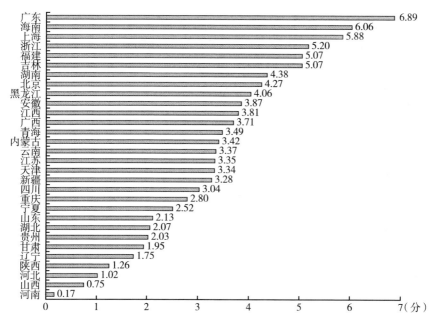

图 62　30 个省（区、市）环境质量的综合评分（2018 年）

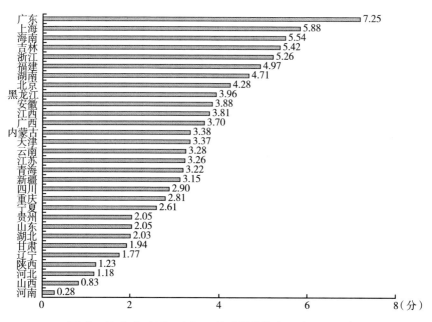

图 63　30 个省（区、市）环境质量的综合评分（2019 年）

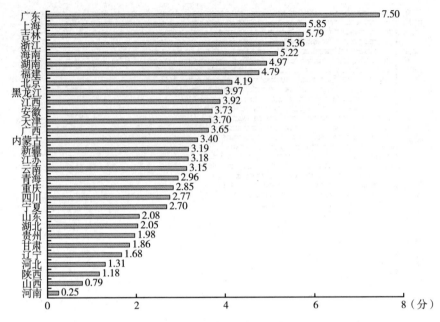

图 64 30 个省（区、市）环境质量的综合评分（2020 年）

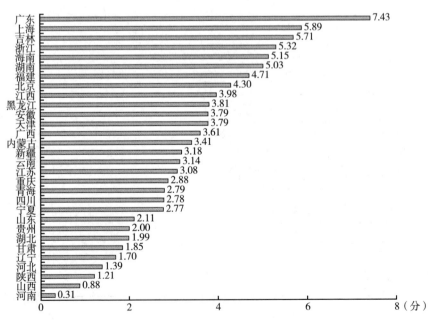

图 65 30 个省（区、市）环境质量的综合评分（2021 年）

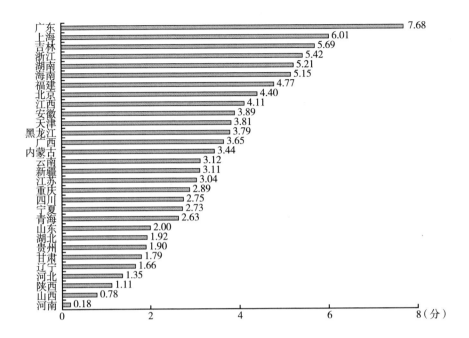

图66　30个省（区、市）环境质量的综合评分（2022年）

三　30个省（区、市）"十四五"发展前景及一级指标指数和排名

（一）30个省（区、市）"十四五"发展前景排名情况

从表8中可以看出30个省（区、市）"十四五"发展前景排名和各一级指标经济增长、增长潜力、政府效率、人民生活和环境质量的排名情况。

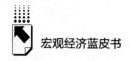

表8　30个省（区、市）"十四五"发展前景及一级指标排名情况

省(区、市)	北京	天津	河北	山西	内蒙古	辽宁	吉林	黑龙江	上海	江苏
发展前景	5	8	17	23	9	11	14	16	1	3
经济增长	8	5	15	23	7	22	19	17	1	4
增长潜力	5	17	25	28	9	11	10	16	1	3
政府效率	1	5	27	21	24	13	17	9	4	6
人民生活	4	2	14	11	15	6	7	26	1	5
环境质量	8	11	27	29	14	26	3	12	2	17
省(区、市)	浙江	安徽	福建	江西	山东	河南	湖北	湖南	广东	广西
发展前景	2	19	7	18	6	22	20	12	4	26
经济增长	3	16	6	25	12	20	14	21	2	27
增长潜力	2	24	12	21	14	22	19	15	4	23
政府效率	3	25	12	18	2	28	20	19	7	23
人民生活	3	24	9	25	10	18	13	21	19	28
环境质量	4	10	7	9	22	30	23	6	1	13
省(区、市)	海南	重庆	四川	贵州	云南	陕西	甘肃	青海	宁夏	新疆
发展前景	13	21	15	30	28	10	29	25	24	27
经济增长	30	18	13	26	24	10	11	29	28	9
增长潜力	8	26	13	30	29	18	27	7	20	6
政府效率	8	11	14	16	26	15	29	22	10	30
人民生活	20	30	17	27	23	12	29	8	22	16
环境质量	5	18	19	24	16	28	25	21	20	15

　　和"十三五"相比，"十四五"发展前景方面共有12个省（区、市）排名上升。上升了6位的有1个：湖南（"十四五"在全国排第12位）；上升了4位的有1个：海南（"十四五"在全国排第13位）；上升了3位的有1个：江西（"十四五"在全国排第18位）；上升了2位的有3个：河北（"十四五"在全国排第17位）、陕西（"十四五"在全国排第10位）、广西（"十四五"在全国排第26位）；上升了1位的有6个：浙江（"十四五"

在全国排第 2 位）、内蒙古（"十四五"在全国排第 9 位）、重庆（"十四五"在全国排第 21 位）、云南（"十四五"在全国排第 28 位）、河南（"十四五"在全国排第 22 位）、福建（"十四五"在全国排第 7 位）。共有 10 个省（区、市）排名下降。下降了 6 位的有 1 个：湖北（"十四五"在全国排第 20 位）；下降了 3 位的有 4 个：黑龙江（"十四五"在全国排第 16 位）、山西（"十四五"在全国排第 23 位）、安徽（"十四五"在全国排第 19 位）、吉林（"十四五"在全国排第 14 位）；下降了 2 位的有 2 个：甘肃（"十四五"在全国排第 29 位）、辽宁（"十四五"在全国排第 11 位）；下降了 1 位的有 3 个：天津（"十四五"在全国排第 8 位）、新疆（"十四五"在全国排第 27 位）、江苏（"十四五"在全国排第 3 位）。共有 8 个省（区、市）排名不变（见表 9）。

表 9　30 个省（区、市）"十四五"发展前景排名变化

省（区、市）	北京	天津	河北	山西	内蒙古	辽宁	吉林	黑龙江	上海	江苏
"十四五"	5	8	17	23	9	11	14	16	1	3
"十三五"	5	7	19	20	10	9	11	13	1	2
变化	0	-1	2	-3	1	-2	-3	-3	0	-1

省（区、市）	浙江	安徽	福建	江西	山东	河南	湖北	湖南	广东	广西
"十四五"	2	19	7	18	6	22	20	12	4	26
"十三五"	3	16	8	21	6	23	14	18	4	28
变化	1	-3	1	3	0	1	-6	6	0	2

省（区、市）	海南	重庆	四川	贵州	云南	陕西	甘肃	青海	宁夏	新疆
"十四五"	13	21	15	30	28	10	29	25	24	27
"十三五"	17	22	15	30	29	12	27	25	24	26
变化	4	1	0	0	1	2	-2	0	0	-1

30 个省（区、市）"八五"至"十四五"发展前景排名见表 10。

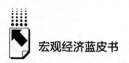

表10　30个省（区、市）"八五"至"十四五"发展前景排名

省(区、市)	北京	天津	河北	山西	内蒙古	辽宁	吉林	黑龙江	上海	江苏
"八五"	2	4	11	16	15	5	9	6	1	3
"九五"	2	3	11	12	15	5	10	7	1	4
"十五"	2	3	12	13	15	6	10	8	1	4
"十一五"	2	5	14	10	15	8	13	9	1	4
"十二五"	4	7	16	14	13	9	10	12	1	2
"十三五"	5	7	19	20	10	9	11	13	1	2
"十四五"	5	8	17	23	9	11	14	16	1	3
省(区、市)	浙江	安徽	福建	江西	山东	河南	湖北	湖南	广东	广西
"八五"	7	17	13	19	8	21	14	24	10	28
"九五"	6	16	14	26	8	17	13	24	9	27
"十五"	5	16	11	25	9	17	14	23	7	28
"十一五"	3	22	11	25	7	21	12	20	6	28
"十二五"	3	18	8	24	6	21	11	20	5	28
"十三五"	3	16	8	21	6	23	14	18	4	28
"十四五"	2	19	7	18	6	22	20	12	4	26
省(区、市)	海南	重庆	四川	贵州	云南	陕西	甘肃	青海	宁夏	新疆
"八五"	18	27	25	30	26	23	20	29	22	12
"九五"	20	28	19	30	25	21	22	29	23	18
"十五"	22	29	18	30	27	21	24	26	19	20
"十一五"	19	26	16	30	29	17	24	27	18	23
"十二五"	15	23	19	30	29	17	27	26	22	25
"十三五"	17	22	15	30	29	12	27	25	24	26
"十四五"	13	21	15	30	28	10	29	25	24	27

30个省（区、市）"八五"至"十四五"平均发展前景指数见表11。

表11　30个省（区、市）"八五"至"十四五"平均发展前景指数

省(区、市)	北京	天津	河北	山西	内蒙古	辽宁	吉林	黑龙江	上海	江苏
"八五"	99.7	102.3	103.9	103.6	101.8	104.6	102.0	99.8	98.8	99.3
"九五"	100.0	100.2	101.1	102.2	98.6	100.4	102.2	99.4	100.7	101.0

续表

省（区、市）	北京	天津	河北	山西	内蒙古	辽宁	吉林	黑龙江	上海	江苏
"十五"	101.3	103.0	103.1	104.2	104.9	101.6	98.3	100.6	101.7	102.9
"十一五"	106.4	103.3	105.4	106.3	107.1	104.0	106.0	105.1	107.2	107.9
"十二五"	101.9	100.5	98.0	96.6	101.3	99.7	101.4	99.2	102.8	105.0
"十三五"	101.9	103.6	104.9	104.2	103.0	101.3	103.8	103.4	103.2	103.8
"十四五"	104.3	101.5	106.0	107.1	112.2	107.9	106.3	109.1	106.0	106.4

省（区、市）	浙江	安徽	福建	江西	山东	河南	湖北	湖南	广东	广西
"八五"	103.2	99.8	104.5	102.0	103.7	107.4	100.7	105.8	103.3	102.8
"九五"	101.4	100.3	100.6	95.3	101.3	100.4	101.3	99.9	101.4	104.8
"十五"	105.3	100.9	106.1	107.0	101.7	103.2	103.9	104.7	105.4	102.9
"十一五"	108.8	109.0	106.1	109.2	108.1	105.6	106.3	109.6	109.2	110.5
"十二五"	103.0	103.2	102.7	102.7	104.5	101.9	99.6	100.8	103.2	99.6
"十三五"	104.2	104.7	104.2	103.9	104.4	102.9	101.1	106.5	104.0	105.3
"十四五"	106.7	106.6	109.6	108.3	104.8	108.0	108.0	111.6	106.8	110.2

省（区、市）	海南	重庆	四川	贵州	云南	陕西	甘肃	青海	宁夏	新疆
"八五"	103.2	97.6	106.8	103.7	102.2	104.4	103.9	102.2	105.5	98.4
"九五"	101.6	102.0	98.9	98.7	102.5	99.3	97.1	101.6	100.2	97.9
"十五"	100.6	103.1	107.6	105.3	99.1	104.0	103.2	107.7	103.4	102.4
"十一五"	110.9	111.8	107.1	106.6	108.7	111.0	108.4	108.7	109.0	105.9
"十二五"	100.3	103.1	99.9	101.5	100.3	99.6	100.7	101.6	100.1	101.5
"十三五"	103.9	103.2	104.7	103.9	107.9	104.8	103.6	104.1	104.4	103.6
"十四五"	109.2	108.5	106.2	114.2	104.8	111.8	104.6	110.7	105.5	107.0

（二）30个省（区、市）"十四五"经济增长排名情况

和"十三五"相比，"十四五"经济增长方面共有8个省（区、市）排名上升。上升了7位的有1个：新疆（"十四五"在全国排第9位）；上升了4位的有1个：甘肃（"十四五"在全国排第11位）；上升了3位的有2个：河北（"十四五"在全国排第15位）、贵州（"十四五"在全国排第26位）；上升了2位的有3个：云南（"十四五"在全国排第24位）、内蒙古（"十四五"在全国排第7位）、辽宁（"十四五"在全国排第22位）；上升了1位的有1个：重庆（"十四五"在全国排第18位）。共有12个省（区、

市）排名下降。下降了 5 位的有 1 个：吉林（"十四五"在全国排第 19 位）；下降了 3 位的有 2 个：安徽（"十四五"在全国排第 16 位）、湖北（"十四五"在全国排第 14 位）；下降了 2 位的有 4 个：山东（"十四五"在全国排第 12 位）、广西（"十四五"在全国排第 27 位）、陕西（"十四五"在全国排第 10 位）、江西（"十四五"在全国排第 25 位）；下降了 1 位的有 5 个：山西（"十四五"在全国排第 23 位）、青海（"十四五"在全国排第 29 位）、宁夏（"十四五"在全国排第 28 位）、北京（"十四五"在全国排第 8 位）、四川（"十四五"在全国排第 13 位）。共有 10 个省（区、市）排名不变（见表 12）。

表 12　30 个省（区、市）"十四五"经济增长排名变化

省(区、市)	北京	天津	河北	山西	内蒙古	辽宁	吉林	黑龙江	上海	江苏
"十四五"	8	5	15	23	7	22	19	17	1	4
"十三五"	7	5	18	22	9	24	14	17	1	4
变化	-1	0	3	-1	2	2	-5	0	0	0
省(区、市)	浙江	安徽	福建	江西	山东	河南	湖北	湖南	广东	广西
"十四五"	3	16	6	25	12	20	14	21	2	27
"十三五"	3	13	6	23	10	20	11	21	2	25
变化	0	-3	0	-2	-2	0	-3	0	0	-2
省(区、市)	海南	重庆	四川	贵州	云南	陕西	甘肃	青海	宁夏	新疆
"十四五"	30	18	13	26	24	10	11	29	28	9
"十三五"	30	19	12	29	26	8	15	28	27	16
变化	0	1	-1	3	2	-2	4	-1	-1	7

30 个省（区、市）"八五"至"十四五"经济增长排名见表 13。

表 13　30 个省（区、市）"八五"至"十四五"经济增长排名

省(区、市)	北京	天津	河北	山西	内蒙古	辽宁	吉林	黑龙江	上海	江苏
"八五"	1	7	10	17	23	13	16	9	4	5
"九五"	6	5	16	15	19	7	11	10	4	2
"十五"	10	4	14	13	18	6	12	9	3	2

续表

省（区、市）	北京	天津	河北	山西	内蒙古	辽宁	吉林	黑龙江	上海	江苏
"十一五"	10	4	15	14	11	7	16	13	3	2
"十二五"	7	5	22	20	9	13	15	24	2	4
"十三五"	7	5	18	22	9	24	14	17	1	4
"十四五"	8	5	15	23	7	22	19	17	1	4

省（区、市）	浙江	安徽	福建	江西	山东	河南	湖北	湖南	广东	广西
"八五"	2	14	6	21	8	12	11	25	3	30
"九五"	3	17	12	22	8	14	18	24	1	30
"十五"	5	19	8	21	7	16	15	23	1	30
"十一五"	5	25	8	19	6	17	12	23	1	29
"十二五"	3	12	6	18	8	11	14	21	1	28
"十三五"	3	13	6	23	10	20	11	21	2	25
"十四五"	3	16	6	25	12	20	14	21	2	27

省（区、市）	海南	重庆	四川	贵州	云南	陕西	甘肃	青海	宁夏	新疆
"八五"	29	19	28	20	24	15	18	26	27	22
"九五"	29	21	27	23	20	9	13	28	26	25
"十五"	22	27	28	29	25	11	17	26	24	20
"十一五"	26	21	22	30	28	9	18	27	24	20
"十二五"	25	16	17	30	29	10	23	26	27	19
"十三五"	30	19	12	29	26	8	15	28	27	16
"十四五"	30	18	13	26	24	10	11	29	28	9

30个省（区、市）"八五"至"十四五"平均经济增长指数见表14。

表14　30个省（区、市）"八五"至"十四五"平均经济增长指数

省（区、市）	北京	天津	河北	山西	内蒙古	辽宁	吉林	黑龙江	上海	江苏
"八五"	100.5	110.7	100.7	101.5	108.3	103.4	112.0	101.0	101.9	106.4
"九五"	97.7	98.6	100.1	97.9	100.6	103.7	98.2	100.8	99.2	101.1
"十五"	100.0	102.6	102.4	104.5	103.7	100.4	102.6	101.9	101.6	100.8
"十一五"	101.4	101.9	97.9	98.9	101.1	100.6	100.3	98.1	103.5	100.7
"十二五"	103.1	100.5	98.4	96.7	102.9	96.8	100.4	100.2	103.8	100.7
"十三五"	100.0	100.4	106.7	104.8	101.5	100.8	99.6	102.6	102.6	101.0
"十四五"	106.7	103.8	104.7	105.9	109.1	105.1	97.4	105.6	102.1	102.8

省(区、市)	浙江	安徽	福建	江西	山东	河南	湖北	湖南	广东	广西
"八五"	99.4	107.6	102.4	101.0	106.4	104.4	100.1	102.3	107.4	109.4
"九五"	100.2	98.7	99.3	102.0	100.7	98.2	100.2	99.4	100.8	101.1
"十五"	100.9	98.2	102.9	99.5	101.9	102.1	102.0	101.8	103.4	98.8
"十一五"	102.8	102.8	101.6	102.3	101.1	100.1	101.9	102.0	102.2	105.3
"十二五"	101.4	103.4	101.3	99.6	99.5	101.1	99.7	99.7	102.3	99.8
"十三五"	101.8	100.3	101.6	99.2	100.0	99.8	101.6	100.8	101.6	100.8
"十四五"	101.9	105.5	105.1	104.5	103.7	104.5	104.3	107.4	102.9	104.0

省(区、市)	海南	重庆	四川	贵州	云南	陕西	甘肃	青海	宁夏	新疆
"八五"	99.6	104.6	107.9	99.8	105.3	101.7	104.1	101.3	105.3	99.0
"九五"	103.1	97.2	97.7	99.6	99.2	102.9	100.2	99.6	99.7	101.3
"十五"	103.5	99.6	104.6	100.3	97.7	99.8	101.5	103.4	103.3	102.6
"十一五"	99.8	106.5	104.1	99.7	102.7	102.1	98.4	98.7	100.2	99.7
"十二五"	99.3	100.6	100.5	99.8	99.8	99.5	101.8	100.1	100.5	98.9
"十三五"	98.7	100.6	103.9	102.4	103.5	103.0	104.5	101.2	100.5	106.6
"十四五"	102.5	104.4	104.1	105.6	102.7	103.7	103.7	104.9	102.0	105.2

（三）30个省（区、市）"十四五"增长潜力排名情况

和"十三五"相比，"十四五"增长潜力方面共有10个省（区、市）排名上升。上升了6位的有1个：河南（"十四五"在全国排第22位）；上升了3位的有4个：四川（"十四五"在全国排第13位）、陕西（"十四五"在全国排第18位）、海南（"十四五"在全国排第8位）、宁夏（"十四五"在全国排第20位）；上升了2位的有2个：广西（"十四五"在全国排第23位）、甘肃（"十四五"在全国排第27位）；上升了1位的有3个：湖北（"十四五"在全国排第19位）、辽宁（"十四五"在全国排第11位）、黑龙江（"十四五"在全国排第16位）。共有10个省（区、市）排名下降。下降了6位的有1个：安徽（"十四五"在全国排第24位）；下降了3位的有4个：云南（"十四五"在全国排第29位）、天津（"十四五"在全国排第17位）、河北（"十四五"在全国排第25位）、福建（"十四五"在全国排第12位）；下降

了2位的有2个：江西（"十四五"在全国排第21位）、重庆（"十四五"在全国排第26位）；下降了1位的有3个：山西（"十四五"在全国排第28位）、山东（"十四五"在全国排第14位）、内蒙古（"十四五"在全国排第9位）。共有10个省（区、市）排名不变（见表15）。

表15　30个省（区、市）"十四五"增长潜力排名变化

省(区、市)	北京	天津	河北	山西	内蒙古	辽宁	吉林	黑龙江	上海	江苏
"十四五"	5	17	25	28	9	11	10	16	1	3
"十三五"	5	14	22	27	8	12	10	17	1	3
变化	0	-3	-3	-1	-1	1	0	1	0	0

省(区、市)	浙江	安徽	福建	江西	山东	河南	湖北	湖南	广东	广西
"十四五"	2	24	12	21	14	22	19	15	4	23
"十三五"	2	18	9	19	13	28	20	15	4	25
变化	0	-6	-3	-2	-1	6	1	0	0	2

省(区、市)	海南	重庆	四川	贵州	云南	陕西	甘肃	青海	宁夏	新疆
"十四五"	8	26	13	30	29	18	27	7	20	6
"十三五"	11	24	16	30	26	21	29	7	23	6
变化	3	-2	3	0	-3	3	2	0	3	0

30个省（区、市）"八五"至"十四五"增长潜力排名见表16。

表16　30个省（区、市）"八五"至"十四五"增长潜力排名

省(区、市)	北京	天津	河北	山西	内蒙古	辽宁	吉林	黑龙江	上海	江苏
"八五"	2	7	24	30	21	5	9	4	1	3
"九五"	2	7	24	28	11	4	3	5	1	6
"十五"	2	5	23	24	9	6	11	3	1	7
"十一五"	2	6	25	24	9	11	15	8	1	5
"十二五"	2	6	28	27	11	10	14	9	1	3
"十三五"	5	14	22	27	8	12	10	17	1	3
"十四五"	5	17	25	28	9	11	10	16	1	3

省(区、市)	浙江	安徽	福建	江西	山东	河南	湖北	湖南	广东	广西
"八五"	10	23	14	26	8	27	15	20	12	17
"九五"	9	17	19	25	8	27	18	16	13	21

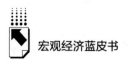
续表

省（区、市）	浙江	安徽	福建	江西	山东	河南	湖北	湖南	广东	广西
"十五"	10	20	16	27	15	28	14	22	8	17
"十一五"	3	21	16	27	12	29	17	22	4	19
"十二五"	5	17	15	21	8	29	19	24	4	23
"十三五"	2	18	9	19	13	28	20	15	4	25
"十四五"	2	24	12	21	14	22	19	15	4	23

省（区、市）	海南	重庆	四川	贵州	云南	陕西	甘肃	青海	宁夏	新疆
"八五"	18	16	13	28	22	25	19	11	29	6
"九五"	14	23	12	30	22	26	20	15	29	10
"十五"	18	25	12	30	21	26	19	13	29	4
"十一五"	7	26	14	30	20	23	18	13	28	10
"十二五"	7	20	16	30	22	18	25	13	26	12
"十三五"	11	24	16	30	26	21	29	7	23	6
"十四五"	8	26	13	30	29	18	27	7	20	6

30 个省（区、市）"八五"至"十四五"平均增长潜力指数见表17。

表17 30 个省（区、市）"八五"至"十四五"平均增长潜力指数

省（区、市）	北京	天津	河北	山西	内蒙古	辽宁	吉林	黑龙江	上海	江苏
"八五"	100.8	103.9	106.6	105.9	105.0	104.9	103.0	100.1	97.5	99.9
"九五"	102.2	103.1	100.5	105.1	103.7	101.1	104.3	102.5	103.2	101.8
"十五"	103.6	103.9	106.0	104.0	104.3	103.9	100.4	103.8	103.0	104.5
"十一五"	105.0	103.4	100.8	102.1	105.1	101.7	103.0	104.6	109.4	104.4
"十二五"	100.1	98.6	99.2	98.6	99.2	101.0	100.9	98.1	102.5	104.2
"十三五"	103.8	102.7	106.3	107.1	103.9	105.8	107.8	101.2	104.3	104.8
"十四五"	101.2	97.6	98.0	95.1	106.3	104.1	102.6	104.2	103.4	106.5

省（区、市）	浙江	安徽	福建	江西	山东	河南	湖北	湖南	广东	广西
"八五"	102.1	110.8	101.1	104.9	104.4	104.8	103.0	104.4	100.4	101.6
"九五"	102.4	101.2	102.5	103.5	102.3	102.6	102.2	102.2	102.9	102.5
"十五"	104.4	102.9	106.8	103.8	102.9	104.4	105.7	103.7	106.7	104.2
"十一五"	106.3	104.6	101.7	102.9	105.7	101.1	100.6	101.1	104.7	101.5
"十二五"	102.7	99.5	101.1	101.4	99.1	101.1	99.2	101.1	102.7	98.6
"十三五"	105.7	104.5	103.6	105.5	103.2	104.4	106.5	110.1	105.0	104.0
"十四五"	107.4	94.6	105.0	95.9	100.6	110.1	95.6	96.3	105.1	106.1

续表

省（区、市）	海南	重庆	四川	贵州	云南	陕西	甘肃	青海	宁夏	新疆
"八五"	97.4	101.1	100.8	101.7	102.5	102.1	100.9	99.8	108.4	99.4
"九五"	106.6	100.8	103.6	101.3	101.7	103.2	102.7	102.9	102.8	102.8
"十五"	102.8	102.9	104.2	106.1	104.9	104.6	104.2	104.9	104.7	104.3
"十一五"	109.4	104.8	102.2	101.3	101.9	103.0	100.6	102.9	103.4	104.2
"十二五"	96.3	100.4	99.9	100.8	100.2	100.5	98.8	100.5	100.4	98.8
"十三五"	103.7	101.1	104.0	102.2	100.5	104.4	102.2	107.1	104.6	105.2
"十四五"	111.1	104.9	105.1	107.2	102.1	105.0	106.0	104.7	106.8	112.5

（四）30个省（区、市）"十四五"政府效率排名情况

和"十三五"相比，"十四五"政府效率方面共有11个省（区、市）排名上升。上升了5位的有2个：陕西（"十四五"在全国排第15位）、江西（"十四五"在全国排第18位）；上升了3位的有3个：广西（"十四五"在全国排第23位）、山东（"十四五"在全国排第2位）、贵州（"十四五"在全国排第16位）；上升了2位的有3个：湖南（"十四五"在全国排第19位）、重庆（"十四五"在全国排第11位）、云南（"十四五"在全国排第26位）；上升了1位的有3个：四川（"十四五"在全国排第14位）、天津（"十四五"在全国排第5位）、甘肃（"十四五"在全国排第29位）。共有12个省（区、市）排名下降。下降了5位的有2个：青海（"十四五"在全国排第22位）、山西（"十四五"在全国排第21位）；下降了3位的有2个：河北（"十四五"在全国排第27位）、吉林（"十四五"在全国排第17位）；下降了2位的有4个：内蒙古（"十四五"在全国排第24位）、辽宁（"十四五"在全国排第13位）、江苏（"十四五"在全国排第6位）、湖北（"十四五"在全国排第20位）；下降了1位的有4个：上海（"十四五"在全国排第4位）、河南（"十四五"在全国排第28位）、浙江（"十四五"在全国排第3位）、新疆（"十四五"在全国排第30位）。共有7个省（区、市）排名不变（见表18）。

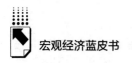

表18　30个省（区、市）"十四五"政府效率排名变化

省（区、市）	北京	天津	河北	山西	内蒙古	辽宁	吉林	黑龙江	上海	江苏
"十四五"	1	5	27	21	24	13	17	9	4	6
"十三五"	1	6	24	16	22	11	14	9	3	4
变化	0	1	-3	-5	-2	-2	-3	0	-1	-2
省（区、市）	浙江	安徽	福建	江西	山东	河南	湖北	湖南	广东	广西
"十四五"	3	25	12	18	2	28	20	19	7	23
"十三五"	2	25	12	23	5	27	18	21	7	26
变化	-1	0	0	5	3	-1	-2	2	0	3
省（区、市）	海南	重庆	四川	贵州	云南	陕西	甘肃	青海	宁夏	新疆
"十四五"	8	11	14	16	26	15	29	22	10	30
"十三五"	8	13	15	19	28	20	30	17	10	29
变化	0	2	1	3	2	5	1	-5	0	-1

30个省（区、市）"八五"至"十四五"政府效率排名见表19。

表19　各省（区、市）"八五"至"十四五"政府效率排名

省（区、市）	北京	天津	河北	山西	内蒙古	辽宁	吉林	黑龙江	上海	江苏
"八五"	3	1	16	12	14	7	19	5	2	9
"九五"	3	2	16	15	14	7	12	5	1	8
"十五"	2	3	16	21	12	6	15	8	1	4
"十一五"	1	5	18	20	13	6	17	11	2	4
"十二五"	1	5	21	19	16	9	15	10	2	4
"十三五"	1	6	24	16	22	11	14	9	3	4
"十四五"	1	5	27	21	24	13	17	9	4	6
省（区、市）	浙江	安徽	福建	江西	山东	河南	湖北	湖南	广东	广西
"八五"	8	23	25	17	11	28	15	30	18	29
"九五"	6	23	25	18	10	30	13	27	17	29
"十五"	5	25	17	22	10	28	14	18	11	30
"十一五"	3	27	16	21	8	26	14	15	10	29
"十二五"	3	26	12	20	7	28	14	18	6	29
"十三五"	2	25	12	23	5	27	18	21	7	26
"十四五"	3	25	12	18	2	28	20	19	7	23

省（区、市）	海南	重庆	四川	贵州	云南	陕西	甘肃	青海	宁夏	新疆
"八五"	4	21	27	24	26	22	13	6	10	20
"九五"	4	24	26	22	28	21	19	9	11	20
"十五"	7	27	24	26	29	20	23	9	19	13
"十一五"	7	23	24	25	30	22	28	9	12	19
"十二五"	8	17	23	22	30	24	27	13	11	25
"十三五"	8	13	15	19	28	20	30	17	10	29
"十四五"	8	11	14	16	26	15	29	22	10	30

30个省（区、市）"八五"至"十四五"平均政府效率指数见表20。

表20　30个省（区、市）"八五"至"十四五"平均政府效率指数

省（区、市）	北京	天津	河北	山西	内蒙古	辽宁	吉林	黑龙江	上海	江苏
"八五"	100.2	100.1	99.5	98.6	100.7	99.6	100.6	100.6	101.1	100.4
"九五"	98.6	95.0	98.8	94.4	98.0	100.4	100.4	98.3	101.4	103.6
"十五"	104.3	101.6	100.6	101.1	103.9	105.0	97.2	99.2	101.7	105.1
"十一五"	113.7	102.6	105.9	107.6	104.8	103.5	109.3	106.6	105.1	106.8
"十二五"	106.0	106.3	107.1	108.7	106.3	104.0	108.5	107.1	103.0	106.0
"十三五"	101.3	107.6	102.5	103.8	101.6	102.0	105.9	106.6	102.9	104.4
"十四五"	101.9	101.1	102.8	102.4	104.8	101.9	100.3	100.5	100.5	98.8
省（区、市）	浙江	安徽	福建	江西	山东	河南	湖北	湖南	广东	广西
"八五"	102.7	100.6	101.4	99.5	98.2	97.8	100.4	99.8	97.9	100.8
"九五"	102.6	99.6	99.2	97.5	100.9	98.6	98.5	102.9	101.0	96.3
"十五"	107.0	99.1	107.9	98.3	103.4	105.5	101.7	107.9	105.7	103.1
"十一五"	103.6	107.2	106.3	110.7	108.4	107.6	108.2	106.8	110.5	110.7
"十二五"	109.2	107.3	110.3	105.5	108.4	104.4	107.1	105.8	107.9	106.1
"十三五"	103.7	106.6	107.3	106.4	110.9	108.7	102.5	105.7	105.3	109.7
"十四五"	101.5	105.9	101.9	104.5	107.5	100.9	101.0	101.1	105.8	104.5
省（区、市）	海南	重庆	四川	贵州	云南	陕西	甘肃	青海	宁夏	新疆
"八五"	100.6	100.8	102.5	101.0	99.6	101.9	98.2	99.6	100.3	100.8
"九五"	97.8	95.2	96.3	101.8	96.5	98.9	96.0	99.5	95.5	97.4
"十五"	97.1	100.3	105.1	95.3	99.4	101.3	96.3	103.4	101.2	105.3
"十一五"	107.7	112.5	106.1	109.9	106.5	106.5	108.1	100.8	110.6	103.1

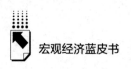

续表

省(区、市)	海南	重庆	四川	贵州	云南	陕西	甘肃	青海	宁夏	新疆
"十二五"	106.4	110.9	110.4	110.6	108.9	106.7	105.9	104.3	108.8	102.2
"十三五"	104.5	109.7	109.1	107.1	112.3	110.0	102.9	102.5	106.4	103.5
"十四五"	103.6	105.0	105.2	104.3	105.5	104.0	106.5	101.1	103.1	102.3

（五）30个省（区、市）"十四五"人民生活排名情况

和"十三五"相比，"十四五"人民生活方面共有7个省（区、市）排名上升。上升了5位的有1个：青海（"十四五"在全国排第8位）；上升了2位的有1个：湖南（"十四五"在全国排第21位）；上升了1位的有5个、安徽（"十四五"在全国排第24位）、浙江（"十四五"在全国排第3位）、广西（"十四五"在全国排第28位）、河北（"十四五"在全国排第14位）、江西（"十四五"在全国排第25位）。共有8个省（区、市）排名下降。下降了2位的有4个：山东（"十四五"在全国排第10位）、云南（"十四五"在全国排第23位）、湖北（"十四五"在全国排第13位）、黑龙江（"十四五"在全国排第26位）；下降了1位的有4个：山西（"十四五"在全国排第11位）、甘肃（"十四五"在全国排第29位）、北京（"十四五"在全国排第4位）、内蒙古（"十四五"在全国排第15位）。共有15个省（区、市）排名不变（见表21）。

表21　30个省（区、市）"十四五"人民生活排名变化

省(区、市)	北京	天津	河北	山西	内蒙古	辽宁	吉林	黑龙江	上海	江苏
"十四五"	4	2	14	11	15	6	7	26	1	5
"十三五"	3	2	15	10	14	6	7	24	1	5
变化	-1	0	1	-1	-1	0	0	-2	0	0

省(区、市)	浙江	安徽	福建	江西	山东	河南	湖北	湖南	广东	广西
"十四五"	3	24	9	25	10	18	13	21	19	28
"十三五"	4	25	9	26	8	18	11	23	19	29
变化	1	1	0	1	-2	0	-2	2	0	1

续表

省（区、市）	海南	重庆	四川	贵州	云南	陕西	甘肃	青海	宁夏	新疆
"十四五"	20	30	17	27	23	12	29	8	22	16
"十三五"	20	30	17	27	21	12	28	13	22	16
变化	0	0	0	0	-2	0	-1	5	0	0

30个省（区、市）"八五"至"十四五"人民生活排名见表22。

表22　30个省（区、市）"八五"至"十四五"人民生活排名

省（区、市）	北京	天津	河北	山西	内蒙古	辽宁	吉林	黑龙江	上海	江苏
"八五"	2	3	17	8	12	4	10	6	1	7
"九五"	2	3	7	9	8	4	10	11	1	5
"十五"	1	3	12	7	10	5	9	11	2	6
"十一五"	1	4	11	10	12	5	8	9	2	6
"十二五"	2	4	11	10	14	7	8	19	1	5
"十三五"	3	2	15	10	14	6	7	24	1	5
"十四五"	4	2	14	11	15	6	7	26	1	5

省（区、市）	浙江	安徽	福建	江西	山东	河南	湖北	湖南	广东	广西
"八五"	11	26	15	14	16	24	20	23	18	27
"九五"	6	29	14	17	13	25	22	21	15	26
"十五"	4	27	13	23	8	24	21	22	14	26
"十一五"	3	26	13	23	7	20	19	22	15	27
"十二五"	3	26	9	22	6	20	17	23	18	28
"十三五"	4	25	9	26	8	18	11	23	19	29
"十四五"	3	24	9	25	10	18	13	21	19	28

省（区、市）	海南	重庆	四川	贵州	云南	陕西	甘肃	青海	宁夏	新疆
"八五"	9	29	22	30	25	19	28	13	21	5
"九五"	16	24	23	30	28	19	27	18	20	12
"十五"	17	28	19	30	29	18	25	20	16	15
"十一五"	24	28	16	30	29	18	25	17	21	14
"十二五"	21	27	15	30	29	13	25	16	24	12
"十三五"	20	30	17	27	21	12	28	13	22	16
"十四五"	20	30	17	27	23	12	29	8	22	16

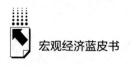

30个省（区、市）"八五"至"十四五"平均人民生活指数见表23。

表23　30个省（区、市）"八五"至"十四五"平均人民生活指数

省（区、市）	北京	天津	河北	山西	内蒙古	辽宁	吉林	黑龙江	上海	江苏
"八五"	98.7	98.1	101.5	99.1	99.7	99.3	96.4	100.7	98.1	98.5
"九五"	103.0	104.0	108.0	101.3	104.5	103.9	102.2	100.3	100.2	103.6
"十五"	102.1	101.4	98.8	101.0	100.8	103.1	102.5	103.3	102.8	103.0
"十一五"	104.3	104.5	110.7	111.2	107.9	106.2	108.7	107.8	104.3	107.1
"十二五"	100.6	106.6	101.4	102.7	102.7	103.7	105.2	99.9	104.2	106.4
"十三五"	104.1	105.0	106.6	105.8	105.7	105.9	106.4	104.2	105.0	104.0
"十四五"	103.2	105.5	104.0	102.8	104.9	104.1	103.9	103.5	104.0	105.6
省（区、市）	浙江	安徽	福建	江西	山东	河南	湖北	湖南	广东	广西
"八五"	97.8	95.1	99.2	98.1	103.2	99.8	95.7	97.9	101.5	98.4
"九五"	107.2	106.0	107.2	101.3	104.7	106.0	102.7	108.3	105.1	107.8
"十五"	103.9	104.7	100.6	101.3	102.2	102.5	103.7	101.2	103.1	102.3
"十一五"	107.4	110.7	109.4	109.4	109.2	112.3	110.2	110.0	106.7	109.8
"十二五"	103.6	104.0	105.3	103.6	104.9	105.0	107.1	102.8	104.0	102.6
"十三五"	105.3	105.3	105.1	105.5	105.2	105.2	105.7	106.7	104.7	106.1
"十四五"	104.3	106.5	106.2	105.5	102.3	104.7	102.5	106.3	105.1	105.5
省（区、市）	海南	重庆	四川	贵州	云南	陕西	甘肃	青海	宁夏	新疆
"八五"	101.6	106.7	102.5	95.0	95.9	99.5	101.5	96.7	99.1	94.5
"九五"	100.3	108.1	105.2	108.2	108.1	102.5	107.1	103.6	104.4	102.1
"十五"	99.4	100.2	102.6	109.9	98.8	102.1	103.9	101.6	102.8	103.4
"十一五"	108.0	110.9	111.8	109.5	111.5	111.3	109.9	111.1	107.3	107.2
"十二五"	106.4	102.5	103.8	106.9	107.2	106.7	102.5	104.9	103.8	106.2
"十三五"	104.6	105.0	104.9	106.4	107.6	104.8	104.5	106.6	106.1	102.1
"十四五"	106.3	106.1	105.2	106.6	101.4	105.6	104.5	109.0	104.6	107.4

（六）30个省（区、市）"十四五"环境质量排名情况

和"十三五"相比，"十四五"环境质量方面共有11个省（区、市）排名上升。上升了3位的有1个：天津（"十四五"在全国排第11位）；上升了2位的有4个：重庆（"十四五"在全国排第18位）、新疆（"十四五"

在全国排第 15 位）、吉林（"十四五"在全国排第 3 位）、江西（"十四五"在全国排第 9 位）；上升了 1 位的有 6 个：江苏（"十四五"在全国排第 17 位）、内蒙古（"十四五"在全国排第 14 位）、宁夏（"十四五"在全国排第 20 位）、上海（"十四五"在全国排第 2 位）、湖南（"十四五"在全国排第 6 位）、河北（"十四五"在全国排第 27 位）。共有 6 个省（区、市）排名下降。下降了 8 位的有 1 个：青海（"十四五"在全国排第 21 位）；下降了 3 位的有 2 个：海南（"十四五"在全国排第 5 位）、黑龙江（"十四五"在全国排第 12 位）；下降了 1 位的有 3 个：广西（"十四五"在全国排第 13 位）、福建（"十四五"在全国排第 7 位）、陕西（"十四五"在全国排第 28 位）。共有 13 个省（区、市）排名不变（见表 24）。

表 24　30 个省（区、市）"十四五"环境质量排名变化

省（区、市）	北京	天津	河北	山西	内蒙古	辽宁	吉林	黑龙江	上海	江苏
"十四五"	8	11	27	29	14	26	3	12	2	17
"十三五"	8	14	28	29	15	26	5	9	3	18
变化	0	3	1	0	1	0	2	-3	1	1
省（区、市）	浙江	安徽	福建	江西	山东	河南	湖北	湖南	广东	广西
"十四五"	4	10	7	9	22	30	23	6	1	13
"十三五"	4	10	6	11	22	30	23	7	1	12
变化	0	0	-1	2	0	0	0	1	0	-1
省（区、市）	海南	重庆	四川	贵州	云南	陕西	甘肃	青海	宁夏	新疆
"十四五"	5	18	19	24	16	28	25	21	20	15
"十三五"	2	20	19	24	16	27	25	13	21	17
变化	-3	2	0	0	0	-1	0	-8	1	2

30 个省（区、市）"八五"至"十四五"环境质量排名见表 25。

表 25　30 个省（区、市）"八五"至"十四五"环境质量排名

省（区、市）	北京	天津	河北	山西	内蒙古	辽宁	吉林	黑龙江	上海	江苏
"八五"	25	26	29	30	19	11	15	13	18	9
"九五"	25	23	29	30	15	16	13	14	17	7

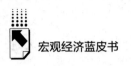

续表

省(区、市)	北京	天津	河北	山西	内蒙古	辽宁	吉林	黑龙江	上海	江苏
"十五"	20	21	29	30	16	13	15	14	18	8
"十一五"	13	21	30	28	19	16	17	12	10	8
"十二五"	8	18	29	28	19	21	16	7	2	10
"十三五"	8	14	28	29	15	26	5	9	3	18
"十四五"	8	11	27	29	14	26	3	12	2	17

省(区、市)	浙江	安徽	福建	江西	山东	河南	湖北	湖南	广东	广西
"八五"	10	16	2	12	22	24	20	21	7	3
"九五"	10	12	2	11	18	24	22	20	5	3
"十五"	10	12	3	11	19	27	17	24	5	6
"十一五"	5	14	4	15	18	29	22	20	5	6
"十二五"	5	15	4	14	20	30	23	17	3	12
"十三五"	4	10	6	11	22	30	23	7	1	12
"十四五"	4	10	7	9	22	30	23	6	1	13

省(区、市)	海南	重庆	四川	贵州	云南	陕西	甘肃	青海	宁夏	新疆
"八五"	1	23	8	14	6	28	27	5	17	4
"九五"	1	26	9	21	8	28	27	4	19	6
"十五"	1	25	7	22	9	28	26	2	23	4
"十一五"	1	24	7	23	9	27	25	2	26	11
"十二五"	1	22	11	26	13	27	25	6	24	9
"十三五"	2	20	19	24	16	27	25	13	21	17
"十四五"	5	18	19	24	16	28	25	21	20	15

30个省（区、市）"八五"至"十四五"平均环境质量指数见表26。

表26　30个省（区、市）"八五"至"十四五"平均环境质量指数

省(区、市)	北京	天津	河北	山西	内蒙古	辽宁	吉林	黑龙江	上海	江苏
"八五"	102.5	101.3	104.1	101.0	102.8	103.0	101.4	100.3	102.0	102.6
"九五"	103.9	105.9	102.3	106.7	103.4	99.3	102.7	103.3	103.0	103.0
"十五"	104.5	102.3	105.3	105.1	100.7	103.4	101.1	101.0	100.6	101.7
"十一五"	104.4	102.0	101.7	101.7	101.6	100.2	103.4	103.9	107.1	101.1
"十二五"	101.6	102.3	98.3	101.0	100.5	97.5	100.9	100.3	103.2	100.0
"十三五"	103.2	104.1	104.1	98.6	104.2	100.1	108.8	103.4	103.9	101.4
"十四五"	103.7	102.9	101.7	100.6	102.3	101.0	101.7	100.5	103.3	100.5

续表

省（区、市）	浙江	安徽	福建	江西	山东	河南	湖北	湖南	广东	广西
"八五"	102.6	101.4	101.9	101.6	103.7	102.6	101.7	100.6	102.5	102.2
"九五"	102.5	103.4	101.5	103.2	104.3	102.8	102.2	105.5	102.7	101.4
"十五"	100.1	101.4	100.1	101.8	101.8	99.3	102.8	99.2	101.2	99.3
"十一五"	103.9	102.2	101.9	101.2	101.8	101.2	101.2	103.9	103.2	101.4
"十二五"	103.3	101.1	101.1	102.0	97.5	96.6	98.9	102.7	102.7	99.7
"十三五"	103.9	103.0	102.3	103.0	102.3	99.1	101.5	106.5	107.5	102.8
"十四五"	102.6	103.3	102.0	103.6	100.6	99.1	100.1	103.8	103.4	101.9

省（区、市）	海南	重庆	四川	贵州	云南	陕西	甘肃	青海	宁夏	新疆
"八五"	99.9	101.1	101.2	101.0	100.7	101.2	103.3	101.9	102.1	100.9
"九五"	100.8	101.5	105.0	100.7	102.8	105.7	102.0	101.3	101.8	102.1
"十五"	99.4	101.8	101.0	102.6	100.3	99.0	104.4	104.8	100.2	100.2
"十一五"	101.5	104.6	99.5	99.5	101.0	105.5	100.7	100.1	100.9	100.6
"十二五"	101.6	101.6	100.2	98.8	100.6	100.3	102.1	98.7	100.1	101.7
"十三五"	98.9	102.4	100.0	102.0	100.9	97.6	99.9	99.3	105.0	100.1
"十四五"	101.8	102.1	101.5	100.5	101.6	100.1	100.6	98.7	102.0	101.1

（七）30个省（区、市）"十三五"发展前景排名情况

从表27中可以看出30个省（区、市）"十三五"发展前景综合排名和各一级指标经济增长、增长潜力、政府效率、人民生活和环境质量的排名情况。

表27　30个省（区、市）"十三五"发展前景及一级指标排名情况

省（区、市）	北京	天津	河北	山西	内蒙古	辽宁	吉林	黑龙江	上海	江苏
发展前景	5	7	19	20	10	9	11	13	1	2
经济增长	7	5	18	22	9	24	14	17	1	4
增长潜力	5	14	22	27	8	12	10	17	1	3
政府效率	1	6	24	16	22	11	14	9	3	4
人民生活	3	2	15	10	14	6	7	24	1	5
环境质量	8	14	28	29	15	26	5	9	3	18

省（区、市）	浙江	安徽	福建	江西	山东	河南	湖北	湖南	广东	广西
发展前景	3	16	8	21	6	23	14	18	4	28
经济增长	3	13	6	23	10	20	11	21	2	25
增长潜力	2	18	9	19	13	28	20	15	4	25
政府效率	2	25	12	23	5	27	18	21	7	26
人民生活	4	25	9	26	8	18	11	23	19	29
环境质量	4	10	6	11	22	30	23	7	1	12

省（区、市）	海南	重庆	四川	贵州	云南	陕西	甘肃	青海	宁夏	新疆
发展前景	17	22	15	30	29	12	27	25	24	26
经济增长	30	19	12	29	26	8	15	28	27	16
增长潜力	11	24	16	30	26	21	29	7	23	6
政府效率	8	13	15	19	28	20	30	17	10	29
人民生活	20	30	17	27	21	12	28	13	22	16
环境质量	2	20	19	24	16	27	25	13	21	17

和"十二五"相比，有9个省（区、市）"十三五"的发展前景排名上升。其中上升了5位的有1个：陕西（"十三五"在全国排第12位）；上升了4位的有1个：四川（"十三五"在全国排第15位）；上升了3位的有2个：江西（"十三五"在全国排第21位）、内蒙古（"十三五"在全国排第10位）；上升了2位的有2个：湖南（"十三五"在全国排第18位）、安徽（"十三五"在全国排第16位）；上升了1位的有3个：重庆（"十三五"在全国排第22位）、广东（"十三五"在全国排第4位）、青海（"十三五"在全国排第25位）。排名下降的省（区、市）共有10个。其中下降了6位的有1个：山西（"十三五"在全国排第20位）；下降了3位的有2个：湖北（"十三五"在全国排第14位）、河北（"十三五"在全国排第19位）；下降了2位的有3个：宁夏（"十三五"在全国排第24位）、河南（"十三五"在全国排第23位）、海南（"十三五"在全国排第17位）；下降了1位的有4个：黑龙江（"十三五"在全国排第13位）、吉林（"十三五"在全国排第11位）、北京（"十三五"在全国排第5

位）、新疆（"十三五"在全国排第 26 位）。有 11 个省（区、市）"十三五"发展前景排名保持不变（见表 28）。

表 28　30 个省（区、市）"十三五"发展前景排名变化

省（区、市）	北京	天津	河北	山西	内蒙古	辽宁	吉林	黑龙江	上海	江苏
"十三五"	5	7	19	20	10	9	11	13	1	2
"十二五"	4	7	16	14	13	9	10	12	1	2
变化	-1	0	-3	-6	3	0	-1	-1	0	0
省（区、市）	浙江	安徽	福建	江西	山东	河南	湖北	湖南	广东	广西
"十三五"	3	16	8	21	6	23	14	18	4	28
"十二五"	3	18	8	24	6	21	11	20	5	28
变化	0	2	0	3	0	-2	-3	2	1	0
省（区、市）	海南	重庆	四川	贵州	云南	陕西	甘肃	青海	宁夏	新疆
"十三五"	17	22	15	30	29	12	27	25	24	26
"十二五"	15	23	19	30	29	17	27	26	22	25
变化	-2	1	4	0	0	5	0	1	-2	-1

（八）30 个省（区、市）"十三五"经济增长排名情况

和"十二五"相比，经济增长排名在"十三五"时期上升的省（区、市）有 12 个。其中上升了 8 位的有 1 个：甘肃（"十三五"在全国排第 15 位）；上升了 7 位的有 1 个：黑龙江（"十三五"在全国排第 17 位）；上升了 5 位的有 1 个：四川（"十三五"在全国排第 12 位）；上升了 4 位的有 1 个：河北（"十三五"在全国排第 18 位）；上升了 3 位的有 4 个：新疆（"十三五"在全国排第 16 位）、云南（"十三五"在全国排第 26 位）、广西（"十三五"在全国排第 25 位）、湖北（"十三五"在全国排第 11 位）；上升了 2 位的有 1 个：陕西（"十三五"在全国排第 8 位）；上升了 1 位的有 3 个：贵州（"十三五"在全国排第 29 位）、上海（"十三五"在全国排第 1 位）、吉林（"十三五"在全国排第 14 位）。共有 10 个省（区、市）排名下降。下降了 11 位的有 1 个：辽宁（"十三五"在全国排第 24 位）；下

降了9位的有1个：河南（"十三五"在全国排第20位）；下降了5位的有2个：江西（"十三五"在全国排第23位）、海南（"十三五"在全国排第30位）；下降了3位的有1个：重庆（"十三五"在全国排第19位）；下降了2位的有3个：山东（"十三五"在全国排第10位）、山西（"十三五"在全国排第22位）、青海（"十三五"在全国排第28位）；下降了1位的有2个：安徽（"十三五"在全国排第13位）、广东（"十三五"在全国排第2位）。有8个省（区、市）的经济增长排名保持不变（见表29）。

表29　30个省（区、市）"十三五"经济增长排名变化

省(区、市)	北京	天津	河北	山西	内蒙古	辽宁	吉林	黑龙江	上海	江苏
"十三五"	7	5	18	22	9	24	14	17	1	4
"十二五"	7	5	22	20	9	13	15	24	2	4
变化	0	0	4	-2	0	-11	1	7	1	0
省(区、市)	浙江	安徽	福建	江西	山东	河南	湖北	湖南	广东	广西
"十三五"	3	13	6	23	10	20	11	21	2	25
"十二五"	3	12	6	18	8	11	14	21	1	28
变化	0	-1	0	-5	-2	-9	3	0	-1	3
省(区、市)	海南	重庆	四川	贵州	云南	陕西	甘肃	青海	宁夏	新疆
"十三五"	30	19	12	29	26	8	15	28	27	16
"十二五"	25	16	17	30	29	10	23	26	27	19
变化	-5	-3	5	1	3	2	8	-2	0	3

（九）30个省（区、市）"十三五"增长潜力排名情况

和"十二五"相比，增长潜力排名在"十三五"时期上升的有11个省（区、市）。其中上升了9位的有1个：湖南（"十三五"在全国排第15位）；上升了6位的有4个：新疆（"十三五"在全国排第6位）、青海（"十三五"在全国排第7位）、福建（"十三五"在全国排第9位）、河北（"十三五"在全国排第22位）；上升了4位的有1个：吉林（"十三五"在全国排第10位）；上升了3位的有3个：宁夏（"十三五"在全国排第23位）、内蒙古

（"十三五"在全国排第 8 位）、浙江（"十三五"在全国排第 2 位）；上升了 2 位的有 1 个：江西（"十三五"在全国排第 19 位）；上升了 1 位的有 1 个：河南（"十三五"在全国排第 28 位）。共有 13 个省（区、市）排名下降。下降了 8 位的有 2 个：天津（"十三五"在全国排第 14 位）、黑龙江（"十三五"在全国排第 17 位）；下降了 5 位的有 1 个：山东（"十三五"在全国排第 13 位）；下降了 4 位的有 4 个：云南（"十三五"在全国排第 26 位）、重庆（"十三五"在全国排第 24 位）、甘肃（"十三五"在全国排第 29 位）、海南（"十三五"在全国排第 11 位）；下降了 3 位的有 2 个：北京（"十三五"在全国排第 5 位）、陕西（"十三五"在全国排第 21 位）；下降了 2 位的有 2 个：辽宁（"十三五"在全国排第 12 位）、广西（"十三五"在全国排第 25 位）；下降了 1 位的有 2 个：安徽（"十三五"在全国排第 18 位）、湖北（"十三五"在全国排第 20 位）。有 6 个省（区、市）的增长潜力排名保持不变（见表30）。

表30　30个省（区、市）"十三五"增长潜力排名变化

省（区、市）	北京	天津	河北	山西	内蒙古	辽宁	吉林	黑龙江	上海	江苏
"十三五"	5	14	22	27	8	12	10	17	1	3
"十二五"	2	6	28	27	11	10	14	9	1	3
变化	-3	-8	6	0	3	-2	4	-8	0	0
省（区、市）	浙江	安徽	福建	江西	山东	河南	湖北	湖南	广东	广西
"十三五"	2	18	9	19	13	28	20	15	4	25
"十二五"	5	17	15	21	8	29	19	24	4	23
变化	3	-1	6	2	-5	1	-1	9	0	-2
省（区、市）	海南	重庆	四川	贵州	云南	陕西	甘肃	青海	宁夏	新疆
"十三五"	11	24	16	30	26	21	29	7	23	6
"十二五"	7	20	16	30	22	18	25	13	26	12
变化	-4	-4	0	0	-4	-3	-4	6	3	6

（十）30个省（区、市）"十三五"政府效率排名情况

和"十二五"相比，有 14 个省（区、市）"十三五"的政府效率排名上升。其中上升了 8 位的有 1 个：四川（"十三五"在全国排第 15 位）；上

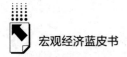

升了 4 位的有 2 个：陕西（"十三五"在全国排第 20 位）、重庆（"十三五"在全国排第 13 位）；上升了 3 位的有 3 个：广西（"十三五"在全国排第 26 位）、贵州（"十三五"在全国排第 19 位）、山西（"十三五"在全国排第 16 位）；上升了 2 位的有 2 个：山东（"十三五"在全国排第 5 位）、云南（"十三五"在全国排第 28 位）；上升了 1 位的有 6 个：黑龙江（"十三五"在全国排第 9 位）、安徽（"十三五"在全国排第 25 位）、宁夏（"十三五"在全国排第 10 位）、浙江（"十三五"在全国排第 2 位）、河南（"十三五"在全国排第 27 位）、吉林（"十三五"在全国排第 14 位）。共有 12 个省（区、市）排名下降。下降了 6 位的有 1 个：内蒙古（"十三五"在全国排第 22 位）；下降了 4 位的有 3 个：青海（"十三五"在全国排第 17 位）、湖北（"十三五"在全国排第 18 位）、新疆（"十三五"在全国排第 29 位）；下降了 3 位的有 4 个：河北（"十三五"在全国排第 24 位）、甘肃（"十三五"在全国排第 30 位）、湖南（"十三五"在全国排第 21 位）、江西（"十三五"在全国排第 23 位）；下降了 2 位的有 1 个：辽宁（"十三五"在全国排第 11 位）；下降了 1 位的有 3 个：上海（"十三五"在全国排第 3 位）、广东（"十三五"在全国排第 7 位）、天津（"十三五"在全国排第 6 位）。有 4 个省（区、市）的政府效率排名保持不变（见表 31）。

表31　30个省（区、市）"十三五"政府效率排名变化

省(区、市)	北京	天津	河北	山西	内蒙古	辽宁	吉林	黑龙江	上海	江苏
"十三五"	1	6	24	16	22	11	14	9	3	4
"十二五"	1	5	21	19	16	9	15	10	2	4
变化	0	-1	-3	3	-6	-2	1	1	-1	0

省(区、市)	浙江	安徽	福建	江西	山东	河南	湖北	湖南	广东	广西
"十三五"	2	25	12	23	5	27	18	21	7	26
"十二五"	3	26	12	20	7	28	14	18	6	29
变化	1	1	0	-3	2	1	-4	-3	-1	3

省(区、市)	海南	重庆	四川	贵州	云南	陕西	甘肃	青海	宁夏	新疆
"十三五"	8	13	15	19	28	20	30	17	10	29
"十二五"	8	17	23	22	30	24	27	13	11	25
变化	0	4	8	3	2	4	-3	-4	1	-4

（十一）30个省（区、市）"十三五"人民生活排名情况

和"十二五"相比，有12个省（区、市）在"十三五"时期的人民生活排名上升。其中上升了8位的有1个：云南（"十三五"在全国排第21位）；上升了6位的有1个：湖北（"十三五"在全国排第11位）；上升了3位的有2个：青海（"十三五"在全国排第13位）、贵州（"十三五"在全国排第27位）；上升了2位的有3个：天津（"十三五"在全国排第2位）、河南（"十三五"在全国排第18位）、宁夏（"十三五"在全国排第22位）；上升了1位的有5个：安徽（"十三五"在全国排第25位）、辽宁（"十三五"在全国排第6位）、吉林（"十三五"在全国排第7位）、海南（"十三五"在全国排第20位）、陕西（"十三五"在全国排第12位）。共有12个省（区、市）排名下降。下降了5位的有1个：黑龙江（"十三五"在全国排第24位）；下降了4位的有3个：河北（"十三五"在全国排第15位）、新疆（"十三五"在全国排第16位）、江西（"十三五"在全国排第26位）；下降了3位的有2个：甘肃（"十三五"在全国排第28位）、重庆（"十三五"在全国排第30位）；下降了2位的有2个：山东（"十三五"在全国排第8位）、四川（"十三五"在全国排第17位）；下降了1位的有4个：北京（"十三五"在全国排第3位）、广东（"十三五"在全国排第19位）、广西（"十三五"在全国排第29位）、浙江（"十三五"在全国排第4位）。有6个省（区、市）的人民生活排名保持不变（见表32）。

表32　30个省（区、市）"十三五"人民生活排名变化

省（区、市）	北京	天津	河北	山西	内蒙古	辽宁	吉林	黑龙江	上海	江苏
"十三五"	3	2	15	10	14	6	7	24	1	5
"十二五"	2	4	11	10	14	7	8	19	1	5
变化	-1	2	-4	0	0	1	1	-5	0	0

省（区、市）	浙江	安徽	福建	江西	山东	河南	湖北	湖南	广东	广西
"十三五"	4	25	9	26	8	18	11	23	19	29
"十二五"	3	26	9	22	6	20	17	23	18	28
变化	-1	1	0	-4	-2	2	6	0	-1	-1

省(区、市)	海南	重庆	四川	贵州	云南	陕西	甘肃	青海	宁夏	新疆
"十三五"	20	30	17	27	21	12	28	13	22	16
"十二五"	21	27	15	30	29	13	25	16	24	12
变化	1	-3	-2	3	8	1	-3	3	2	-4

（十二）30个省（区、市）"十三五"环境质量排名情况

和"十二五"相比，有 12 个省（区、市）"十三五"的环境质量排名上升。其中上升了 11 位的有 1 个：吉林（"十三五"在全国排第 5 位）；上升了 10 位的有 1 个：湖南（"十三五"在全国排第 7 位）；上升了 5 位的有 1 个：安徽（"十三五"在全国排第 10 位）；上升了 4 位的有 2 个：内蒙古（"十三五"在全国排第 15 位）、天津（"十三五"在全国排第 14 位）；上升了 3 位的有 2 个：宁夏（"十三五"在全国排第 21 位）、江西（"十三五"在全国排第 11 位）；上升了 2 位的有 3 个：广东（"十三五"在全国排第 1 位）、重庆（"十三五"在全国排第 20 位）、贵州（"十三五"在全国排第 24 位）；上升了 1 位的有 2 个：河北（"十三五"在全国排第 28 位）、浙江（"十三五"在全国排第 4 位）。共有 12 个省（区、市）排名下降。下降了 8 位的有 3 个：四川（"十三五"在全国排第 19 位）、江苏（"十三五"在全国排第 18 位）、新疆（"十三五"在全国排第 17 位）；下降了 7 位的有 1 个：青海（"十三五"在全国排第 13 位）；下降了 5 位的有 1 个：辽宁（"十三五"在全国排第 26 位）；下降了 3 位的有 1 个：云南（"十三五"在全国排第 16 位）；下降了 2 位的有 3 个：山东（"十三五"在全国排第 22 位）、福建（"十三五"在全国排第 6 位）、黑龙江（"十三五"在全国排第 9 位）；下降了 1 位的有 3 个：海南（"十三五"在全国排第 2 位）、上海（"十三五"在全国排第 3 位）、山西（"十三五"在全国排名第 29 位）。有 6 个省（区、市）的环境质量排名保持不变（见表33）。

表33　30个省（区、市）"十三五"环境质量排名变化

省（区、市）	北京	天津	河北	山西	内蒙古	辽宁	吉林	黑龙江	上海	江苏
"十三五"	8	14	28	29	15	26	5	9	3	18
"十二五"	8	18	29	28	19	21	16	7	2	10
变化	0	4	1	−1	4	−5	11	−2	−1	−8
省（区、市）	浙江	安徽	福建	江西	山东	河南	湖北	湖南	广东	广西
"十三五"	4	10	6	11	22	30	23	7	1	12
"十二五"	5	15	4	14	20	30	23	17	3	12
变化	1	5	−2	3	−2	0	0	10	2	0
省（区、市）	海南	重庆	四川	贵州	云南	陕西	甘肃	青海	宁夏	新疆
"十三五"	2	20	19	24	16	27	25	13	21	17
"十二五"	1	22	11	26	13	27	25	6	24	9
变化	−1	2	−8	2	−3	0	0	−7	3	−8

（十三）"八五"至"十二五"发展前景及一级指标排名情况

这里对"八五"至"十二五"30个省（区、市）的发展前景及一级指标排名进行汇总，见表34至表38。

表34　30个省（区、市）"八五"发展前景及一级指标排名

省（区、市）	北京	天津	河北	山西	内蒙古	辽宁	吉林	黑龙江	上海	江苏
发展前景	2	4	11	16	15	5	9	6	1	3
经济增长	1	7	10	17	23	13	16	9	4	5
增长潜力	2	7	24	30	21	5	9	4	1	3
政府效率	3	1	16	12	14	7	19	5	2	9
人民生活	2	3	17	8	12	4	10	6	1	7
环境质量	25	26	29	30	19	11	15	13	18	9
省（区、市）	浙江	安徽	福建	江西	山东	河南	湖北	湖南	广东	广西
发展前景	7	17	13	19	8	21	14	24	10	28
经济增长	2	14	6	21	8	12	11	25	3	30
增长潜力	10	23	14	26	8	27	15	20	12	17
政府效率	8	23	25	17	11	28	15	30	18	29
人民生活	11	26	15	14	16	24	20	23	18	27
环境质量	10	16	2	12	22	24	20	21	7	3

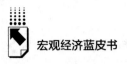

续表

省(区、市)	海南	重庆	四川	贵州	云南	陕西	甘肃	青海	宁夏	新疆
发展前景	18	27	25	30	26	23	20	29	22	12
经济增长	29	19	28	20	24	15	18	26	27	22
增长潜力	18	16	13	28	22	25	19	11	29	6
政府效率	4	21	27	24	26	22	13	6	10	20
人民生活	9	29	22	30	25	19	28	13	21	5
环境质量	1	23	8	14	6	28	27	5	17	4

表35　30个省(区、市)"九五"发展前景及一级指标排名

省(区、市)	北京	天津	河北	山西	内蒙古	辽宁	吉林	黑龙江	上海	江苏
发展前景	2	3	11	12	15	5	10	7	1	4
经济增长	6	5	16	15	19	7	11	10	4	2
增长潜力	2	7	24	28	11	4	3	5	1	6
政府效率	3	2	16	15	14	7	12	5	1	8
人民生活	2	3	7	9	8	4	10	11	1	5
环境质量	25	23	29	30	15	16	13	14	17	7

省(区、市)	浙江	安徽	福建	江西	山东	河南	湖北	湖南	广东	广西
发展前景	6	16	14	26	8	17	13	24	9	27
经济增长	3	17	12	22	8	14	18	24	1	30
增长潜力	9	17	19	25	8	27	18	16	13	21
政府效率	6	23	25	18	10	30	13	27	17	29
人民生活	6	29	14	17	13	25	22	21	15	26
环境质量	10	12	2	11	18	24	22	20	5	3

省(区、市)	海南	重庆	四川	贵州	云南	陕西	甘肃	青海	宁夏	新疆
发展前景	20	28	19	30	25	21	22	29	23	18
经济增长	29	21	27	23	20	9	13	28	26	25
增长潜力	14	23	12	30	22	26	20	15	29	10
政府效率	4	24	26	22	28	21	19	9	11	20
人民生活	16	24	23	30	28	19	27	18	20	12
环境质量	1	26	9	21	8	28	27	4	19	6

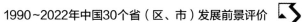

表36　30个省（区、市）"十五"发展前景及一级指标排名

省（区、市）	北京	天津	河北	山西	内蒙古	辽宁	吉林	黑龙江	上海	江苏
发展前景	2	3	12	13	15	6	10	8	1	4
经济增长	10	4	14	13	18	6	12	9	3	2
增长潜力	2	5	23	24	9	6	11	3	1	7
政府效率	2	3	16	21	12	6	15	8	1	4
人民生活	1	3	12	7	10	5	9	11	2	6
环境质量	20	21	29	30	16	13	15	14	18	8
省（区、市）	浙江	安徽	福建	江西	山东	河南	湖北	湖南	广东	广西
发展前景	5	16	11	25	9	17	14	23	7	28
经济增长	5	19	8	21	7	16	15	23	1	30
增长潜力	10	20	16	27	15	28	14	22	8	17
政府效率	5	25	17	22	10	28	14	18	11	30
人民生活	4	27	13	23	8	24	21	22	14	26
环境质量	10	12	3	11	19	27	17	24	5	6
省（区、市）	海南	重庆	四川	贵州	云南	陕西	甘肃	青海	宁夏	新疆
发展前景	22	29	18	30	27	21	24	26	19	20
经济增长	22	27	28	29	25	11	17	26	24	20
增长潜力	18	25	12	30	21	26	19	13	29	4
政府效率	7	27	24	26	29	20	23	9	19	13
人民生活	17	28	19	30	29	18	25	20	16	15
环境质量	1	25	7	22	9	28	26	2	23	4

表37　30个省（区、市）"十一五"发展前景及一级指标排名

省（区、市）	北京	天津	河北	山西	内蒙古	辽宁	吉林	黑龙江	上海	江苏
发展前景	2	5	14	10	15	8	13	9	1	4
经济增长	10	4	15	14	11	7	16	13	3	2
增长潜力	2	6	25	24	9	11	15	8	1	5
政府效率	1	5	18	20	13	6	17	11	2	4
人民生活	1	4	11	10	12	5	8	9	2	6
环境质量	13	21	30	28	19	16	17	12	10	8
省（区、市）	浙江	安徽	福建	江西	山东	河南	湖北	湖南	广东	广西
发展前景	3	22	11	25	7	21	12	20	6	28
经济增长	5	25	8	19	6	17	12	23	1	29
增长潜力	3	21	16	27	12	29	17	22	4	19
政府效率	3	27	16	21	8	26	14	15	10	29
人民生活	3	26	13	23	7	20	19	22	15	27
环境质量	5	14	4	15	18	29	22	20	3	6

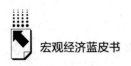

续表

省(区、市)	海南	重庆	四川	贵州	云南	陕西	甘肃	青海	宁夏	新疆
发展前景	19	26	16	30	29	17	24	27	18	23
经济增长	26	21	22	30	28	9	18	27	24	20
增长潜力	7	26	14	30	20	23	18	13	28	10
政府效率	7	23	24	25	30	22	28	9	12	19
人民生活	24	28	16	30	29	18	25	17	21	14
环境质量	1	24	7	23	9	27	25	2	26	11

表38　30个省（区、市）"十二五"发展前景及一级指标排名

省(区、市)	北京	天津	河北	山西	内蒙古	辽宁	吉林	黑龙江	上海	江苏
发展前景	4	7	16	14	13	9	10	12	1	2
经济增长	7	5	22	20	9	13	15	24	2	4
增长潜力	2	6	28	27	11	10	14	9	1	3
政府效率	1	5	21	19	16	9	15	10	2	4
人民生活	2	4	11	10	14	7	8	19	1	5
环境质量	8	18	29	28	19	21	16	7	2	10

省(区、市)	浙江	安徽	福建	江西	山东	河南	湖北	湖南	广东	广西
发展前景	3	18	8	24	6	21	11	20	5	28
经济增长	3	12	6	18	8	11	14	21	1	28
增长潜力	5	17	15	21	8	29	19	24	4	23
政府效率	3	26	12	20	7	28	14	18	6	29
人民生活	3	26	9	22	6	20	17	23	18	28
环境质量	5	15	4	14	20	30	23	17	3	12

省(区、市)	海南	重庆	四川	贵州	云南	陕西	甘肃	青海	宁夏	新疆
发展前景	15	23	19	30	29	17	27	26	22	25
经济增长	25	16	17	30	29	10	23	26	27	19
增长潜力	7	20	16	30	22	18	25	13	26	12
政府效率	8	17	23	22	30	24	27	13	11	25
人民生活	21	27	15	30	29	13	25	16	24	12
环境质量	1	22	11	26	13	27	25	6	24	9

四　中国30个省（区、市）发展前景及一级指标分级情况

（一）30个省（区、市）发展前景分级情况

下面介绍 2022 年、2010 年以来、2000 年以来、1990 年以来、2018～2021 年各年 30 个省（区、市）发展前景分级情况。

1. 2022年30个省（区、市）发展前景分级

按照 3∶3∶2∶1∶1 的权重占比，将 2022 年 30 个省（区、市）发展前景综合得分划分为五级（下面的分级采用相同的方法）。和 2021 年相比，2022 年发展前景分级方面：湖南（级别为Ⅱ级）上升了一级；辽宁（级别为Ⅲ级）下降了一级，重庆（级别为Ⅲ级）上升了一级；湖北（级别为Ⅳ级）下降了一级，青海（级别为Ⅳ级）上升了一级；宁夏（级别为Ⅴ级）下降了一级。

2. 2010年以来30个省（区、市）发展前景分级

和 2000～2022 年相比，2010～2022 年发展前景分级方面：广东（级别为Ⅰ级）上升了一级；北京（级别为Ⅱ级）下降了一级，内蒙古（级别为Ⅱ级）上升了一级；黑龙江（级别为Ⅲ级）下降了一级；重庆（级别为Ⅳ级）上升了一级；新疆（级别为Ⅴ级）下降了一级。

3. 2000年以来30个省（区、市）发展前景分级

和 1990～2022 年相比，2000～2022 年各省（区、市）发展前景分级保持不变。

4. 1990年以来30个省（区、市）发展前景分级

将 1990～2022 年和 1990～2021 年发展前景分级相比较，30 个省（区、市）分级没什么变化。

5. 2021年30个省（区、市）发展前景分级

和 2020 年的发展前景分级相比，2021 年陕西（级别为Ⅱ级）上升了一级；吉林（级别为Ⅲ级）下降了一级，湖北（级别为Ⅲ级）上升了一级，

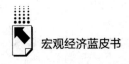

江西（级别为Ⅲ级）上升了一级；安徽（级别为Ⅳ级）下降了一级，山西（级别为Ⅳ级）下降了一级。

6. 2020年30个省（区、市）发展前景分级

和2019年的发展前景分级相比，2020年吉林（级别为Ⅱ级）上升了一级；陕西（级别为Ⅲ级）下降了一级，山西（级别为Ⅲ级）上升了一级；宁夏（级别为Ⅳ级）上升了一级，湖北（级别为Ⅳ级）则下降了一级。

7. 2019年30个省（区、市）发展前景分级

和2018年的发展前景分级相比，2019年湖南（级别为Ⅲ级）上升了一级，河北（级别为Ⅲ级）上升了一级；江西（级别为Ⅳ级）下降了一级，山西（级别为Ⅳ级）下降了一级；宁夏（级别为Ⅴ级）下降了一级。

8. 2018年30个省（区、市）发展前景分级

和2017年的发展前景分级相比，2018年广东（级别为Ⅰ级）上升了一级；北京（级别为Ⅱ级）下降了一级，陕西（级别为Ⅱ级）上升了一级；吉林（级别为Ⅲ级）下降了一级，山西（级别为Ⅲ级）上升了一级，江西（级别为Ⅲ级）上升了一级；河北（级别为Ⅳ级）和湖南（级别为Ⅳ级）均下降了一级。

（二）30个省（区、市）经济增长分级

以下为2022年、2010年以来、2000年以来、1990年以来、2015～2021年各年30个省（区、市）经济增长分级情况。

1. 2022年30个省（区、市）经济增长分级

和2021年的经济增长分级相比，2022年福建（级别为Ⅰ级）上升了一级；山东（级别为Ⅱ级）上升了一级；黑龙江（级别为Ⅲ级）上升了一级，重庆（级别为Ⅲ级）上升了一级；辽宁（级别为Ⅳ级）和山西（级别为Ⅳ级）均上升了一级，而吉林（级别为Ⅳ级）则下降了一级。

2. 2010年以来30个省（区、市）经济增长分级

和2000～2022年相比，2010～2022年经济增长分级方面四川（级别为Ⅲ级）上升了一级，新疆（级别为Ⅲ级）上升了一级，重庆（级别为Ⅲ级）

上升了一级；河北（级别为Ⅳ级）和黑龙江（级别为Ⅳ级）均下降了一级，辽宁（级别为Ⅳ级）也下降了一级，湖南（级别为Ⅳ级）上升了一级；山西（级别为Ⅴ级）下降了一级。

3. 2000年以来30个省（区、市）经济增长分级

和1990~2022年的经济增长分级相比，2000~2022年甘肃（级别为Ⅲ级）上升了一级，四川（级别为Ⅳ级）也上升了一级。

将2000~2022年和2000~2021年的经济增长分级相比较，30个省（区、市）分级保持不变。

4. 1990年以来30个省（区、市）经济增长分级

和1999~2021年的经济增长分级相比，1990~2022年内蒙古（级别为Ⅱ级）上升了一级；辽宁（级别为Ⅲ级）下降了一级。

5. 2021年30个省（区、市）经济增长分级

和2020年的经济增长分级相比，2021年30个省（区、市）分级保持不变。

6. 2020年30个省（区、市）经济增长分级

和2019年的经济增长分级相比，2020年新疆（级别为Ⅱ级）上升了一级；山东（级别为Ⅲ级）下降了一级，河北（级别为Ⅲ级）上升了一级；黑龙江（级别为Ⅳ级）下降了一级，重庆（级别为Ⅳ级）下降了一级；山西（级别为Ⅴ级）下降了一级。

7. 2019年30个省（区、市）经济增长分级

和2018年的经济增长分级相比，2019年甘肃（级别为Ⅱ级）上升了二级；四川（级别为Ⅲ级）和重庆（级别为Ⅲ级）分别下降和上升了一级；河南（级别为Ⅳ级）和河北（级别为Ⅳ级）均下降了一级。

8. 2018年30个省（区、市）经济增长分级

和2017年的经济增长分级相比，2018年江苏（级别为Ⅰ级）上升了一级；天津（级别为Ⅱ级）下降了一级，四川（级别为Ⅱ级）上升了一级；河北（级别为Ⅲ级）上升了一级，河南（级别为Ⅲ级）上升了一级；甘肃（级别为Ⅳ级）上升了一级，山西（级别为Ⅳ级）上升了一级。

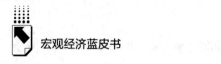

（三）30个省（区、市）增长潜力分级

以下为2022年、2010年以来、2000年以来、1990年以来、2018～2021年各年30个省（区、市）增长潜力分级情况。

1. 2022年30个省（区、市）增长潜力分级

和2021年的增长潜力分级相比，2022年天津（级别为Ⅲ级）上升了一级，陕西（级别为Ⅲ级）上升了一级；宁夏（级别为Ⅳ级）上升了一级，河南（级别为Ⅳ级）上升了一级。

2. 2010年以来30个省（区、市）增长潜力分级

和2000～2022年的增长潜力分级相比，2010～2022年北京（级别为Ⅱ级）下降了一级，吉林（级别为Ⅱ级）上升了一级；天津（级别为Ⅲ级）下降了一级，黑龙江（级别为Ⅲ级）下降了一级；湖北（级别为Ⅳ级）下降了一级，重庆（级别为Ⅳ级）上升了一级；广西（级别为Ⅴ级）下降了一级，云南（级别为Ⅴ级）下降了一级。

3. 2000年以来30个省（区、市）增长潜力分级

和1990～2022年的增长潜力分级相比，2000～2022年内蒙古（级别为Ⅱ级）上升了一级；吉林（级别为Ⅲ级）下降了一级；江西（级别为Ⅳ级）上升了一级；甘肃（级别为Ⅴ级）下降了一级。

将2000～2022年和2000～2021年的增长潜力分级相比较，30个省（区、市）分级保持不变。

4. 1990年以来30个省（区、市）增长潜力分级

和1990～2021年的增长潜力分级相比，1990～2022年青海（级别为Ⅱ级）上升了一级；山东（级别为Ⅲ级）则下降了一级。

5. 2021年30个省（区、市）增长潜力分级

和2020年的增长潜力分级相比，2021年海南（级别为Ⅱ级）上升了一级；湖南（级别为Ⅲ级）下降了一级；天津（级别为Ⅳ级）下降了一级，广西（级别为Ⅳ级）上升了一级；安徽（级别为Ⅴ级）下降了一级，河北（级别为Ⅴ级）下降了一级。

6. 2020年30个省（区、市）增长潜力分级

和2019年的增长潜力分级相比，2020年内蒙古（级别为Ⅱ级）上升了一级；海南（级别为Ⅲ级）下降了一级。

7. 2019年30个省（区、市）增长潜力分级

和2018年的增长潜力分级相比，2019年吉林（级别为Ⅱ级）上升了一级，辽宁（级别为Ⅱ级）上升了一级，湖南（级别为Ⅱ级）上升了一级；内蒙古（级别为Ⅲ级）下降了一级，福建（级别为Ⅲ级）下降了一级，山东（级别为Ⅲ级）下降了一级；安徽（级别为Ⅳ级）下降了一级；云南（级别为Ⅴ级）下降了一级。

8. 2018年30个省（区、市）增长潜力分级

和2017年的增长潜力分级相比，2018年青海（级别为Ⅱ级）上升了一级；吉林（级别为Ⅲ级）下降了一级，安徽（级别为Ⅲ级）上升了一级；陕西（级别为Ⅳ级）上升了一级，云南（级别为Ⅳ级）上升了一级；宁夏（级别为Ⅴ级）下降了一级。

（四）30个省（区、市）政府效率分级

下面介绍2022年、2010年以来、2000年以来、1990年以来、2018~2021年各年30个省（区、市）政府效率分级情况。

1. 2022年30个省（区、市）政府效率分级

和2021年的政府效率分级相比，2022年30个省（区、市）分级保持不变。

2. 2010年以来30个省（区、市）政府效率分级

和2000~2022年的政府效率分级相比，2010~2022年四川（级别为Ⅲ级）上升了一级，山西（级别为Ⅲ级）上升了一级；湖南（级别为Ⅳ级）下降了一级，贵州（级别为Ⅳ级）上升了一级，内蒙古（级别为Ⅳ级）下降了一级；河北（级别为Ⅴ级）下降了一级。

3. 2000年以来30个省（区、市）政府效率分级

和1990~2022年的政府效率分级相比，2000~2022年江苏（级别为Ⅰ

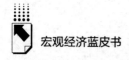

级）上升了一级；天津（级别为Ⅱ级）下降了一级；重庆（级别为Ⅲ级）上升了一级，湖南（级别为Ⅲ级）上升了一级；山西（级别为Ⅳ级）和四川（级别为Ⅳ级）则分别下降了一级和上升了一级。

将2000~2022年和2000~2021年的政府效率分级进行比较，30个省（区、市）分级保持不变。

4. 1990年以来30个省（区、市）政府效率分级

将1990~2022年和1990~2021年的政府效率分级进行比较，30个省（区、市）分级保持不变。

5. 2021年30个省（区、市）政府效率分级

和2020年相比，2021年在政府效率方面30个省（区、市）分级没有变化。

6. 2020年30个省（区、市）政府效率分级

和2019年的政府效率分级相比，2020年贵州（级别为Ⅲ级）上升了一级；山西（级别为Ⅳ级）则下降了一级。

7. 2019年30个省（区、市）政府效率分级

和2018年的政府效率分级相比，2019年山东（级别为Ⅰ级）上升了一级；天津（级别为Ⅱ级）下降了一级，宁夏（级别为Ⅱ级）上升了一级；辽宁（级别为Ⅲ级）下降了一级，陕西（级别为Ⅲ级）上升了一级；青海（级别为Ⅳ级）下降了一级，湖南（级别为Ⅳ级）上升了一级；内蒙古（级别为Ⅴ级）下降了一级。

8. 2018年30个省（区、市）政府效率分级

和2017年的政府效率分级相比，2018年天津（级别为Ⅰ级）上升了一级；江苏（级别为Ⅱ级）下降了一级；江西（级别为Ⅳ级）上升了一级；湖南（级别为Ⅴ级）下降了一级，河北（级别为Ⅴ级）下降了一级。

（五）30个省（区、市）人民生活分级

下面介绍2022年、2010年以来、2000年以来、1990年以来、2018~2021年各年30个省（区、市）人民生活分级情况。

1. 2022年30个省（区、市）人民生活分级

和2021年的人民生活分级相比，2022年河北（级别为Ⅱ级）上升了一级；内蒙古（级别为Ⅲ级）下降了一级；贵州（级别为Ⅳ级）上升了一级；江西（级别为Ⅴ级）下降了一级。

2. 2010年以来30个省（区、市）人民生活分级

和2000~2022年的人民生活分级相比，2010~2022年江苏（级别为Ⅰ级）上升了一级；陕西（级别为Ⅱ级）、青海（级别为Ⅱ级）和湖北（级别为Ⅱ级）均上升了一级；河北（级别为Ⅲ级）下降了一级，河南（级别为Ⅲ级）上升了一级，海南（级别为Ⅲ级）上升了一级；江西（级别为Ⅳ级）和云南（级别为Ⅳ级）均上升了一级。

将2010~2022年和2010~2021年的人民生活分级相比较，发生变化的有：海南（级别为Ⅲ级）上升了一级；而黑龙江（级别为Ⅳ级）则下降了一级。

3. 2000年以来30个省（区、市）人民生活分级

和1990~2022年的人民生活分级相比，2000~2022年河北（级别为Ⅱ级）上升了一级；内蒙古（级别为Ⅲ级）和四川（级别为Ⅲ级）分下降了和上升了一级；黑龙江（级别为Ⅳ级）和湖南（级别为Ⅳ级）则分别下降了和上升了一级。

将2000~2022年和2000~2021年的人民生活分级相比较，发生变化的有：四川（级别为Ⅲ级）上升了一级；而黑龙江（级别为Ⅳ级）则下降了一级。

4. 1990年以来30个省（区、市）人民生活分级

将1990~2022年和1990~2021年的人民生活分级相比较，30个省（区、市）分级保持不变。

5. 2021年30个省（区、市）人民生活分级

和2020年相比，2021年人民生活分级方面：辽宁（级别为Ⅰ级）上升了一级；内蒙古（级别为Ⅱ级）上升了一级；海南（级别为Ⅲ级）上升了一级，湖南（级别为Ⅲ级）上升了一级；云南（级别为Ⅳ级）下

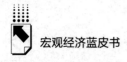

降了一级，安徽（级别为Ⅳ级）上升了一级，江西（级别为Ⅳ级）上升了一级；黑龙江（级别为Ⅴ级）下降了一级。

6. 2020年30个省（区、市）人民生活分级

和2019年的人民生活分级相比，2020年30个省（区、市）的分级保持不变。

7. 2019年30个省（区、市）人民生活分级

和2018年的人民生活分级相比，2019年青海（级别为Ⅱ级）上升了一级；内蒙古（级别为Ⅲ级）下降了一级，云南（级别为Ⅲ级）上升了一级；海南（级别为Ⅳ级）下降了一级；安徽（级别为Ⅴ级）下降了一级。

8. 2018年30个省（区、市）人民生活分级

和2017年的人民生活分级相比，2018年30个省（区、市）的分级保持不变。

（六）30个省（区、市）环境质量分级

下面介绍2022年、2010年以来、2000年以来、1990年以来、2018～2021年各年30个省（区、市）的环境质量分级情况。

1. 2022年30个省（区、市）环境质量分级

和2021年的环境质量分级相比，2022年湖南（级别为Ⅰ级）上升了一级；而海南（级别为Ⅱ级）则下降了一级；广西（级别为Ⅲ级）、内蒙古（级别为Ⅲ级）、云南（级别为Ⅲ级）、新疆（级别为Ⅲ级）、江苏（级别为Ⅲ级）和重庆（级别为Ⅲ级）均下降了一级。

2. 2010年以来30个省（区、市）环境质量分级

和2000～2022年的环境质量分级相比，2010～2022年湖南（级别为Ⅱ级）、江西（级别为Ⅱ级）、安徽（级别为Ⅱ级）均上升了一级；广西（级别为Ⅲ级）、新疆（级别为Ⅲ级）和江苏（级别为Ⅲ级）均下降了一级，天津（级别为Ⅲ级）上升了一级；内蒙古（级别为Ⅳ级）则下降了一级，宁夏（级别为Ⅳ级）上升了一级；辽宁（级别为Ⅴ级）下降了一级。

将2010～2022年和2010～2021年的环境质量分级相比较，30个省

（区、市）的分级保持不变。

3. 2000年以来30个省（区、市）环境质量分级

和1990～2022年的环境质量分级相比，2000～2022年青海（级别为Ⅱ级）下降了一级，黑龙江（级别为Ⅱ级）上升了一级，北京（级别为Ⅱ级）上升了一级；云南（级别为Ⅲ级）下降了一级，江西（级别为Ⅲ级）下降了一级，四川（级别为Ⅲ级）下降了一级；辽宁（级别为Ⅳ级）下降了一级，重庆（级别为Ⅳ级）上升了一级；湖北（级别为Ⅴ级）下降了一级，宁夏（级别为Ⅴ级）下降了一级。

将2000～2022年和2000～2021年的环境质量分级相比较，发生变化的有：北京（级别为Ⅱ级）上升了一级；云南（级别为Ⅲ级）下降了一级；重庆（级别为Ⅳ级）上升了一级；湖北（级别为Ⅴ级）下降了一级。

4. 1990年以来30个省（区、市）环境质量分级

将1990～2022年和1990～2021年的环境质量分级相比较，发生变化的有：上海（级别为Ⅰ级）上升了一级；广西（级别为Ⅱ级）下降了一级，江西（级别为Ⅱ级）上升了一级；黑龙江（级别为Ⅲ级）下降了一级。

5. 2021年30个省（区、市）环境质量分级

和2020年的环境质量分级相比，2021年广西（级别为Ⅱ级）、内蒙古（级别为Ⅱ级）、新疆（级别为Ⅱ级）、云南（级别为Ⅱ级）和江苏（级别为Ⅱ级）均上升了一级，重庆（级别为Ⅱ级）上升了二级；青海（级别为Ⅳ级）则下降了一级。

6. 2020年30个省（区、市）环境质量分级

和2019年的环境质量分级相比，2020年天津（级别为Ⅱ级）上升了一级；广西（级别为Ⅲ级）下降了一级；山东（级别为Ⅳ级）上升了一级；贵州（级别为Ⅴ级）下降了一级。

7. 2019年30个省（区、市）环境质量分级

和2018年的环境质量分级相比，2019年吉林（级别为Ⅰ级）上升了一级；福建（级别为Ⅱ级）下降了一级；贵州（级别为Ⅳ级）上升了一级；山东（级别为Ⅴ级）下降了一级。

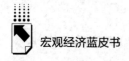

8. 2018年30个省（区、市）环境质量分级

和2017年的环境质量分级相比，2018年广西（级别为Ⅱ级）上升了一级；青海（级别为Ⅲ级）则下降了一级。

五　区域发展及30个省（区、市）发展前景的影响因素分析

（一）一级指标

1. 一级指标权重

利用主成分分析法，通过一系列处理得到各一级指标所占权重，其中人民生活的权重最高，为25.70%，政府效率的权重为20.76%，经济增长的权重为19.19%，增长潜力的权重为18.95%，环境质量的权重为15.40%（见表39）。

表39　发展前景一级指标权重

一级指标	编号	权重（%）
人民生活	1	25.70
政府效率	2	20.76
经济增长	3	19.19
增长潜力	4	18.95
环境质量	5	15.40

2. 主要省（区、市）发展前景雷达图

1990年以来、2000年以来、2010年以来及2015～2022年各年主要省（区、市）发展前景雷达图见图67至图77，从雷达图可以看出影响各省（区、市）发展前景的五个一级指标（经济增长、增长潜力、政府效率、人民生活和环境质量）的权重情况，可以发现各省（区、市）的短板。

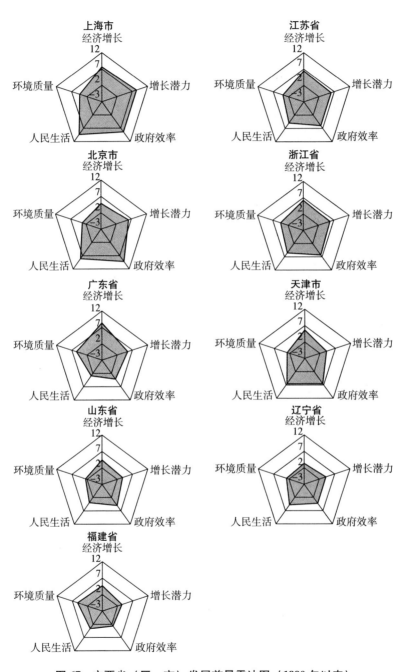

图67　主要省（区、市）发展前景雷达图（1990年以来）

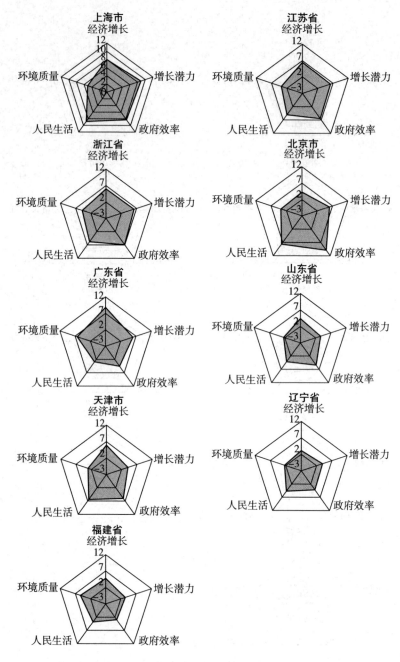

图68　主要省（区、市）发展前景雷达图（2000年以来）

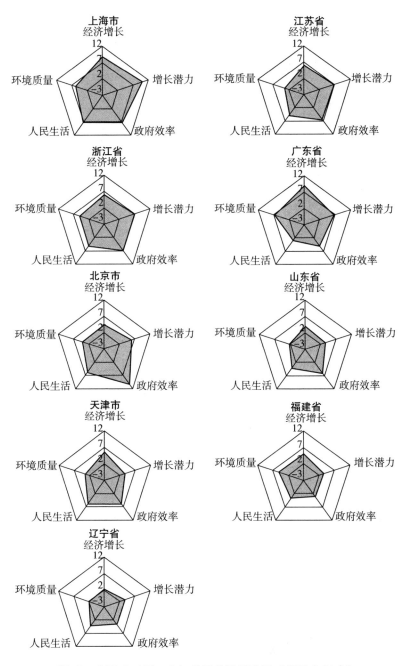

图 69　主要省（区、市）发展前景雷达图（2010 年以来）

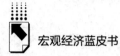

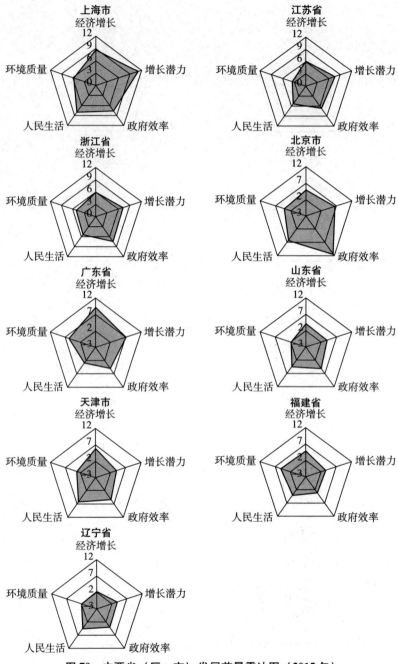

图70 主要省（区、市）发展前景雷达图（2015年）

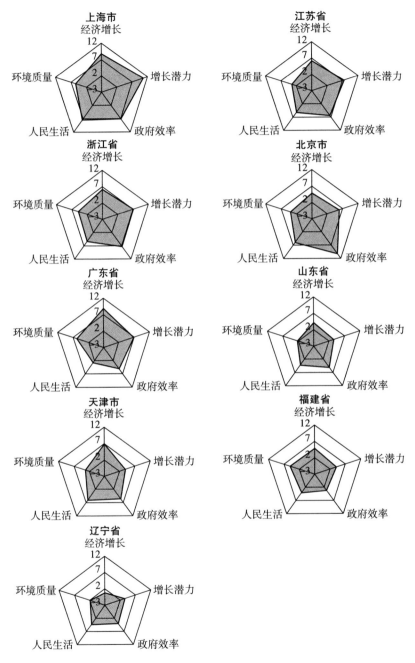

图71　主要省（区、市）发展前景雷达图（2016年）

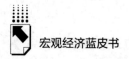
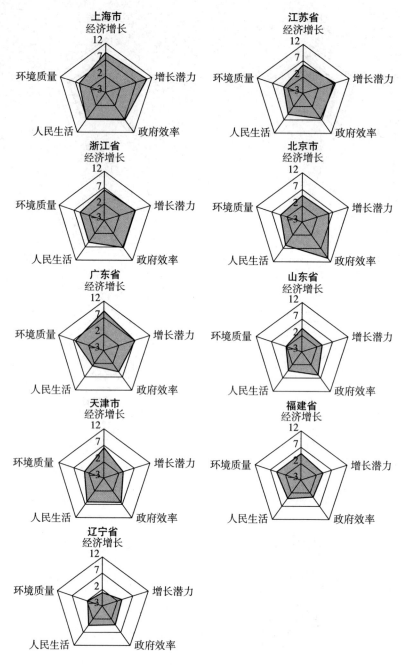

图 72　主要省（区、市）发展前景雷达图（2017 年）

256

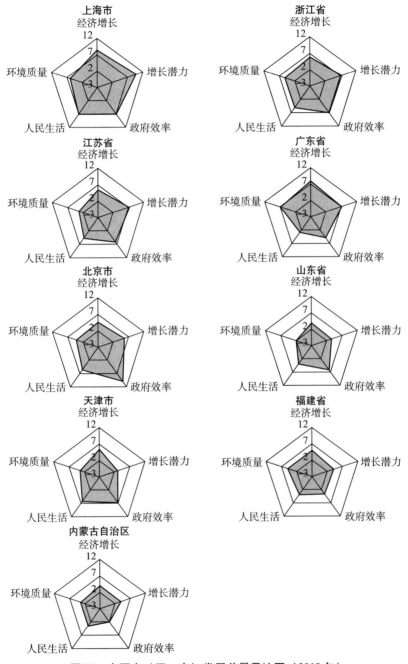

图73　主要省（区、市）发展前景雷达图（2018年）

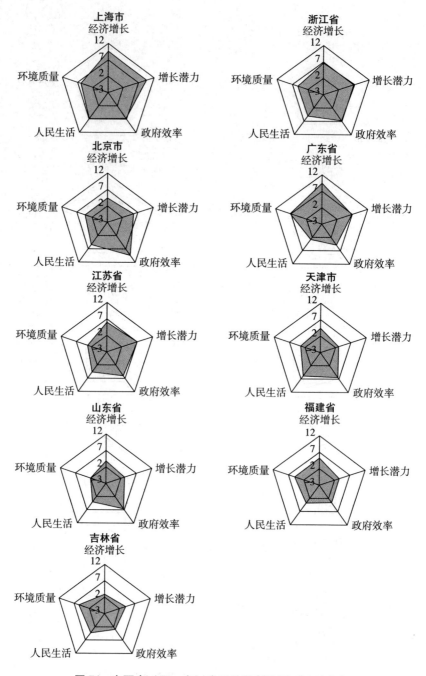

图74 主要省（区、市）发展前景雷达图（2019年）

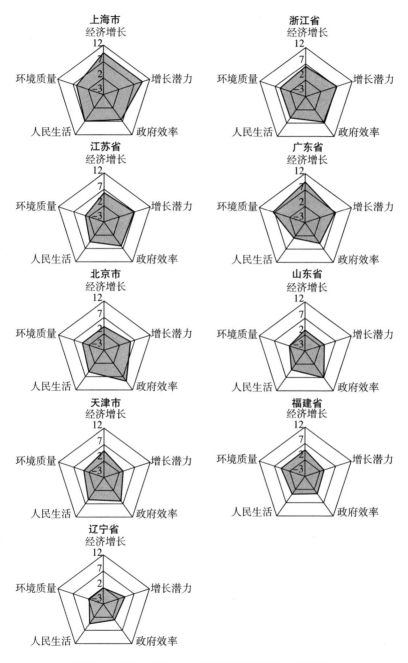

图75　主要省（区、市）发展前景雷达图（2020年）

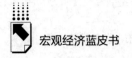
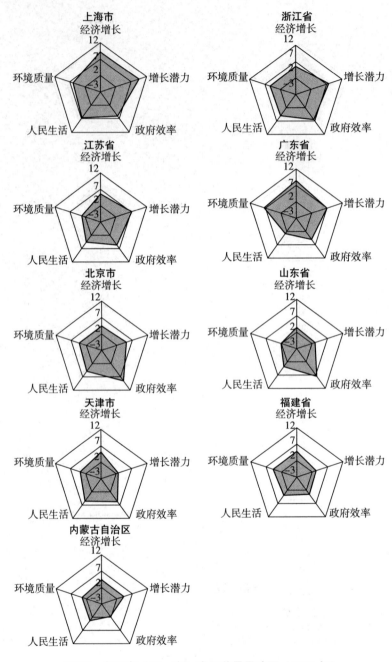

图 76　主要省（区、市）发展前景雷达图（2021 年）

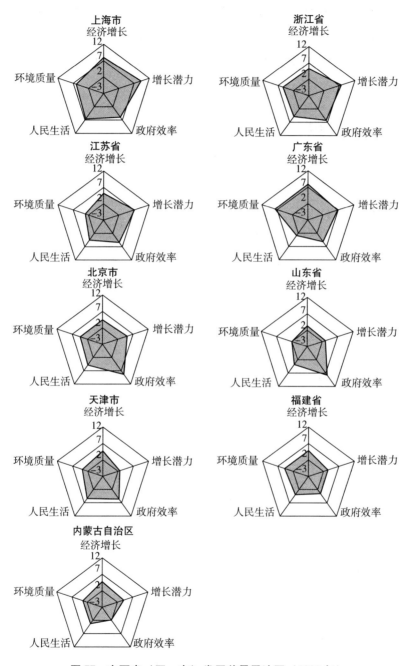

图77　主要省（区、市）发展前景雷达图（2022年）

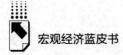

从 2022 年发展前景排名前 5 的省（区、市）的雷达图来看，2022 年上海市除政府效率权重排名第 3 和环境质量权重排名第 2 外，经济增长、增长潜力、人民生活 3 项指标权重均排名第 1；北京市的政府效率权重最高，而广东省的环境质量权重最高。

（二）二级指标

二级指标中人民生活的权重最高，为 25.70%，其次是增长可持续性，权重为 14.46%，公共服务效率权重为 11.58%，社会保障权重为 9.17%，环境治理权重为 8.48%（见表 40）。

表 40　发展前景二级指标权重

二级指标	编号	权重(%)
人民生活	1	25.70
增长可持续性	2	14.46
公共服务效率	3	11.58
社会保障	4	9.17
环境治理	5	8.48
产出效率	6	7.07
经济稳定	7	6.26
经济结构	8	5.86
生态环境	9	4.56
产出消耗	10	4.49
空气监测	11	2.36

（三）具体指标权重

具体指标方面，2022 年城镇基本养老保险覆盖率的权重最高，为 2.485%，城镇失业保险覆盖率、地方财政科学事业费支出占比、全社会劳动生产率、城市化率和万人城市园林绿地面积的权重分别为 2.434%、2.431%、2.416%、2.410% 和 2.394%（见表 41）。

表 41　具体指标权重

单位：%

指标名称	指标权重	指标名称	指标权重
城镇基本养老保险覆盖率	2.485	万人拥有医生数	1.761
城镇失业保险覆盖率	2.434	城镇社区服务设施数	1.745
地方财政科学事业费支出占比	2.431	全要素生产率	1.711
全社会劳动生产率	2.416	万元 GDP 电力消耗指标	1.655
城市化率	2.410	资本投入弹性指标	1.572
万人城市园林绿地面积	2.394	资本产出率	1.536
人均 GDP	2.376	环境污染治理投资总额	1.518
消费水平	2.362	能源消耗弹性指标	1.516
人均储蓄存款额	2.298	农村居民恩格尔系数	1.453
农村居民家庭人均年纯收入	2.245	自然保护区面积	1.430
城镇基本医疗保险覆盖率	2.200	投资效果系数	1.409
人均邮电业务量	2.199	劳动投入弹性指标	1.406
城镇家庭平均每人可支配收入	2.187	第二产业占 GDP 比重	1.385
专利授权量	2.167	治理工业污染项目投资占 GDP 比重	1.375
地方财政卫生事业费支出	2.111	人口增长率	1.365
电信基础设施指数	2.089	空气质量指数	1.360
地方财政教育事业费支出占比	2.079	通货膨胀率指标	1.331
人力资本	2.064	万人卫生机构数	1.327
第三产业占 GDP 比重	2.061	对外开放稳定性	1.315
农村社会养老保险覆盖率	2.054	经济增长波动指标	1.240
交通基础设施指数	2.036	失业率指标	1.230
市场化程度	2.031	工业废水排放量	1.141
万元 GDP 能耗指标	1.934	人均 GDP 增长率	1.141
城乡消费水平指数	1.901	有效劳动力比例	1.118
基础设施指数	1.886	万人耕地面积	1.037
城乡人均纯收入指数	1.868	空气质量良好天数	1.000
万人床位数	1.854	工业"三废"综合利用产品产值占比	0.861
城市设施水平	1.798	人均水资源量	0.730
城镇居民恩格尔系数	1.770	人均可支配收入占 GDP 比重	0.187

通过对比分析近 8 年具体指标权重的变化情况，我们可以发现权重最高的指标，2014 年为城镇基本养老保险覆盖率，2015 年为专利授权量，2016

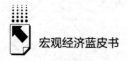

年为人均 GDP 和农村居民家庭人均年纯收入，而 2017 年和 2018 年连续两年权重最高的为城镇失业保险覆盖率，2019 年为城市化率，2020 年为城镇失业保险覆盖率，2021 年和 2022 年则均为城镇基本养老保险覆盖率。其中城市化率在 2014~2022 年连续 9 年处于权重排名的前列，城镇基本养老保险覆盖率在 2015~2022 年连续 8 年处于权重排名的前列。权重排名前几位的具体指标的变化反映了我国在向绿色低碳以及绿色增长转型的过程中，城镇基本养老保险覆盖率、城镇失业保险覆盖率、城市化率、地方财政科学事业费支出占比等与城市化相关的指标的重要程度，客观地反映了新时期经济的关注点已经从城市的高质量发展转向与绿色低碳和绿色增长相关的各种公共服务、社会保障和人民生活等。

（四）区域发展：疫情以来各地区和发达省（区、市）发展情况

受新冠肺炎疫情的影响，从东部、中部、西部地区的各项指标来看，疫情发生后除环境质量外，其他一级指标方面均是西部地区的改善情况优于东部、中部地区。发达地区的经济发展质量受到了比中、西部地区更严重的影响，各地区之间的差距缩小，但这种差距的缩小不是因为中、西部地区的主动进步产生的，是发达地区的发展有所停滞引起的，不是我们所希望实现的共同富裕。下面以新冠肺炎疫情暴发作为一个转折点来分析发达省（区、市）和各区域发展的具体指标变化的情况。

1. 从东、中、西与东北地区来看

（1）从经济增长的各个具体指标来看

①产出效率方面

2020~2022 年东北地区全要素生产率在 4 个地区中排名第 1，相较于 2010~2019 年上升了 1 名；东部地区排第 2 名，相较于 2010~2019 年下降了 1 名；中部地区排第 4 名，相较于 2010~2019 年下降了 1 名；西部地区排第 3 名，相较于 2010~2019 年上升了 1 名；

2020~2022 年东部地区全社会劳动生产率在 4 个地区中排名第 1；中部地区排第 3 名；西部地区排第 4 名；东北地区排第 2 名。

2020~2022年东部地区资本产出率在4个地区中排名第1；中部地区排第3名，相较于2010~2019年下降了1名；西部地区排第4名；东北地区排第2名，相较于2010~2019年上升了1名。

2020~2022年东北地区投资效果系数在4个地区中排名第1，相较于2010~2019年上升了1名；东部地区排第2名，相较于2010~2019年下降了1名；中部地区排第4名，相较于2010~2019年下降了1名；西部地区排第3名，相较于2010~2019年上升了1名。

②经济结构方面

2020~2022年中部地区第二产业占GDP比重在4个地区中排名第1；东部地区排第3名，相较于2010~2019年上升了1名；西部地区排第2名；东北地区排第4名，相较于2010~2019年下降了1名。

2020~2022年东部地区第三产业占GDP比重在4个地区中排名第1；中部地区排第3名，相较于2010~2019年上升了1名；西部地区排第4名，相较于2010~2019年下降了1名；东北地区排第2名。

2020~2022年东部地区城市化率在4个地区中排名第1；中部地区排第3名；西部地区排第4名；东北地区排第2名。

③经济稳定方面

2020~2022年西部地区经济增长波动指标在4个地区中排名第1，相较于2010~2019年上升了2名；东部地区排第3名，相较于2010~2019年下降了2名；中部地区排第2名；东北地区排第4名。

2020~2022年东北地区对外开放稳定性在4个地区中排名第1；东部地区排第2名；中部地区排第3名；西部地区排第4名。

2020~2022年中部地区人均GDP增长率在4个地区中排名第1；东部地区排第4名，相较于2010~2019下降了1名；西部地区排第2名；东北地区排第3名，相较于2010~2019上升了1名。

2020~2022年中部地区通货膨胀率指标在4个地区中排名第1，相较于2010~2019年上升了1名；东部地区排第3名，相较于2010~2019年上升了1名；西部地区排第2名，相较于2010~2019年下降了1名；东北地区排

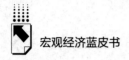

第 4 名，相较于 2010~2019 年下降了 1 名。

2020~2022 年东部地区失业率指标在 4 个地区中排名第 1；中部地区排第 2 名；西部地区排第 4 名，相较于 2010~2019 年下降了 1 名；东北地区排第 3 名，相较于 2010~2019 年上升了 1 名。

（2）从增长潜力的各个具体指标来看

①产出消耗方面

2020~2022 年中部地区劳动投入弹性指标在 4 个地区中排名第 1；东部地区排第 3 名；西部地区排第 2 名，相较于 2010~2019 年上升了 2 名；东北地区排第 4 名，相较于 2010~2019 年下降了 2 名。

2020~2022 年东部地区资本投入弹性指标在 4 个地区中排名第 1；中部地区排第 3 名，相较于 2010~2019 年上升了 1 名；西部地区排第 4 名，相较于 2010~2019 年下降了 1 名；东北地区排第 2 名。

2020~2022 年东部地区能源消耗弹性指标在 4 个地区中排名第 1；中部地区排第 2 名；西部地区排第 3 名；东北地区排第 4 名。

②增长可持续性方面

2020~2022 年东部地区专利授权量在 4 个地区中排名第 1；中部地区排第 2 名；西部地区排第 4 名；东北地区排第 3 名。

2020~2022 年东北地区地方财政教育事业费支出占比在 4 个地区中排名第 1；东部地区排第 3 名，相较于 2010~2019 年下降了 1 名；中部地区排第 4 名；西部地区排第 2 名，相较于 2010~2019 年上升了 1 名。

2020~2022 年东北地区人力资本在 4 个地区中排名第 1，相较于 2010~2019 年上升了 1 名；东部地区排第 2 名，相较于 2010~2019 年下降了 1 名；中部地区排第 3 名；西部地区排第 4 名。

2020~2022 年东部地区人口增长率在 4 个地区中排名第 1；中部地区排第 3 名；西部地区排第 2 名；东北地区排第 4 名。

2020~2022 年东部地区地方财政科学事业费支出占比在 4 个地区中排名第 1；中部地区排第 3 名，相较于 2010~2019 年上升了 1 名；西部地区排第 4 名，相较于 2010~2019 年下降了 1 名；东北地区排第 2 名。

2020~2022年东北地区有效劳动力比例在4个地区中排名第1；东部地区排第4名，相较于2010~2019年下降了2名；中部地区排第2名，相较于2010~2019年上升了2名；西部地区排第3名。

2020~2022年东北地区人均邮电业务量在4个地区中排名第1，相较于2010~2019年上升了1名；东部地区排第2名，相较于2010~2019年下降了1名；中部地区排第4名；西部地区排第3名。

（3）从政府效率的各个具体指标来看

①公共服务效率方面

2020~2022年东北地区万人耕地面积在4个地区中排名第1；东部地区排第4名；中部地区排第3名；西部地区排第2名。

2020~2022年东部地区基础设施指数在4个地区中排名第1；中部地区排第3名；西部地区排第2名；东北地区排第4名。

2020~2022年东部地区交通基础设施指数在4个地区中排名第1；中部地区排第4名；西部地区排第3名；东北地区排第2名。

2020~2022年东北地区电信基础设施指数在4个地区中排名第1，相较于2010~2019年上升了2名；东部地区排第3名，相较于2010~2019年下降了2名；中部地区排第4名；西部地区排第2名。

2020~2022年东部地区市场化程度在4个地区中排名第1；中部地区排第3名，相较于2010~2019年下降了1名；西部地区排第4名；东北地区排第2名，相较于2010~2019年上升了1名。

2020~2022年东部地区城镇社区服务设施数在4个地区中排名第1；中部地区排第3名，相较于2010~2019年下降了1名；西部地区排第2名，相较于2010~2019年上升了1名；东北地区排第4名。

2020~2022年东部地区城市设施水平在4个地区中排名第1；中部地区排第3名；西部地区排第2名；东北地区排第4名。

②社会保障方面

2020~2022年东部地区城镇基本养老保险覆盖率在4个地区中排名第1；中部地区排第4名；西部地区排第3名；东北地区排第2名。

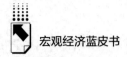

2020~2022 年东北地区城镇基本医疗保险覆盖率在 4 个地区中排名第 1；东部地区排第 2 名；中部地区排第 4 名；西部地区排第 3 名。

2020~2022 年东部地区城镇失业保险覆盖率在 4 个地区中排名第 1；中部地区排第 4 名；西部地区排第 3 名；东北地区排第 2 名。

2020~2022 年中部地区农村社会养老保险覆盖率在 4 个地区中排名第 1，相较于 2010~2019 年上升了 1 名；东部地区排第 2 名，相较于 2010~2019 年下降了 1 名；西部地区排第 4 名；东北地区排第 3 名。

（4）从人民生活的各个具体指标来看

2020~2022 年东部地区人均 GDP 在 4 个地区中排名第 1；中部地区排第 3 名；西部地区排第 4 名；东北地区排第 2 名。

2020~2022 年东北地区人均可支配收入占 GDP 比重在 4 个地区中排名第 1，相较于 2010~2019 年上升了 2 名；东部地区排第 3 名，相较于 2010~2019 年上升了 1 名；中部地区排第 4 名，相较于 2010~2019 年下降了 3 名；西部地区排第 2 名；

2020~2022 年东部地区城镇家庭平均每人可支配收入在 4 个地区中排名第 1；中部地区排第 3 名；西部地区排第 4 名；东北地区排第 2 名。

2020~2022 年东北地区农村居民家庭人均年纯收入在 4 个地区中排名第 1，相较于 2010~2019 年上升了 1 名；东部地区排第 2 名，相较于 2010~2019 年下降了 1 名；中部地区排第 3 名；西部地区排第 4 名。

2020~2022 年东北地区城乡人均纯收入指标在 4 个地区中排名第 1；东部地区排第 2 名；中部地区排第 3 名；西部地区排第 4 名。

2020~2022 年东北地区地方财政卫生事业费支出在 4 个地区中排名第 1；东部地区排第 2 名，相较于 2010~2019 年上升了 1 名；中部地区排第 4 名；西部地区排第 3 名，相较于 2010~2019 年下降了 1 名。

2020~2022 年东部地区城镇居民恩格尔系数指标在 4 个地区中排名第 1，相较于 2010~2019 年上升了 2 名；中部地区排第 3 名，相较于 2010~2019 年下降了 1 名；西部地区排第 4 名；东北地区排第 2 名，相较于 2010~2019 年下降了 1 名。

2020~2022年西部地区农村居民恩格尔系数指标在4个地区中排名第1，相较于2010~2019年上升了1名；东部地区排第3名；中部地区排第2名，相较于2010~2019年下降了1名；东北地区排第4名。

2020~2022年东北地区人均储蓄存款额在4个地区中排名第1，相较于2010~2019年上升了1名；东部地区排第2名，相较于2010~2019年下降了1名；中部地区排第4名；西部地区排第3名。

2020~2022年中部地区万人拥有医生数在4个地区中排名第1，相较于2010~2019年上升了2名；东部地区排第3名，相较于2010~2019年下降了2名；西部地区排第4名；东北地区排第2名。

2020~2022年东北地区万人床位数在4个地区中排名第1；东部地区排第4名，相较于2010~2019年下降了1名；中部地区排第2名，相较于2010~2019年上升了2名；西部地区排第3名，相较于2010~2019年下降了1名。

2020~2022年东北地区万人卫生机构数在4个地区中排名第1，相较于2010~2019年上升了1名；东部地区排第4名；中部地区排第3名；西部地区排第2名，相较于2010~2019年下降了1名。

2020~2022年东部地区城乡消费水平指标在4个地区中排名第1；中部地区排第2名，相较于2010~2019年上升了1名；西部地区排第4名；东北地区排第3名，相较于2010~2019年下降了1名。

2020~2022年东部地区消费水平在4个地区中排名第1；中部地区排第3名；西部地区排第4名；东北地区排第2名。

（5）从环境质量的各个具体指标来看

①生态环境方面

2020~2022年西部地区自然保护区面积在4个地区中排名第1；东部地区排第4名；中部地区排第3名；东北地区排第2名。

2020~2022年东部地区万人城市园林绿地面积在4个地区中排名第1；中部地区排第4名；西部地区排第3名；东北地区排第2名。

2020~2022年西部地区人均水资源量在4个地区中排名第1；东部地区

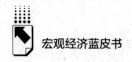

排第 2 名，相较于 2010~2019 年上升了 1 名；中部地区排第 3 名，相较于 2010~2019 年下降了 1 名；东北地区排第 4 名。

②环境治理方面

2020~2022 年东部地区万元 GDP 能耗指标在 4 个地区中排名第 1；中部地区排第 2 名；西部地区排第 4 名；东北地区排第 3 名。

2020~2022 年东北地区万元 GDP 电力消耗指标在 4 个地区中排名第 1；东部地区排第 2 名；中部地区排第 3 名；西部地区排第 4 名。

2020~2022 年东部地区工业废水排放量在 4 个地区中排名第 1；中部地区排第 4 名；西部地区排第 2 名；东北地区排第 3 名。

2020~2022 年东北地区工业"三废"综合利用产品产值占比在 4 个地区中排名第 1，相较于 2010~2019 年上升了 2 名；东部地区排第 4 名；中部地区排第 2 名，相较于 2010~2019 年下降了 1 名；西部地区排第 3 名，相较于 2010~2019 年下降了 1 名。

2020~2022 年西部地区环境污染治理投资总额在 4 个地区中排名第 1；东部地区排第 4 名，相较于 2010~2019 年下降了 1 名；中部地区排第 2 名；东北地区排第 3 名，相较于 2010~2019 年上升了 1 名。

2020~2022 年东北地区治理工业污染项目投资占 GDP 比重在 4 个地区中排名第 1，相较于 2010~2019 年上升了 3 名；东部地区排第 2 名，相较于 2010~2019 年上升了 1 名；中部地区排第 4 名，相较于 2010~2019 年下降了 2 名；西部地区排第 3 名，相较于 2010~2019 年下降了 2 名。

③空气监测方面

2020~2022 年东北地区空气质量指数在 4 个地区中排名第 1，相较于 2010~2019 年上升了 1 名；东部地区排第 2 名，相较于 2010~2019 年下降了 1 名；中部地区排第 4 名；西部地区排第 3 名。

2020~2022 年西部地区空气质量良好天数在 4 个地区中排名第 1；东部地区排第 2 名；中部地区排第 4 名；东北地区排第 3 名。

2. 2020 年后各项指标排名情况

（1）从经济增长的各个具体指标来看

①产出效率方面

2020 年以来上海全要素生产率在 5 个省（区、市）[2022 年发展前景排名前 5 的省（区、市），下同]中排名第 1。在 30 个省（区、市）中北京排第 6，相较于 2010 年后下降了 2 名；上海排第 3，相较于 2010 年后下降了 2 名；江苏排第 7；浙江排第 8，相较于 2010 年后下降了 3 名；广东排第 22，相较于 2010 年后下降了 11 名。

2020 年以来上海全社会劳动生产率在 5 个省（区、市）和 30 个省（区、市）中排名第 1。在 30 个省（区、市）中北京排第 11；上海排第 1；江苏排第 2，相较于 2010 年后上升了 1 名；浙江排第 10；广东排第 7，相较于 2010 年后下降了 1 名。

2020 年以来广东资本产出率在 5 个省（区、市）和 30 个省（区、市）中排名第 1。在 30 个省（区、市）中北京排第 5，相较于 2010 年后上升了 1 名；上海排第 2；江苏排第 3；浙江排第 4；广东排第 1。

2020 年以来上海投资效果系数在 5 个省（区、市）中排名第 1。在 30 个省（区、市）中北京排第 8，相较于 2010 年后下降了 2 名；上海排第 2，相较于 2010 年后下降了 1 名；江苏排第 4，相较于 2010 年后上升了 1 名；浙江排第 6，相较于 2010 年后下降了 2 名；广东排第 3，相较于 2010 年后下降了 1 名。

②经济结构方面

2020 年以来江苏第二产业占 GDP 比重在 5 个省（区、市）中排名第 1。在 30 个省（区、市）中北京排第 30；上海排第 27，相较于 2010 年后上升了 1 名；江苏排第 3，相较于 2010 年后上升了 7 名；浙江排第 16；广东排第 10，相较于 2010 年后上升了 9 名。

2020 年以来北京第三产业占 GDP 比重在 5 个省（区、市）和 30 个省（区、市）中排名第 1。在 30 个省（区、市）中北京排第 1；上海排第 2；江苏排第 11，相较于 2010 年后下降了 3 名；浙江排第 6；广东排第 5。

2020 年以来北京城市化率在 5 个省（区、市）和 30 个省（区、市）中排名第 1。在 30 个省（区、市）中北京排第 1，相较于 2010 年后上升了 1

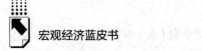

名；上海排第 2，相较于 2010 年后下降了 1 名；江苏排第 5；浙江排第 6；广东排第 4。

③经济稳定方面

2020 年以来江苏经济增长波动指标在 5 个省（区、市）中排名第 1。在 30 个省（区、市）中北京排第 27，相较于 2010 年后下降了 15 名；上海排第 26，相较于 2010 年后下降了 7 名；江苏排第 16，相较于 2010 年后下降了 6 名；浙江排第 18，相较于 2010 年后下降了 1 名；广东排第 24，相较于 2010 年后下降了 2 名。

2020 年以来广东对外开放稳定性在 5 个省（区、市）中排名第 1。在 30 个省（区、市）中北京排第 22，相较于 2010 年后下降了 7 名；上海排第 9，相较于 2010 年后上升了 8 名；江苏排第 11，相较于 2010 年后下降了 7 名；浙江排第 21，相较于 2010 年后下降了 10 名；广东排第 8，相较于 2010 年后下降了 5 名。

2020 年以来北京人均 GDP 增长率在 5 个省（区、市）中排名第 1。在 30 个省（区、市）中北京排第 18，相较于 2010 年后上升了 11 名；上海排第 23，相较于 2010 年后上升了 5 名；江苏排第 25，相较于 2010 年后下降了 6 名；浙江排第 29，相较于 2010 年后下降了 2 名；广东排第 30。

2020 年以来广东通货膨胀率指标在 5 个省（区、市）中排名第 1。在 30 个省（区、市）中北京排第 17，相较于 2010 年后上升了 2 名；上海排第 22，相较于 2010 年后上升了 6 名；江苏排第 29；浙江排第 27；广东排第 10，相较于 2010 年后上升了 8 名。

2020 年以来北京失业率指标在 5 个省（区、市）和 30 个省（区、市）中排名第 1。在 30 个省（区、市）中北京排第 1；上海排第 16，相较于 2010 年后上升了 10 名；江苏排第 10，相较于 2010 年后下降了 1 名；浙江排第 7，相较于 2010 年后下降了 1 名；广东排第 3。

（2）从增长潜力的各个具体指标来看

①产出消耗方面

2020年以来上海劳动投入弹性指标在5个省（区、市）中排名第1。在30个省（区、市）中北京排第15，相较于2010年后上升了8名；上海排第3，相较于2010年后上升了4名；江苏排第14，相较于2010年后下降了2名；浙江排第24，相较于2010年后下降了2名；广东排第25，相较于2010年后下降了10名。

2020年以来上海资本投入弹性指标在5个省（区、市）中排名第1。在30个省（区、市）中北京排第11，相较于2010年后下降了8名；上海排第5，相较于2010年后下降了4名；江苏排第7，相较于2010年后上升了1名；浙江排第9，相较于2010年后下降了2名；广东排第23，相较于2010年后下降了13名。

2020年以来北京能源消耗弹性指标在5个省（区、市）中排名第1。在30个省（区、市）中北京排第3，相较于2010年后下降了1名；上海排第5，相较于2010年后下降了1名；江苏排第12，相较于2010年后下降了1名；浙江排第7，相较于2010年后上升了1名；广东排第10，相较于2010年后上升了6名。

②增长可持续性方面

2020年以来江苏专利授权量在5个省（区、市）和30个省（区、市）中排名第1。在30个省（区、市）中北京排第5；上海排第6；江苏排第1；浙江排第2；广东排第3。

2020年以来上海地方财政教育事业费支出占比在5个省（区、市）中排名第1。在30个省（区、市）中北京排第15，相较于2010年后下降了5名；上海排第5，相较于2010年后下降了3名；江苏排第6，相较于2010年后下降了2名；浙江排第18，相较于2010年后下降了5名；广东排第13，相较于2010年后上升了1名。

2020年以来北京人力资本在5个省（区、市）和30个省（区、市）中排名第1。在30个省（区、市）中北京排第1；上海排第4，相较于2010年后下降了2名；江苏排第16，相较于2010年后下降了8名；浙江排第22，相较于2010年后下降了9名；广东排第12，相较于2010年后上升了

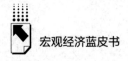

9 名。

2020 年以来浙江人口增长率在 5 个省（区、市）和 30 个省（区、市）中排名第 1。在 30 个省（区、市）中北京排第 13，相较于 2010 年后下降了 6 名；上海排第 10，相较于 2010 年后下降了 2 名；江苏排第 6，相较于 2010 年后上升了 3 名；浙江排第 1，相较于 2010 年后上升了 1 名；广东排第 2，相较于 2010 年后下降了 1 名。

2020 年以来江苏地方财政科学事业费支出占比在 5 个省（区、市）和 30 个省（区、市）中排名第 1。在 30 个省（区、市）中北京排第 6，相较于 2010 年后下降了 3 名；上海排第 2，相较于 2010 年后下降了 1 名；江苏排第 1，相较于 2010 年后上升了 1 名；浙江排第 3，相较于 2010 年后上升了 1 名；广东排第 10，相较于 2010 年后下降了 2 名。

2020 年以来北京有效劳动力比例在 5 个省（区、市）中排名第 1。在 30 个省（区、市）中北京排第 5，相较于 2010 年后下降了 1 名；上海排第 28，相较于 2010 年后下降了 9 名；江苏排第 14，相较于 2010 年后下降了 9 名；浙江排第 19，相较于 2010 年后上升了 1 名；广东排第 13，相较于 2010 年后下降了 7 名。

2020 年以来浙江人均邮电业务量在 5 个省（区、市）和 30 个省（区、市）中排名第 1。在 30 个省（区、市）中北京排第 3；上海排第 9，相较于 2010 年后下降了 5 名；江苏排第 15，相较于 2010 年后下降了 4 名；浙江排第 1，相较于 2010 年后上升了 1 名；广东排第 4，相较于 2010 年后下降了 3 名。

（3）从政府效率的各个具体指标来看

①公共服务效率方面

2020 年以来江苏万人耕地面积在 5 个省（区、市）中排名第 1。在 30 个省（区、市）中北京排第 29；上海排第 30；江苏排第 23，相较于 2010 年后上升了 1 名；浙江排第 27，相较于 2010 年后下降了 1 名；广东排第 28。

2020 年以来浙江基础设施指数在 5 个省（区、市）中排名第 1。在 30 个省（区、市）中北京排第 27，相较于 2010 年后下降了 7 名；上海排第

22，相较于2010年后上升了1名；江苏排第8，相较于2010年后下降了1名；浙江排第4，相较于2010年后下降了1名；广东排第5，相较于2010年后上升了5名。

2020年以来北京交通基础设施指数在5个省（区、市）和30个省（区、市）中排名第1。在30个省（区、市）中北京排第1；上海排第5；江苏排第17，相较于2010年后上升了3名；浙江排第23，相较于2010年后下降了1名；广东排第18，相较于2010年后下降了1名。

2020年以来北京电信基础设施指数在5个省（区、市）中排名第1。在30个省（区、市）中北京排第2，相较于2010年后下降了1名；上海排第13，相较于2010年后下降了3名；江苏排第24，相较于2010年后下降了2名；浙江排第14，相较于2010年后下降了1名；广东排第12，相较于2010年后下降了3名。

2020年以来浙江市场化程度在5个省（区、市）和30个省（区、市）中排名第1。在30个省（区、市）中北京排第29；上海排第14，相较于2010年后上升了1名；江苏排第2，相较于2010年后下降了1名；浙江排第1，相较于2010年后上升了1名；广东排第5，相较于2010年后下降了1名。

2020年以来广东城镇社区服务设施数在5个省（区、市）中排名第1。在30个省（区、市）中北京排第5，相较于2010年后下降了1名；上海排第23，相较于2010年后下降了3名；江苏排第11，相较于2010年后下降了5名；浙江排第10，相较于2010年后下降了7名；广东排第2。

2020年以来浙江城市设施水平在5个省（区、市）中排名第1。在30个省（区、市）中北京排第21；上海排第27，相较于2010年后上升了2名；江苏排第7，相较于2010年后下降了2名；浙江排第6；广东排第13，相较于2010年后下降了1名。

②社会保障方面

2020年以来北京城镇基本养老保险覆盖率在5个省（区、市）和30个省（区、市）中排名第1。在30个省（区、市）中北京排第1；上海排第3，相较于2010年后下降了1名；江苏排第21，相较于2010年后下降了11

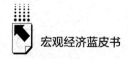

名；浙江排第2，相较于2010年后上升了1名；广东排第26，相较于2010年后下降了18名。

2020年以来北京城镇基本医疗保险覆盖率在5个省（区、市）中排名第1。在30个省（区、市）中北京排第6，相较于2010年后下降了5名；上海排第9，相较于2010年后下降了5名；江苏排第13；浙江排第7，相较于2010年后上升了3名；广东排第14，相较于2010年后下降了3名。

2020年以来北京城镇失业保险覆盖率在5个省（区、市）和30个省（区、市）中排名第1。在30个省（区、市）中北京排第1；上海排第2；江苏排第6；浙江排第5，相较于2010年后下降了1名；广东排第3。

2020年以来江苏农村社会养老保险覆盖率在5个省（区、市）和30个省（区、市）中排名第1。在30个省（区、市）中北京排第13，相较于2010年后下降了10名；上海排第22，相较于2010年后下降了8名；江苏排第1；浙江排第2；广东排第23。

（4）从人民生活的各个指标来看

2020年以来上海人均GDP在5个省（区、市）中排名第1。在30个省（区、市）中北京排第6；上海排第2；江苏排第3；浙江排第7，相较于2010年后下降了3名；广东排第10，相较于2010年后下降了1名。

2020年以来浙江人均可支配收入占GDP比重在5个省（区、市）中排名第1。在30个省（区、市）中北京排第23，相较于2010年后下降了4名；上海排第22，相较于2010年后下降了8名；江苏排第30，相较于2010年后下降了1名；浙江排第7，相较于2010年后上升了5名；广东排第16，相较于2010年后上升了1名。

2020年以来上海城镇家庭平均每人可支配收入在5个省（区、市）中排名第1。在30个省（区、市）中北京排第12，相较于2010年后下降了2名；上海排第2，相较于2010年后下降了1名；江苏排第6；浙江排第4，相较于2010年后下降了2名；广东排第8，相较于2010年后下降了1名。

2020年以来上海农村居民家庭人均年纯收入在5个省（区、市）中排名第1。在30个省（区、市）中北京排第14，相较于2010年后下降了4

名；上海排第 2，相较于 2010 年后下降了 1 名；江苏排第 7，相较于 2010 年后下降了 3 名；浙江排第 3；广东排第 12，相较于 2010 年后下降了 3 名。

2020 年以来浙江城乡人均纯收入指标在 5 个省（区、市）中排名第 1。在 30 个省（区、市）中北京排第 23，相较于 2010 年后下降了 13 名；上海排第 6，相较于 2010 年后下降了 1 名；江苏排第 7，相较于 2010 年后下降了 1 名；浙江排第 3；广东排第 21，相较于 2010 年后下降了 3 名。

2020 年以来上海地方财政卫生事业费支出在 5 个省（区、市）和 30 个省（区、市）中排名第 1。在 30 个省（区、市）中北京排第 7；上海排第 1；江苏排第 16，相较于 2010 年后下降了 1 名；浙江排第 11，相较于 2010 年后下降了 1 名；广东排第 24，相较于 2010 年后下降了 2 名。

2020 年以来北京城镇居民恩格尔系数指标在 5 个省（区、市）中排名第 1。在 30 个省（区、市）中北京排第 2，相较于 2010 年后上升了 1 名；上海排第 25，相较于 2010 年后下降了 4 名；江苏排第 14，相较于 2010 年后下降了 1 名；浙江排第 28，相较于 2010 年后下降了 5 名；广东排第 24。

2020 年以来北京农村居民恩格尔系数指标在 5 个省（区、市）中排名第 1。在 30 个省（区、市）中北京排第 7，相较于 2010 年后下降了 1 名；上海排第 30，相较于 2010 年后下降了 3 名；江苏排第 22，相较于 2010 年后下降了 3 名；浙江排第 27，相较于 2010 年后下降了 3 名；广东排第 29，相较于 2010 年后上升了 1 名。

2020 年以来北京人均储蓄存款额在 5 个省（区、市）和 30 个省（区、市）中排名第 1。在 30 个省（区、市）中北京排第 1；上海排第 2；江苏排第 13，相较于 2010 年后下降了 7 名；浙江排第 7，相较于 2010 年后下降了 2 名；广东排第 23，相较于 2010 年后下降了 10 名。

2020 年以来北京万人拥有医生数在 5 个省（区、市）中排名第 1。在 30 个省（区、市）中北京排第 2，相较于 2010 年后下降了 1 名；上海排第 30；江苏排第 10；浙江排第 6，相较于 2010 年后下降了 3 名；广东排第 25，相较于 2010 年后下降了 5 名。

2020 年以来北京万人床位数在 5 个省（区、市）中排名第 1。在 30 个

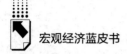

省（区、市）中北京排第 16，相较于 2010 年后下降了 7 名；上海排第 19，相较于 2010 年后下降了 6 名；江苏排第 27，相较于 2010 年后下降了 1 名；浙江排第 29，相较于 2010 年后下降了 2 名；广东排第 30。

2020 年以来北京万人卫生机构数在 5 个省（区、市）中排名第 1。在 30 个省（区、市）中北京排第 22，相较于 2010 年后上升了 1 名；上海排第 30；江苏排第 27，相较于 2010 年后上升了 1 名；浙江排第 29，相较于 2010 年后下降了 7 名；广东排第 25，相较于 2010 年后上升了 1 名。

2020 年以来浙江城乡消费水平指标在 5 个省（区、市）中排名第 1。在 30 个省（区、市）中北京排第 16，相较于 2010 年后下降了 6 名；上海排第 7，相较于 2010 年后下降了 2 名；江苏排第 4，相较于 2010 年后下降了 1 名；浙江排第 2，相较于 2010 年后下降了 1 名；广东排第 24，相较于 2010 年后上升了 1 名。

2020 年以来上海消费水平在 5 个省（区、市）和 30 个省（区、市）中排名第 1。在 30 个省（区、市）中北京排第 6；上海排第 1；江苏排第 3，相较于 2010 年后上升了 2 名；浙江排第 4，相较于 2010 年后下降了 1 名；广东排第 5，相较于 2010 年后下降了 1 名。

（5）从环境质量的各个具体指标来看

①生态环境方面

2020 年以来广东自然保护区面积在 5 个省（区、市）中排名第 1。在 30 个省（区、市）中北京排第 27，相较于 2010 年后上升了 1 名；上海排第 29；江苏排第 25，相较于 2010 年后下降了 1 名；浙江排第 28，相较于 2010 年后下降了 1 名；广东排第 11。

2020 年以来上海万人城市园林绿地面积在 5 个省（区、市）和 30 个省（区、市）中排名第 1。在 30 个省（区、市）中北京排第 4；上海排第 1；江苏排第 6，相较于 2010 年后下降了 1 名；浙江排第 2，相较于 2010 年后上升了 5 名；广东排第 13，相较于 2010 年后下降了 7 名。

2020 年以来浙江人均水资源量在 5 个省（区、市）中排名第 1。在 30 个省（区、市）中北京排第 26，相较于 2010 年后上升了 2 名；上海排第

30；江苏排第 22；浙江排第 4，相较于 2010 年后上升了 4 名；广东排第 9，相较于 2010 年后上升了 3 名。

②环境治理方面

2020 年以来广东万元 GDP 能耗指标在 5 个省（区、市）和 30 个省（区、市）中排名第 1。在 30 个省（区、市）中北京排第 7；上海排第 8，相较于 2010 年后下降了 3 名；江苏排第 11，相较于 2010 年后下降了 2 名；浙江排第 9，相较于 2010 年后下降了 1 名；广东排第 1。

2020 年以来上海万元 GDP 电力消耗指标在 5 个省（区、市）中排名第 1。在 30 个省（区、市）中北京排第 5，相较于 2010 年后下降了 1 名；上海排第 3；江苏排第 12，相较于 2010 年后上升了 3 名；浙江排第 18，相较于 2010 年后上升了 1 名；广东排第 6，相较于 2010 年后上升了 1 名。

2020 年以来北京工业废水排放量在 5 个省（区、市）和 30 个省（区、市）中排名第 1。在 30 个省（区、市）中北京排第 1；上海排第 5，相较于 2010 年后上升了 3 名；江苏排第 28，相较于 2010 年后上升了 1 名；浙江排第 29，相较于 2010 年后下降了 1 名；广东排第 19，相较于 2010 年后上升了 6 名。

2020 年以来浙江工业"三废"综合利用产品产值占比在 5 个省（区、市）中排名第 1。在 30 个省（区、市）中北京排第 30；上海排第 28；江苏排第 23，相较于 2010 年后下降了 5 名；浙江排第 3，相较于 2010 年后下降了 2 名；广东排第 25，相较于 2010 年后上升了 2 名。

2020 年以来江苏环境污染治理投资总额在 5 个省（区、市）中排名第 1。在 30 个省（区、市）中北京排第 10，相较于 2010 年后下降了 3 名；上海排第 13，相较于 2010 年后上升了 10 名；江苏排第 7，相较于 2010 年后上升了 4 名；浙江排第 15，相较于 2010 年后上升了 7 名；广东排第 29，相较于 2010 年后上升了 1 名。

2020 年以来浙江治理工业污染项目投资占 GDP 比重在 5 个省（区、市）中排名第 1。在 30 个省（区、市）中北京排第 22，相较于 2010 年后上升了 8 名；上海排第 13，相较于 2010 年后上升了 9 名；江苏排第 14，相较

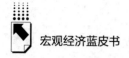

于 2010 年后上升了 5 名；浙江排第 12，相较于 2010 年后上升了 3 名；广东排第 24，相较于 2010 年后上升了 3 名。

③空气监测方面

2020 年以来浙江空气质量指数在 5 个省（区、市）中排名第 1。在 30 个省（区、市）中北京排第 24；上海排第 14；江苏排第 18，相较于 2010 年后上升了 3 名；浙江排第 3，相较于 2010 年后上升了 3 名；广东排第 8。

2020 年以来广东空气质量良好天数在 5 个省（区、市）中排名第 1。在 30 个省（区、市）中北京排第 29；上海排第 25，相较于 2010 年后下降了 4 名；江苏排第 20；浙江排第 7，相较于 2010 年后上升了 1 名；广东排第 6，相较于 2010 年后下降了 1 名。

六　结论

通过对 1990~2022 年发展前景进行分析评估，本报告认为尽管中国经济正面临着结构性减速和 2020 年以来近三年的严重疫情的影响，但中国 30 个省（区、市）的发展前景和经济发展质量仍然得到了一定的稳固、恢复和提升，同时随着城市化的深入发展，公共服务、社会保障、生活质量和生态环境逐渐上升到较为重要的地位。

综合来看，发展前景和一级指标的改善仍基本延续以往的走势。发展前景指数、经济增长指数、人民生活指数是西部地区改善情况优于东部、中部地区，环境质量指数是中部地区改善情况优于东部、西部地区，增长潜力指数和政府效率指数是东部地区改善情况优于中、西部地区。从新冠肺炎疫情发生以来的区域发展情况对比来看，除环境质量外，其他指标均是西部地区改善情况优于东部、中部地区。发达地区经济发展质量受到了比发展中地区更为严重的影响，从而引起区域差别有一定缩小，但这种影响却不是我们希望看到的，这种区域差别减小不是我们所希望的共同富裕。

参考文献

United Nations Development Programme, *Human Development Report*, Oxford University Press, 1999.

World Bank, "*The World Bank Public Information Center Annual Report FY 95*", Washington D. C. , 1995.

中国科学院可持续发展战略研究组：《中国可持续发展战略报告——探索中国特色的低碳道路》，科学出版社，2009。

叶文虎、仝川：《联合国可持续发展指标体系述评》，《中国人口资源与环境》1997年第9期。

《21世纪议程》，国家环境保护局译，国环境科学出版社，1994。

边雅静、沈利生：《人力资本对我国东西部经济增长影响的实证分析》，《数量经济技术经济研究》2004年第12期。

附　　录

Appendix

B.6

附录　评价结果相关图表

表1　30个省（区、市）1990~2022年发展前景排名情况

省(区、市)	1990年	1995年	2000年	2005年	2010年	2015年	2016年	2017年	2018年	2019年	2020年	2021年	2022年	平均
北京	2	2	2	2	3	4	4	4	5	5	5	5	5	3
天津	4	3	3	3	6	7	7	7	7	7	7	7	8	6
河北	15	11	11	12	13	21	18	18	20	18	15	17	17	12
山西	16	14	12	11	10	23	22	20	17	21	19	24	21	15
内蒙古	13	15	15	15	15	11	11	10	9	9	11	9	9	14
辽宁	6	5	5	7	8	9	9	9	10	11	9	10	12	8
吉林	8	9	8	14	14	10	10	11	12	12	10	14	13	11
黑龙江	5	6	9	9	11	13	12	12	14	17	18	18	16	10
上海	1	1	1	1	1	1	1	1	1	1	1	1	1	1
江苏	3	4	4	4	4	2	2	2	3	3	3	3	3	2
浙江	7	7	6	5	2	3	3	3	2	2	2	2	2	4
安徽	14	18	18	23	21	14	14	15	16	19	17	20	20	16
福建	17	13	14	10	9	8	8	8	8	8	8	8	7	9
江西	19	24	28	25	24	22	20	21	18	20	20	19	18	24
山东	9	8	7	8	7	6	6	6	6	6	6	6	6	7

续表

省(区,市)	1990年	1995年	2000年	2005年	2010年	2015年	2016年	2017年	2018年	2019年	2020年	2021年	2022年	平均
河南	24	17	16	17	22	20	23	24	23	23	24	22	22	20
湖北	12	12	13	13	12	12	13	14	13	13	23	16	23	13
湖南	27	25	23	18	19	16	17	19	21	16	14	15	11	21
广东	11	10	10	6	5	5	5	5	4	4	4	4	4	5
广西	29	29	26	27	26	28	28	28	28	25	27	27	26	28
海南	18	20	17	22	18	18	16	17	19	15	16	12	14	18
重庆	21	27	27	28	23	19	21	22	22	22	21	21	19	25
四川	26	21	22	16	17	17	19	16	15	14	13	13	15	19
贵州	30	28	30	30	30	30	30	30	30	30	30	30	30	30
云南	25	26	24	29	29	29	29	29	29	29	28	28	28	29
陕西	22	22	21	19	16	15	15	13	11	10	12	11	10	17
甘肃	20	19	25	24	25	27	27	27	27	27	29	29	29	26
青海	28	30	29	26	28	26	24	25	25	26	25	26	24	27
宁夏	23	23	20	21	20	24	25	23	24	24	22	23	25	23
新疆	10	16	19	20	27	25	26	26	26	28	26	25	27	22

表2 30个省（区、市）及全国、东部、中部、西部1990~2022年
发展前景指数（上一年＝100）

省(区,市)	1990年	1995年	2000年	2005年	2010年	2015年	2016年	2017年	2018年	2019年	2020年	2021年	2022年	平均
北京	100	98.0	95.9	102.3	108.4	102.2	103.9	103.6	103.5	101.7	96.8	107.2	101.4	102.0
天津	100	102.4	101.9	106.0	108.2	100.6	108.2	105.1	100.9	104.6	99.4	105.1	97.8	102.0
河北	100	97.9	96.6	108.3	111.9	102.2	108.4	104.7	103.3	108.4	99.9	106.0	106.0	102.9
山西	100	103.7	99.4	107.0	115.0	97.1	106.4	106.7	106.2	103.9	97.7	106.1	108.1	103.0
内蒙古	100	101.8	97.7	108.4	107.5	105.3	106.7	104.0	103.9	103.9	96.5	118.2	106.2	103.3
辽宁	100	104.8	104.1	104.3	106.0	95.7	97.7	103.3	102.5	104.6	98.5	110.8	105.0	102.2
吉林	100	107.1	110.9	96.9	105.6	101.7	105.9	106.3	100.7	105.9	100.3	105.7	106.9	102.5
黑龙江	100	105.3	97.7	101.9	107.0	104.0	106.9	106.6	104.7	102.9	95.8	108.8	109.5	101.7
上海	100	97.5	106.7	95.5	109.6	103.4	105.2	105.0	105.4	101.5	98.8	108.3	103.7	102.5
江苏	100	97.4	98.0	104.6	108.6	102.1	105.4	103.1	105.4	105.4	99.8	109.9	102.9	103.4
浙江	100	98.5	98.6	106.3	113.3	104.7	103.7	105.2	107.7	104.8	99.4	110.0	103.5	104.3

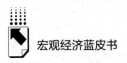

续表

省(区,市)	1990年	1995年	2000年	2005年	2010年	2015年	2016年	2017年	2018年	2019年	2020年	2021年	2022年	平均
安徽	100	99.6	94.5	91.9	112.9	98.4	105.9	107.7	107.6	104.9	97.1	108.3	104.9	103.1
福建	100	98.9	100.2	107.3	112.0	101.1	104.3	107.0	107.4	103.4	98.8	110.8	107.8	104.2
江西	100	98.9	94.8	113.8	103.0	100.6	106.1	104.1	107.4	105.1	96.7	111.1	105.5	103.5
山东	100	96.6	95.6	102.8	108.3	103.7	102.7	107.2	106.4	104.7	100.9	107.2	102.4	103.9
河南	100	103.5	99.1	110.7	106.0	98.0	100.9	103.2	107.3	108.7	94.4	113.1	104.5	103.8
湖北	100	99.1	99.8	112.8	110.8	100.7	102.7	102.3	105.9	107.1	87.4	115.7	100.3	102.4
湖南	100	104.4	108.2	109.5	115.1	106.0	105.1	107.3	110.4	111.0	98.9	110.7	112.5	104.9
广东	100	102.5	101.8	106.2	112.3	103.0	102.0	106.9	106.4	105.4	99.3	111.7	101.8	104.4
广西	100	93.4	95.1	113.3	106.1	99.8	102.5	105.2	111.5	112.5	95.0	115.9	104.5	104.5
海南	100	95.2	110.3	104.3	115.5	97.8	106.3	102.6	103.1	110.5	97.2	116.1	102.2	103.7
重庆	100	97.5	99.1	115.3	110.1	103.6	103.2	103.6	104.4	108.3	96.4	110.5	106.4	103.7
四川	100	105.9	96.8	110.0	109.1	102.2	103.3	105.7	108.3	105.1	100.9	109.5	102.9	104.2
贵州	100	98.8	98.7	114.1	106.5	102.4	101.9	107.5	110.0	104.2	96.0	120.8	107.5	103.8
云南	100	99.8	98.8	111.1	106.9	104.8	99.2	110.6	110.7	113.3	105.8	109.2	100.4	103.4
陕西	100	102.8	98.6	105.6	111.0	100.9	107.0	106.5	108.1	106.0	96.3	112.7	110.8	104.2
甘肃	100	102.8	96.9	111.6	106.7	102.5	104.0	103.5	107.5	107.5	95.2	102.1	107.1	102.8
青海	100	91.8	98.7	110.1	108.7	98.2	108.9	102.5	106.6	102.1	100.3	112.8	108.6	104.6
宁夏	100	98.3	100.5	94.4	110.3	100.6	103.9	106.8	103.8	105.4	101.8	110.4	100.6	103.8
新疆	100	97.1	102.7	100.8	111.0	98.7	105.2	104.7	107.2	99.9	101.0	114.9	99.1	101.9
全国	100	100.2	100.1	105.1	109.5	101.6	104.5	104.5	105.4	105.3	98.2	110.2	104.3	103.1
东部	100	99.1	100.6	103.9	110.1	101.9	104.2	104.8	105.0	104.5	99.0	109.2	103.0	103.1
中部	100	103.0	100.7	105.0	109.4	100.8	105.0	103.1	104.1	106.1	96.0	109.8	106.6	102.8
西部	100	99.5	98.5	107.8	108.6	101.7	104.4	105.3	107.2	106.0	98.6	112.3	105.0	103.5

表3　30个省（区、市）及全国、东部、中部、西部1990~2022年发展前景指数（以1990年为基期）

省(区,市)	1990年	1995年	2000年	2005年	2010年	2015年	2016年	2017年	2018年	2019年	2020年	2021年	2022年
北京	100	98.4	97.9	104.2	142.2	156.1	162.2	168.0	173.8	176.9	171.2	183.6	186.1
天津	100	111.5	112.1	130.0	152.2	156.0	168.7	177.3	178.8	187.0	185.9	195.4	191.2
河北	100	120.1	125.8	145.5	188.9	169.8	184.2	192.7	199.1	215.9	215.7	228.6	242.3

续表

省(区,市)	1990年	1995年	2000年	2005年	2010年	2015年	2016年	2017年	2018年	2019年	2020年	2021年	2022年
辽宁	100	124.6	126.9	137.1	165.9	163.1	159.4	164.7	168.7	176.5	173.9	192.7	202.4
上海	100	93.4	96.4	104.5	147.3	169.2	178.1	187.0	197.2	200.0	197.5	214.0	221.9
江苏	100	96.0	100.4	114.8	167.7	213.5	225.0	232.0	244.7	257.9	257.5	282.9	291.0
浙江	100	116.5	124.8	161.3	244.7	283.8	294.3	309.7	333.7	349.9	347.8	382.4	395.8
福建	100	122.4	125.8	168.5	225.4	258.0	269.0	287.9	309.2	319.6	315.7	350.0	377.2
山东	100	119.0	126.1	136.0	200.2	249.4	256.2	274.7	292.3	306.1	308.9	331.0	339.0
广东	100	116.6	124.8	161.6	249.5	292.4	298.2	318.6	339.2	357.5	355.0	396.7	403.7
海南	100	115.9	124.5	127.2	212.8	215.1	228.6	234.6	241.8	267.3	259.9	301.7	308.4
东部平均	100	109.0	113.0	129.8	181.0	202.6	211.2	221.3	232.4	243.0	240.7	262.9	270.7
山西	100	118.9	132.0	159.7	213.6	179.3	190.8	203.5	216.1	224.5	219.4	232.7	251.6
吉林	100	109.6	119.8	109.9	145.7	156.2	165.1	175.5	176.6	187.1	187.7	198.4	212.1
黑龙江	100	98.8	95.9	98.1	125.4	120.2	128.6	137.1	143.6	147.7	141.5	153.9	168.6
安徽	100	99.1	99.4	103.2	158.9	184.5	195.3	210.4	226.2	237.6	230.8	250.0	262.4
江西	100	109.3	85.9	119.2	182.5	207.5	220.2	229.2	246.3	258.8	250.3	278.0	293.3
河南	100	142.7	145.7	170.0	223.2	244.2	246.4	254.4	273.0	296.7	280.2	317.1	331.5
湖北	100	103.1	109.6	131.6	178.2	174.1	178.9	183.0	193.8	207.6	181.4	209.9	210.5
湖南	100	130.6	129.5	161.5	255.2	265.3	278.9	299.2	330.3	366.5	362.4	401.1	451.3
中部平均	100	111.0	112.2	125.9	175.2	179.7	188.6	194.4	202.4	214.9	206.5	226.6	241.5
内蒙古	100	109.0	101.6	128.6	181.0	192.2	205.1	213.3	221.7	230.3	222.3	262.8	279.0
广西	100	111.8	140.5	159.8	262.7	257.5	263.9	277.5	309.4	348.0	330.6	383.3	400.6
重庆	100	88.6	97.7	112.8	197.1	228.5	235.9	244.4	255.3	276.5	266.6	294.5	313.6
四川	100	139.0	131.1	187.6	262.4	260.4	268.9	284.2	307.8	323.7	326.5	357.5	367.9
贵州	100	119.2	111.8	143.9	197.3	211.5	215.4	231.6	254.8	265.7	255.0	308.0	331.2
云南	100	109.7	124.2	117.7	178.0	177.8	176.4	195.1	216.0	244.6	258.9	282.7	283.9
陕西	100	123.8	119.7	145.1	243.9	238.5	255.1	271.6	293.6	311.4	299.8	337.9	374.6
甘肃	100	120.9	104.2	120.5	180.5	185.6	193.0	199.8	214.8	231.0	220.0	224.6	240.4
青海	100	109.3	118.2	170.6	259.2	278.6	303.5	311.0	331.5	338.4	339.4	382.8	415.6
宁夏	100	128.9	130.3	151.3	229.0	228.3	237.2	253.3	262.9	277.2	282.3	311.7	313.5
新疆	100	92.1	82.8	92.3	122.8	131.9	138.7	145.3	155.8	155.6	157.3	180.7	179.1
西部平均	100	112.3	111.7	134.5	202.3	209.5	218.7	230.3	246.9	261.8	258.0	289.9	304.2
全国平均	100	110.4	112.5	130.0	185.0	198.6	207.4	216.9	228.6	240.7	236.5	260.7	271.9

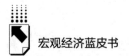

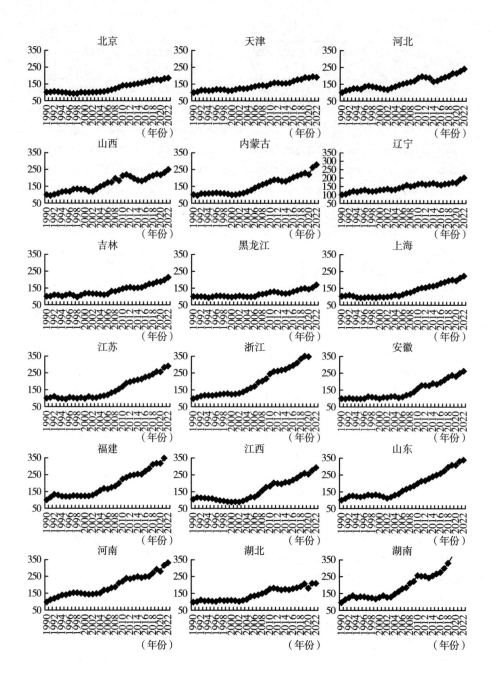

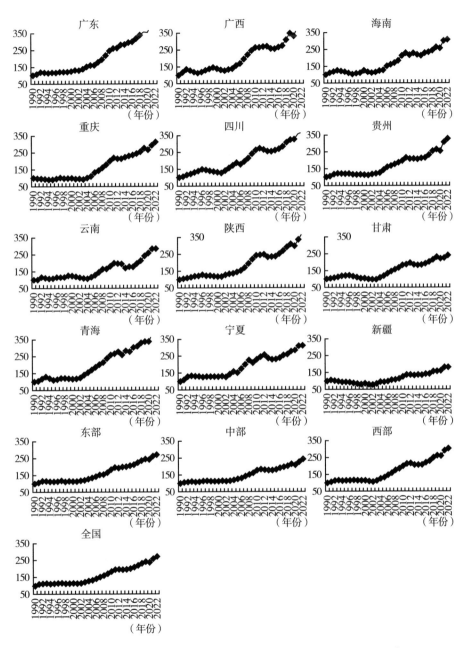

图1　30个省（区、市）及全国、东部、中部、西部1990~2022年
发展前景指数（以1990年为基期）变化趋势

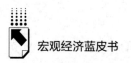

表4　30个省（区、市）1990~2022 年经济增长排名情况

省(区、市)	北京	天津	河北	山西	内蒙古	辽宁	吉林	黑龙江	上海	江苏
1990 年	2	21	4	8	28	16	27	5	3	7
1995 年	5	3	13	14	21	16	9	12	4	1
2000 年	9	6	12	21	19	5	16	10	3	1
2005 年	13	3	10	11	15	8	12	9	4	2
2010 年	11	4	21	18	12	8	13	19	2	3
2015 年	6	5	23	28	8	20	15	19	2	3
2016 年	7	3	17	23	10	27	13	20	2	5
2017 年	6	4	17	22	10	25	14	16	1	5
2018 年	7	5	17	22	9	24	15	14	1	5
2019 年	6	7	20	21	10	24	16	17	1	4
2020 年	7	5	16	24	9	22	15	18	1	4
2021 年	7	5	15	24	8	23	16	18	1	3
2022 年	8	7	15	22	6	21	23	17	1	4
综合	6	5	16	19	10	12	15	13	2	3

省(区、市)	浙江	安徽	福建	江西	山东	河南	湖北	湖南	广东	广西
1990 年	1	25	9	15	18	12	6	17	11	30
1995 年	6	11	10	23	7	8	17	22	2	29
2000 年	4	17	11	13	7	15	18	23	2	28
2005 年	6	26	7	21	5	16	17	23	1	30
2010 年	5	22	7	17	6	16	10	20	1	27
2015 年	4	10	7	18	9	13	12	21	1	24
2016 年	4	12	6	22	9	14	11	19	1	24
2017 年	3	12	7	23	9	18	11	20	2	24
2018 年	3	13	6	23	10	18	12	21	2	26
2019 年	3	13	5	25	11	19	14	22	2	26
2020 年	3	17	6	25	12	20	14	21	2	26
2021 年	4	17	6	25	12	20	14	21	2	28
2022 年	3	16	5	25	12	19	14	20	2	26
综合	4	17	7	22	8	14	11	24	1	30

省(区、市)	海南	重庆	四川	贵州	云南	陕西	甘肃	青海	宁夏	新疆
1990 年	24	20	29	14	23	10	19	22	26	13
1995 年	30	19	26	24	20	18	15	28	27	25
2000 年	26	25	30	24	20	8	14	29	27	22
2005 年	20	29	25	27	28	14	18	24	22	19
2010 年	25	14	15	30	28	9	23	29	26	24
2015 年	26	14	16	30	27	11	17	29	22	25
2016 年	28	16	15	30	29	8	18	26	25	21
2017 年	28	19	13	30	29	8	21	27	26	15
2018 年	30	20	11	28	25	8	19	29	27	16
2019 年	30	18	12	27	23	9	10	29	28	15
2020 年	30	19	13	28	23	8	10	29	27	11
2021 年	30	19	13	26	22	10	11	29	27	9
2022 年	30	18	13	27	24	9	11	29	28	10
综合	28	21	23	27	25	9	18	29	26	20

表5　30个省（区、市）1990~2022年经济增长指数（上一年＝100）

省(区、市)	北京	天津	河北	山西	内蒙古	辽宁	吉林	黑龙江	上海	江苏
1990 年	100	100	100	100	100	100	100	100	100	100
1995 年	98.2	107.5	100.0	104.4	95.7	93.4	111.0	101.7	97.7	101.0
2000 年	97.5	102.4	110.1	97.6	97.1	100.0	99.8	102.6	99.3	105.3
2005 年	101.4	100.7	106.5	98.1	105.2	105.5	106.3	107.9	97.7	102.2
2010 年	101.3	102.2	97.0	98.9	98.4	100.4	107.3	98.2	108.3	100.4
2015 年	107.5	101.4	103.7	94.7	115.6	87.3	103.5	119.3	102.5	100.9
2016 年	103.4	112.0	123.3	114.6	99.8	88.8	106.4	105.8	102.9	103.6
2017 年	102.7	95.9	99.3	105.2	101.5	103.7	99.9	106.6	102.6	97.4
2018 年	98.8	97.6	107.4	107.6	104.8	103.2	90.8	101.7	103.6	102.2
2019 年	97.3	89.2	96.8	100.5	103.4	103.3	100.5	99.6	102.9	101.8
2020 年	98.0	107.3	106.7	96.0	98.0	104.7	100.3	99.1	100.9	100.1
2021 年	102.1	100.2	100.2	100.1	102.2	99.9	99.1	99.2	99.0	97.5
2022 年	111.3	107.3	109.2	111.7	116.2	110.8	95.8	111.9	105.2	108.2
平均	100.8	102.4	101.2	101.0	103.3	101.2	101.8	101.0	102.0	101.8

省(区、市)	浙江	安徽	福建	江西	山东	河南	湖北	湖南	广东	广西
1990 年	100	100	100	100	100	100	100	100	100	100
1995 年	93.0	103.3	95.4	99.9	99.5	100.9	96.2	107.0	98.9	98.3
2000 年	95.3	99.6	101.7	103.4	103.5	99.0	104.9	95.8	99.3	119.7
2005 年	97.0	95.0	101.5	98.7	105.0	110.2	105.7	113.6	100.2	103.0
2010 年	104.0	101.8	105.8	97.5	100.6	107.0	99.7	102.5	106.0	107.8
2015 年	101.5	102.0	103.2	98.5	100.2	93.0	103.3	101.9	104.7	111.0
2016 年	105.1	101.4	104.4	102.4	104.6	104.8	108.4	107.6	100.2	108.0
2017 年	101.1	103.4	101.4	96.0	100.5	94.9	97.7	100.8	101.4	98.8
2018 年	102.0	100.4	103.1	97.1	99.6	100.3	100.0	96.3	100.9	94.0
2019 年	103.7	100.1	100.5	99.4	98.7	99.4	99.8	100.1	105.0	106.0
2020 年	97.1	96.1	98.7	101.3	96.4	99.4	102.1	99.3	100.2	97.5
2021 年	94.9	100.3	97.8	99.0	99.1	96.7	96.3	100.0	95.6	97.1
2022 年	108.8	110.7	112.3	110.0	108.3	112.3	112.3	114.7	110.2	110.9
平均	101.1	102.0	101.7	100.8	101.7	101.1	101.1	101.4	102.9	102.6

省(区、市)	海南	重庆	四川	贵州	云南	陕西	甘肃	青海	宁夏	新疆
1990 年	100	100	100	100	100	100	100	100	100	100
1995 年	97.1	98.7	104.3	99.7	100.9	102.9	104.6	108.1	104.4	92.2
2000 年	100.1	98.4	93.3	95.5	102.0	107.0	99.7	102.9	98.1	96.6
2005 年	102.8	96.6	109.7	106.2	97.1	101.3	103.7	108.6	108.1	102.1
2010 年	97.5	99.3	117.9	98.2	109.8	106.3	100.0	91.8	100.3	97.6
2015 年	97.0	105.5	109.4	107.4	119.8	103.1	115.4	89.9	119.4	89.6
2016 年	100.5	103.1	106.7	104.7	100.9	115.5	105.7	110.4	99.8	119.3
2017 年	95.8	96.5	101.5	100.3	97.2	102.5	96.7	99.2	98.2	108.5
2018 年	86.9	98.1	109.9	104.3	107.5	96.8	103.4	99.0	100.1	94.6
2019 年	111.4	106.4	100.9	103.8	109.9	100.5	118.6	97.7	96.7	101.9
2020 年	99.1	99.0	100.5	98.7	101.9	99.9	98.0	99.6	107.2	108.9
2021 年	95.2	98.9	98.5	104.0	101.1	95.1	97.0	96.4	98.5	103.7
2022 年	109.8	110.0	109.7	107.2	104.3	112.3	110.3	113.5	105.2	106.6
平均	100.8	101.7	103.1	100.6	101.4	101.6	101.8	100.9	101.5	101.6

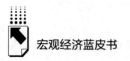

表6　30个省（区、市）1990~2022年经济增长指数（以1990年为基期）

地区	北京	天津	河北	山西	内蒙古	辽宁	吉林	黑龙江	上海	江苏
1990 年	100	100	100	100	100	100	100	100	100	100
1995 年	102.3	166.0	103.3	105.6	147.3	117.1	175.3	104.9	109.4	134.9
2000 年	91.0	153.7	103.4	94.6	149.5	140.1	159.7	108.8	104.5	141.6
2005 年	91.0	174.5	116.1	116.4	177.4	142.2	180.9	119.0	112.7	147.2
2010 年	97.4	191.5	103.9	110.1	186.5	146.1	181.5	107.8	133.1	151.6
2015 年	112.7	195.2	94.1	91.7	210.9	123.2	182.0	105.2	160.0	157.1
2016 年	116.6	218.6	116.0	105.1	210.9	109.3	193.6	111.2	164.6	162.8
2017 年	119.7	209.7	115.2	110.5	213.5	113.4	193.5	118.6	168.9	158.5
2018 年	118.2	204.6	123.7	119.0	223.7	117.0	175.7	120.6	174.9	162.1
2019 年	115.0	182.6	119.8	119.5	231.3	121.4	176.6	120.2	179.9	165.0
2020 年	112.7	195.9	127.9	114.7	226.7	127.1	177.2	119.1	181.5	165.2
2021 年	115.1	196.3	128.1	114.8	231.6	126.5	175.6	118.1	179.6	161.1
2022 年	128.0	210.7	140.0	128.2	268.9	140.1	168.1	132.2	189.0	174.3

地区	浙江	安徽	福建	江西	山东	河南	湖北	湖南	广东	广西
1990 年	100	100	100	100	100	100	100	100	100	100
1995 年	96.9	144.2	111.3	105.0	135.0	122.0	100.2	110.8	140.9	155.8
2000 年	97.2	133.8	107.2	115.2	139.8	111.1	100.6	106.5	145.7	161.4
2005 年	101.1	122.0	123.4	111.2	153.0	122.3	110.4	114.9	171.8	151.5
2010 年	115.3	139.4	132.9	124.1	160.6	122.1	121.1	126.6	190.6	195.1
2015 年	122.9	163.2	141.5	121.5	156.3	127.6	118.6	124.8	212.2	191.4
2016 年	129.2	165.5	147.8	124.2	163.5	133.7	128.6	134.2	212.8	206.7
2017 年	130.7	171.1	149.8	119.4	164.3	126.7	125.6	135.3	215.7	204.1
2018 年	133.3	171.9	154.5	115.9	163.6	127.3	125.5	130.3	217.8	191.8
2019 年	138.3	172.0	155.3	115.3	161.5	126.6	125.2	130.5	228.6	203.2
2020 年	134.3	165.3	153.3	116.8	155.7	125.8	127.9	129.6	229.1	198.1
2021 年	127.4	165.9	150.0	115.6	154.3	121.7	123.2	129.6	219.0	192.3
2022 年	138.7	183.6	168.4	127.1	167.1	136.6	138.3	148.7	241.3	213.3

地区	海南	重庆	四川	贵州	云南	陕西	甘肃	青海	宁夏	新疆
1990 年	100	100	100	100	100	100	100	100	100	100
1995 年	96.8	125.0	146.4	99.0	128.1	108.3	122.1	106.2	128.3	94.3
2000 年	111.5	108.0	129.0	96.4	123.0	124.0	122.8	102.8	126.4	99.8
2005 年	132.1	105.3	161.0	97.4	109.2	122.5	132.0	121.5	147.5	113.4
2010 年	129.6	143.1	194.0	94.2	123.8	135.3	121.6	112.5	148.1	111.1
2015 年	122.6	146.5	196.9	92.7	118.3	131.4	130.4	110.6	147.0	102.6
2016 年	123.2	151.0	210.1	97.1	119.2	151.4	137.8	122.1	146.6	122.5
2017 年	117.9	145.7	213.2	97.4	116.1	155.6	133.3	121.1	144.0	132.8
2018 年	102.5	142.9	234.3	101.6	124.8	150.7	137.8	119.9	144.2	125.7
2019 年	114.2	152.1	236.3	105.5	137.1	151.5	163.4	117.1	139.4	128.1
2020 年	113.2	150.5	237.4	104.2	139.7	151.3	160.1	116.7	149.5	139.4
2021 年	107.8	148.9	233.8	108.3	141.2	143.8	155.4	112.5	147.2	144.6
2022 年	118.4	163.7	256.4	116.1	147.3	161.6	171.4	127.7	155.3	154.1

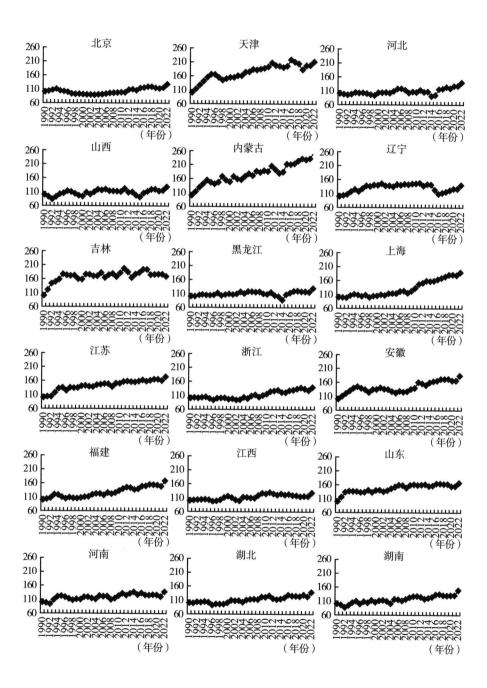

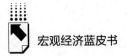

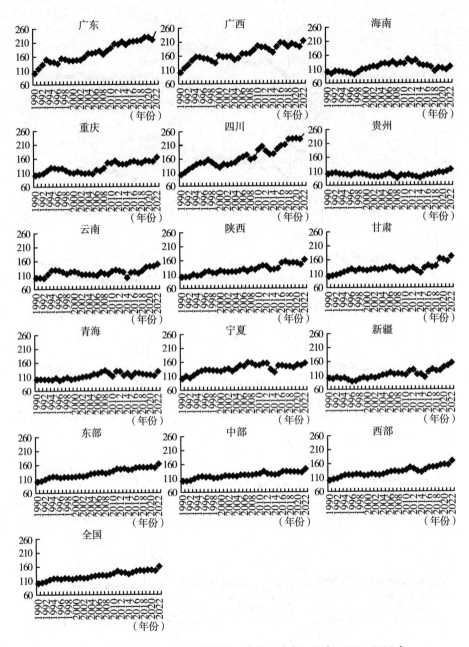

图2　30个省（区、市）及全国、东部、中部、西部1990~2022年
经济增长指数（以1990年为基期）变化趋势

表7　30个省（区、市）1990~2022年增长潜力排名情况（按排名顺序）

排名	1990年	1995年	2000年	2005年	2010年	2015年	2016年	2017年	2018年	2019年	2020年	2021年	2022年	综合
1	上海	北京	上海	北京	上海	上海	上海	上海	上海	上海	上海	上海	上海	上海
2	北京	上海	北京	上海	北京	江苏	江苏	江苏	浙江	浙江	浙江	浙江	浙江	北京
3	江苏	辽宁	吉林	广东	海南	浙江	浙江	浙江	江苏	江苏	江苏	江苏	江苏	江苏
4	黑龙江	江苏	天津	天津	浙江	广东	广东	广东	广东	广东	广东	广东	广东	浙江
5	新疆	黑龙江	黑龙江	江苏	广东	北京	北京	北京	北京	北京	北京	北京	新疆	广东
6	青海	天津	辽宁	黑龙江	江苏	内蒙古	内蒙古	内蒙古	福建	新疆	青海	新疆	北京	新疆
7	广东	吉林	江苏	辽宁	黑龙江	山东	海南	福建	内蒙古	青海	吉林	青海	海南	天津
8	海南	山东	新疆	新疆	天津	海南	福建	海南	海南	辽宁	内蒙古	内蒙古	青海	辽宁
9	吉林	新疆	山东	浙江	新疆	福建	新疆	山东	吉林	新疆	海南	吉林	吉林	黑龙江
10	浙江	浙江	浙江	福建	内蒙古	新疆	天津	吉林	湖南	内蒙古	吉林	内蒙古	吉林	吉林
11	四川	广东	四川	四川	山东	黑龙江	山东	青海	海南	湖南	辽宁	辽宁	辽宁	海南
12	辽宁	安徽	海南	内蒙古	青海	辽宁	青海	青海	内蒙古	海南	福建	福建	福建	青海
13	天津	四川	内蒙古	青海	辽宁	吉林	辽宁	四川	福建	山东	四川	四川	四川	内蒙古
14	甘肃	青海	广东	湖北	吉林	青海	天津	天津	山东	湖南	山东	山东	山东	山东
15	福建	湖北	青海	山东	四川	福建	四川	辽宁	四川	天津	黑龙江	黑龙江	黑龙江	四川
16	山东	内蒙古	湖北	吉林	福建	四川	黑龙江	黑龙江	天津	四川	黑龙江	湖南	湖南	福建
17	重庆	甘肃	甘肃	海南	安徽	湖南	湖南	湖南	黑龙江	黑龙江	天津	天津	天津	湖北
18	广西	福建	福建	甘肃	湖北	安徽	安徽	安徽	湖北	湖北	陕西	陕西	陕西	湖南
19	湖北	湖南	广西	广西	广西	江西	江西	江西	安徽	安徽	湖北	宁夏	宁夏	安徽
20	云南	广西	安徽	湖南	陕西	湖北	湖北	湖北	江西	江西	江西	河南	河南	广西
21	内蒙古	重庆	湖南	云南	重庆	陕西	河北	陕西	陕西	陕西	河南	湖北	湖北	甘肃
22	湖南	河北	云南	河北	云南	湖南	宁夏	河北	河北	河北	宁夏	广西	广西	陕西
23	陕西	云南	山西	安徽	甘肃	重庆	陕西	云南	山西	山东	安徽	江西	云南	云南
24	河北	海南	陕西	陕西	湖南	宁夏	云南	重庆	广西	宁夏	河南	安徽	重庆	重庆
25	贵州	陕西	江西	山西	江西	广西	重庆	山西	广西	河北	河北	河北	江西	江西
26	江西	江西	重庆	江西	山西	甘肃	河南	广西	河南	河南	重庆	重庆	重庆	河北
27	河南	河南	河北	河南	河北	河北	广西	宁夏	重庆	重庆	甘肃	甘肃	甘肃	宁夏
28	安徽	山西	河南	宁夏	宁夏	河南	河南	山西	云南	云南	山西	山西	山西	山西
29	山西	宁夏	宁夏	重庆	河南	山西	山西	甘肃	甘肃	甘肃	云南	云南	云南	河南
30	宁夏	贵州	贵州	贵州	贵州	贵州	贵州	贵州	贵州	贵州	贵州	贵州	贵州	贵州

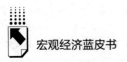

表8　30个省（区、市）1990~2022年增长潜力排名情况

省(区、市)	北京	天津	河北	山西	内蒙古	辽宁	吉林	黑龙江	上海	江苏
1990年	2	13	24	29	21	12	9	4	1	3
1995年	1	6	22	28	16	3	7	5	2	4
2000年	2	4	27	23	13	6	3	5	1	7
2005年	1	4	22	25	12	7	16	6	2	5
2010年	2	8	27	26	10	13	14	7	1	6
2015年	5	9	27	29	6	12	13	11	1	2
2016年	5	10	22	29	6	14	11	15	1	2
2017年	5	14	21	28	7	13	10	16	1	2
2018年	5	14	22	28	7	15	12	16	1	3
2019年	5	16	22	25	12	9	8	17	1	3
2020年	5	15	22	23	10	8	7	17	1	3
2021年	5	17	25	28	8	11	10	16	1	3
2022年	6	17	25	28	10	11	9	15	1	3
综合	2	7	26	28	13	8	10	9	1	3

省(区、市)	浙江	安徽	福建	江西	山东	河南	湖北	湖南	广东	广西
1990年	10	28	15	26	16	27	19	22	7	18
1995年	10	12	18	26	8	27	15	19	11	20
2000年	10	20	18	25	9	28	16	21	14	19
2005年	9	23	10	26	15	27	14	20	3	19
2010年	4	17	16	25	11	29	18	24	5	19
2015年	3	17	15	18	7	28	19	22	4	25
2016年	3	18	8	19	13	28	20	17	4	26
2017年	3	18	7	19	11	26	20	17	4	27
2018年	2	18	6	19	9	25	20	17	4	26
2019年	2	19	13	20	14	26	18	10	4	24
2020年	2	19	14	20	13	26	18	11	4	25
2021年	2	23	12	20	15	24	19	14	4	21
2022年	2	24	12	23	14	20	19	16	4	22
综合	4	19	16	25	14	29	17	18	5	20

省(区、市)	海南	重庆	四川	贵州	云南	陕西	甘肃	青海	宁夏	新疆
1990年	8	17	11	25	20	23	14	6	30	5
1995年	24	21	13	30	23	25	17	14	29	9
2000年	12	26	11	30	22	24	17	15	29	8
2005年	17	29	11	30	21	24	18	13	28	8
2010年	3	21	15	30	22	20	23	12	28	9
2015年	8	21	16	30	23	20	26	14	24	10
2016年	7	23	16	30	24	21	27	12	25	9
2017年	8	25	15	30	24	23	29	12	22	9
2018年	8	24	13	30	23	21	29	11	27	10
2019年	11	27	15	30	28	21	29	7	23	6
2020年	12	27	16	30	28	21	29	6	24	9
2021年	9	26	13	30	29	18	27	7	22	6
2022年	7	26	13	30	29	18	27	8	19	5
综合	11	24	15	30	23	22	21	12	27	6

表9　30个省（区、市）1990~2022年增长潜力指数（上一年＝100）

省(区、市)	北京	天津	河北	山西	内蒙古	辽宁	吉林	黑龙江	上海	江苏
1990 年	100	100	100	100	100	100	100	100	100	100
1995 年	97.9	101.9	109.6	104.0	102.3	104.7	106.2	100.4	96.4	95.1
2000 年	106.6	111.0	109.7	111.0	106.8	106.3	114.9	111.3	104.7	106.9
2005 年	100.3	103.5	102.2	99.1	97.7	98.7	97.2	97.6	97.1	102.9
2010 年	102.3	100.8	99.2	99.7	110.9	99.5	100.3	109.4	106.8	103.8
2015 年	97.4	94.1	104.2	98.2	104.7	99.6	102.3	102.1	100.7	103.6
2016 年	101.7	103.9	114.4	102.6	106.0	100.1	105.1	99.5	105.5	106.3
2017 年	101.2	96.0	104.5	108.9	103.4	102.3	106.3	97.9	102.6	104.0
2018 年	107.1	100.9	99.6	110.9	102.1	98.3	102.1	104.5	103.6	107.4
2019 年	105.9	105.5	112.5	106.2	101.6	120.9	118.8	99.5	104.5	104.6
2020 年	103.3	107.4	100.7	106.9	106.6	106.5	106.9	104.7	105.2	101.8
2021 年	96.1	92.4	93.8	91.6	110.1	101.6	99.4	105.4	102.0	106.7
2022 年	106.2	102.7	102.1	98.9	102.4	106.6	105.9	102.9	104.8	106.3
平均	102.5	102.3	102.9	103.3	103.7	103.1	103.2	101.8	103.3	103.4

省(区、市)	浙江	安徽	福建	江西	山东	河南	湖北	湖南	广东	广西
1990 年	100	100	100	100	100	100	100	100	100	100
1995 年	99.3	107.2	96.8	102.0	96.5	104.2	100.3	98.4	99.3	98.7
2000 年	106.7	100.3	103.8	103.8	106.1	103.5	113.5	103.9	112.3	107.4
2005 年	103.8	92.9	106.5	100.8	102.1	96.3	99.2	100.9	107.6	99.9
2010 年	103.2	110.8	102.4	101.4	113.3	100.0	98.2	99.2	102.8	97.9
2015 年	107.0	103.1	103.3	102.8	101.1	105.7	103.0	106.0	104.8	96.2
2016 年	105.8	105.7	110.2	110.9	99.7	104.2	104.7	110.4	104.4	102.2
2017 年	104.5	107.6	104.3	104.7	104.9	106.0	102.2	106.8	106.9	102.6
2018 年	109.0	108.8	107.7	106.6	106.3	108.6	107.0	110.5	107.8	108.8
2019 年	107.0	98.7	96.6	102.0	99.4	100.7	114.1	121.5	103.4	105.3
2020 年	102.2	101.9	99.2	103.2	105.9	102.2	104.3	101.3	102.5	101.2
2021 年	108.3	88.9	101.3	93.4	95.3	108.6	91.1	92.9	105.7	107.9
2022 年	106.5	100.2	108.6	98.5	105.8	111.6	100.2	99.7	104.5	104.2
平均	104.2	103.3	102.9	103.2	102.8	103.5	102.4	103.3	103.8	102.3

省(区、市)	海南	重庆	四川	贵州	云南	陕西	甘肃	青海	宁夏	新疆
1990 年	100	100	100	100	100	100	100	100	100	100
1995 年	92.8	97.7	98.3	100.7	96.8	100.2	100.6	97.0	101.9	99.3
2000 年	113.6	116.5	105.8	101.7	103.4	105.8	111.2	108.9	102.5	109.4
2005 年	107.9	94.5	103.3	103.7	96.2	105.6	101.4	102.1	94.1	98.6
2010 年	115.1	102.0	100.3	98.1	101.0	102.2	98.5	98.4	98.8	113.1
2015 年	98.3	99.4	103.8	102.8	103.0	99.9	98.1	101.1	102.9	102.3
2016 年	106.5	100.7	103.4	102.7	101.0	102.8	102.2	104.5	105.6	106.5
2017 年	100.4	100.1	103.2	103.2	102.2	98.6	97.4	102.3	106.7	99.3
2018 年	104.3	105.1	105.9	107.3	105.1	109.0	103.4	106.5	98.9	103.4
2019 年	105.8	96.1	105.2	99.5	94.4	108.4	102.6	115.3	113.6	119.9
2020 年	101.6	103.5	102.3	98.2	99.6	102.9	105.4	106.7	98.1	96.8
2021 年	111.9	101.1	103.1	109.9	100.8	103.5	107.3	103.8	103.1	115.7
2022 年	110.4	108.8	107.0	104.6	103.3	106.5	104.7	105.6	110.5	109.2
平均	103.2	102.0	102.6	102.6	102.0	103.1	101.9	103.1	104.2	103.1

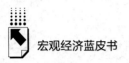

表 10　30 个省（区、市）1990~2022 年增长潜力指数（以 1990 年为基期）

省(区、市)	北京	天津	河北	山西	内蒙古	辽宁	吉林	黑龙江	上海	江苏
1990 年	100	100	100	100	100	100	100	100	100	100
1995 年	103.9	121.0	137.2	133.0	127.7	126.3	115.3	100.4	87.7	99.1
2000 年	115.5	140.1	140.0	169.5	152.9	132.9	141.0	112.8	102.5	107.8
2005 年	138.0	169.4	187.1	205.7	188.3	160.2	143.4	135.1	118.4	134.2
2010 年	176.0	199.4	194.8	226.7	240.8	173.3	166.1	168.6	184.7	165.9
2015 年	176.7	185.9	186.9	210.9	230.4	181.9	173.8	152.2	208.6	203.4
2016 年	179.6	193.2	213.8	216.3	244.2	183.5	182.6	151.3	219.9	216.3
2017 年	181.8	185.5	223.5	235.5	252.5	187.9	194.0	148.2	225.6	224.9
2018 年	194.7	187.2	222.5	261.2	257.8	184.7	198.1	154.8	233.7	241.4
2019 年	206.2	197.5	250.3	277.5	261.9	223.4	235.4	153.9	244.2	252.6
2020 年	213.0	212.1	252.1	296.7	279.2	237.8	251.6	161.1	257.0	257.1
2021 年	204.7	195.9	236.6	271.7	307.3	241.5	250.0	169.8	262.2	274.3
2022 年	217.5	201.2	241.7	268.8	314.8	257.4	264.7	174.8	274.9	291.5

省(区、市)	浙江	安徽	福建	江西	山东	河南	湖北	湖南	广东	广西
1990 年	100	100	100	100	100	100	100	100	100	100
1995 年	110.7	166.4	105.0	125.2	123.2	126.0	115.9	123.7	101.8	107.9
2000 年	124.3	174.8	117.9	148.5	137.5	142.9	128.4	137.6	116.5	121.6
2005 年	154.3	199.8	163.7	178.7	158.9	176.3	168.3	165.2	160.9	148.2
2010 年	208.1	249.2	177.8	205.4	208.4	185.4	173.1	173.5	202.1	159.5
2015 年	237.5	242.7	187.3	220.5	198.1	195.2	166.4	183.0	231.3	149.0
2016 年	251.3	256.4	206.5	244.6	197.5	204.2	174.3	202.1	241.5	152.2
2017 年	262.6	275.9	215.3	256.2	207.3	217.1	178.1	215.8	258.2	156.2
2018 年	286.2	300.1	231.8	273.2	220.4	235.9	190.5	238.4	278.4	170.0
2019 年	306.2	296.2	224.0	278.7	219.1	237.6	217.4	289.7	287.9	179.0
2020 年	312.9	301.8	222.1	287.7	232.0	242.8	226.7	293.4	295.1	181.1
2021 年	338.7	268.4	225.0	268.6	221.2	263.6	206.5	272.6	311.9	195.5
2022 年	360.7	268.9	244.4	264.4	233.9	294.3	206.9	271.9	326.0	203.7

省(区、市)	海南	重庆	四川	贵州	云南	陕西	甘肃	青海	宁夏	新疆
1990 年	100	100	100	100	100	100	100	100	100	100
1995 年	87.3	105.4	104.0	108.9	113.1	110.8	104.8	98.9	149.0	97.2
2000 年	119.6	107.9	123.9	116.1	123.0	129.1	118.9	113.2	171.2	110.9
2005 年	137.2	123.7	151.9	155.3	155.3	161.9	146.2	143.8	214.0	136.2
2010 年	214.5	155.3	169.0	165.4	169.9	187.2	149.7	165.0	250.9	165.6
2015 年	177.6	158.0	168.2	171.9	171.2	191.4	141.1	168.7	255.5	155.3
2016 年	189.2	159.1	174.2	176.5	172.9	196.2	144.2	176.3	269.7	165.4
2017 年	190.0	159.2	179.7	182.2	176.7	194.1	140.4	180.3	287.9	164.3
2018 年	198.2	167.4	190.4	195.5	185.7	211.6	145.2	192.0	284.6	169.9
2019 年	209.6	160.9	200.3	194.5	175.4	229.4	149.0	221.5	323.4	203.7
2020 年	212.8	166.5	204.9	191.1	174.7	236.0	157.0	236.4	317.2	197.1
2021 年	238.2	168.3	211.3	210.0	176.2	244.5	168.4	245.3	327.0	228.1
2022 年	262.9	183.0	226.1	219.5	182.0	260.4	176.3	258.9	361.3	249.1

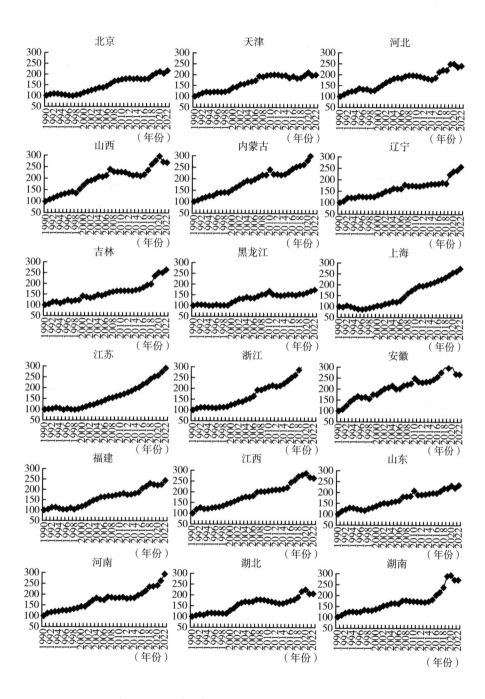

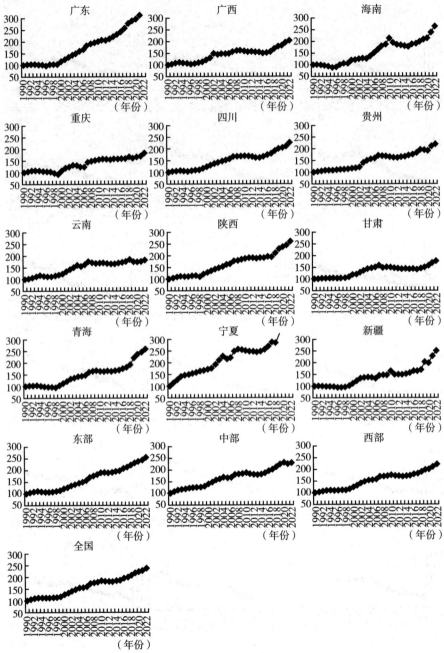

图3　30个省（区、市）及全国、东部、中部、西部1990~2022年
增长潜力指数（以1990年为基期）变化趋势

表11　30个省（区、市）1990~2022年政府效率排名情况（按排名顺序）

排名	1990年	1995年	2000年	2005年	2010年	2015年	2016年	2017年	2018年	2019年	2020年	2021年	2022年	综合
1	天津	天津	上海	上海	北京	北京	北京	北京	北京	北京	北京	北京	北京	北京
2	上海	上海	天津	北京	上海	上海	浙江	上海	上海	浙江	山东	山东	山东	上海
3	北京	北京	北京	浙江	江苏	浙江	上海	浙江	浙江	上海	浙江	浙江	浙江	天津
4	海南	海南	海南	天津	浙江	江苏	江苏	江苏	天津	山东	上海	上海	上海	浙江
5	黑龙江	黑龙江	浙江	江苏	天津	天津	天津	天津	江苏	天津	天津	天津	天津	江苏
6	辽宁	浙江	江苏	辽宁	海南	山东	山东	山东	山东	江苏	江苏	江苏	江苏	海南
7	青海	青海	黑龙江	青海	辽宁	广东	广东	广东	广东	广东	广东	广东	广东	山东
8	江苏	辽宁	辽宁	海南	广东	海南	海南	海南	黑龙江	黑龙江	海南	海南	海南	黑龙江
9	浙江	江苏	青海	黑龙江	山东	黑龙江	黑龙江	黑龙江	海南	海南	黑龙江	黑龙江	黑龙江	辽宁
10	山东	宁夏	山东	山东	黑龙江	辽宁	辽宁	辽宁	辽宁	宁夏	宁夏	宁夏	宁夏	广东
11	山西	山东	吉林	广东	青海	宁夏	宁夏	福建	福建	福建	重庆	重庆	重庆	宁夏
12	宁夏	山西	广东	内蒙古	宁夏	福建	福建	福建	宁夏	辽宁	重庆	福建	福建	青海
13	甘肃	甘肃	湖北	新疆	湖北	湖北	重庆	吉林	吉林	重庆	辽宁	四川	四川	福建
14	广东	湖北	宁夏	湖北	内蒙古	重庆	吉林	重庆	重庆	四川	四川	辽宁	辽宁	吉林
15	湖北	内蒙古	内蒙古	福建	湖南	青海	湖北	山西	四川	陕西	陕西	陕西	陕西	湖北
16	河北	江西	河北	湖南	福建	吉林	山西	四川	陕西	吉林	吉林	贵州	贵州	内蒙古
17	江西	河北	江西	宁夏	吉林	青海	青海	青海	山西	贵州	贵州	吉林	吉林	山西
18	内蒙古	吉林	甘肃	河北	江西	山西	内蒙古	贵州	贵州	湖南	湖南	江西	江西	重庆
19	吉林	新疆	陕西	陕西	山西	湖南	湖南	湖北	青海	湖北	湖北	湖南	湖南	江西
20	新疆	广东	山西	山西	河北	河北	贵州	贵州	内蒙古	江西	江西	湖北	湖北	陕西
21	重庆	陕西	新疆	吉林	新疆	四川	湖南	江西	江西	山西	山西	山西	山西	河北
22	陕西	重庆	贵州	四川	重庆	河北	陕西	陕西	湖南	青海	青海	青海	青海	湖南
23	安徽	安徽	安徽	江西	陕西	江西	陕西	湖南	湖南	广西	广西	广西	广西	四川
24	贵州	贵州	福建	安徽	四川	陕西	江西	江西	河北	内蒙古	内蒙古	内蒙古	内蒙古	贵州
25	云南	四川	湖南	河南	贵州	安徽	安徽	安徽	安徽	安徽	安徽	安徽	安徽	新疆
26	福建	福建	重庆	甘肃	安徽	新疆	广西	广西	广西	河北	云南	云南	云南	安徽
27	四川	云南	四川	重庆	河南	甘肃	新疆	新疆	甘肃	云南	河北	河北	河北	甘肃
28	河南	广西	云南	贵州	甘肃	广西	甘肃	甘肃	广西	云南	河南	河南	河南	广西
29	湖南	湖南	河南	广西	广西	河南	河南	云南	云南	新疆	新疆	新疆	甘肃	河南
30	广西	河南	广西	云南	云南	云南	云南	河南	河南	甘肃	甘肃	甘肃	新疆	云南

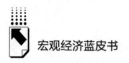

表12　30个省（区、市）1990～2022年政府效率排名情况

省(区,市)	北京	天津	河北	山西	内蒙古	辽宁	吉林	黑龙江	上海	江苏
1990 年	3	1	16	11	18	6	19	5	2	8
1995 年	3	1	17	12	15	8	18	5	2	9
2000 年	3	2	16	20	15	8	11	7	1	6
2005 年	2	4	18	20	12	6	21	9	1	5
2010 年	1	5	20	19	14	7	17	10	2	3
2015 年	1	5	20	18	17	10	16	9	2	4
2016 年	1	5	22	16	18	10	14	9	3	4
2017 年	1	5	23	15	19	10	13	9	2	4
2018 年	1	4	24	15	20	10	13	8	2	5
2019 年	1	5	24	17	23	12	14	8	3	6
2020 年	1	6	26	21	24	13	16	9	4	5
2021 年	1	5	27	21	24	13	16	9	4	6
2022 年	1	5	27	21	24	14	17	9	4	6
综合	1	3	21	17	16	9	14	8	2	5

省(区,市)	浙江	安徽	福建	江西	山东	河南	湖北	湖南	广东	广西
1990 年	9	23	26	17	10	28	15	29	14	30
1995 年	6	23	26	16	11	30	14	29	20	28
2000 年	5	23	24	17	10	29	13	25	12	30
2005 年	3	24	15	23	10	25	14	16	11	29
2010 年	4	26	16	18	9	27	13	15	8	29
2015 年	3	25	12	23	6	29	13	19	7	28
2016 年	2	25	12	24	6	29	15	19	7	26
2017 年	3	25	12	24	6	30	18	21	7	26
2018 年	3	25	11	21	6	30	19	23	7	28
2019 年	2	25	11	21	4	27	20	22	7	26
2020 年	3	25	11	20	2	28	19	18	7	23
2021 年	3	25	12	20	2	28	19	18	7	23
2022 年	3	25	12	18	2	28	20	19	7	23
综合	4	26	13	19	7	29	15	22	10	28

省(区,市)	海南	重庆	四川	贵州	云南	陕西	甘肃	青海	宁夏	新疆
1990 年	4	21	27	24	25	22	13	7	12	20
1995 年	4	22	25	24	27	21	13	7	10	19
2000 年	4	26	27	22	28	19	18	9	14	21
2005 年	8	27	22	28	30	19	26	7	17	13
2010 年	6	22	24	25	30	23	28	11	12	21
2015 年	8	14	22	21	30	24	27	15	11	26
2016 年	8	13	21	20	30	23	28	17	11	27
2017 年	8	14	17	20	29	22	28	16	11	27
2018 年	9	14	16	18	29	22	27	17	12	26
2019 年	9	13	15	18	28	16	30	19	10	29
2020 年	8	12	14	17	27	15	30	22	10	29
2021 年	8	11	14	17	26	15	30	22	10	29
2022 年	8	11	13	16	26	15	29	22	10	30
综合	6	18	23	24	30	20	27	12	11	25

表 13　30 个省（区、市）1990~2022 年政府效率指数（上一年＝100）

省(区、市)	北京	天津	河北	山西	内蒙古	辽宁	吉林	黑龙江	上海	江苏
1990 年	100	100	100	100	100	100	100	100	100	100
1995 年	99.1	100.9	100.5	99.2	100.6	100.0	98.7	100.4	101.1	99.9
2000 年	100.6	92.5	93.6	91.7	96.1	99.0	91.4	97.4	103.6	105.6
2005 年	108.6	108.8	102.8	106.1	105.4	106.8	97.1	102.8	108.0	103.6
2010 年	106.7	105.6	104.6	108.3	98.7	97.5	102.7	103.2	94.3	109.4
2015 年	104.3	110.7	108.9	110.6	109.2	105.4	111.1	109.6	105.2	102.0
2016 年	99.9	110.9	107.9	110.5	107.7	107.7	110.8	108.9	103.3	106.0
2017 年	102.6	112.0	101.7	108.4	101.9	106.5	112.0	109.7	103.1	103.2
2018 年	102.4	111.9	100.7	102.3	100.2	100.5	108.4	109.7	104.9	102.7
2019 年	101.4	103.0	101.4	99.1	99.6	98.1	100.0	102.7	101.5	103.7
2020 年	100.4	100.1	101.1	98.7	98.9	97.2	98.4	102.0	101.7	106.3
2021 年	102.3	100.7	103.1	102.4	104.4	102.1	100.3	99.9	100.2	98.7
2022 年	101.6	101.5	102.5	102.5	105.2	101.7	100.1	100.4	100.8	99.0
平均	103.9	102.1	102.4	102.4	102.7	102.4	103.5	102.9	102.4	104.0

省(区、市)	浙江	安徽	福建	江西	山东	河南	湖北	湖南	广东	广西
1990 年	100	100	100	100	100	100	100	100	100	100
1995 年	102.8	102.9	104.2	97.9	100.4	94.6	102.4	102.3	101.8	102.2
2000 年	114.7	94.9	99.7	96.4	96.7	98.2	96.4	103.2	99.4	93.7
2005 年	110.6	100.5	111.7	107.3	106.5	112.2	108.5	108.5	111.5	108.1
2010 年	103.0	109.2	113.8	106.9	112.5	100.8	116.4	113.1	117.8	109.0
2015 年	107.2	108.7	110.4	101.8	110.1	103.9	108.9	108.4	106.6	109.4
2016 年	105.4	107.4	109.3	106.1	106.8	107.2	101.2	107.0	109.5	108.5
2017 年	102.1	108.3	109.0	106.4	111.9	104.4	97.3	100.8	103.2	103.2
2018 年	104.0	104.1	109.3	107.2	112.4	104.7	99.4	97.7	103.7	103.5
2019 年	102.8	106.2	103.9	106.2	111.4	113.8	107.1	111.2	104.7	116.8
2020 年	104.3	106.9	105.1	106.0	112.0	113.3	107.7	111.6	105.5	116.3
2021 年	102.3	106.6	102.1	104.9	109.0	100.6	101.0	101.4	106.3	105.0
2022 年	100.8	105.2	101.6	104.2	106.1	101.3	101.0	100.8	105.3	103.9
平均	104.6	103.6	105.2	103.1	105.3	103.6	102.9	104.6	104.8	104.5

省(区、市)	海南	重庆	四川	贵州	云南	陕西	甘肃	青海	宁夏	新疆
1990 年	100	100	100	100	100	100	100	100	100	100
1995 年	101.2	102.5	113.6	102.3	100.6	104.5	100.4	99.9	100.2	100.5
2000 年	96.9	94.7	97.8	94.7	97.3	93.8	97.3	95.0	93.6	101.0
2005 年	96.9	107.2	105.4	103.7	108.4	102.2	95.6	111.8	113.8	108.1
2010 年	111.0	111.4	101.3	104.0	103.7	109.0	102.6	97.9	105.4	104.1
2015 年	109.3	112.2	111.6	111.9	112.3	110.1	101.2	103.9	109.3	102.4
2016 年	107.8	111.7	111.3	110.9	111.2	108.7	102.0	104.5	108.0	102.9
2017 年	101.9	105.1	109.1	105.9	111.9	108.7	106.6	104.9	104.6	106.5
2018 年	101.2	107.0	109.6	105.8	110.4	103.7	106.7	102.2	102.6	106.5
2019 年	105.6	111.7	107.5	105.8	113.1	114.1	99.3	101.4	108.6	100.1
2020 年	105.9	113.2	108.1	107.1	114.8	114.3	100.0	99.7	108.0	101.6
2021 年	104.4	105.8	106.3	105.1	107.1	104.2	107.2	100.9	103.2	103.0
2022 年	102.9	104.2	104.2	103.4	103.9	103.7	105.7	101.3	103.1	101.6
平均	102.4	104.9	104.9	104.4	104.0	104.2	101.6	101.6	103.7	102.1

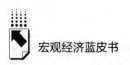

表 14　30 个省（区、市）1990~2022 年政府效率指数（以 1990 年为基期）

省(区、市)	北京	天津	河北	山西	内蒙古	辽宁	吉林	黑龙江	上海	江苏
1990 年	100	100	100	100	100	100	100	100	100	100
1995 年	100.9	100.5	97.2	93.2	103.3	97.8	103.1	103.1	105.7	102.2
2000 年	93.8	77.6	91.3	69.6	93.1	99.6	104.3	94.5	113.1	121.0
2005 年	115.4	83.4	93.8	73.1	112.5	126.6	90.3	90.9	122.3	154.6
2010 年	218.6	94.4	125.2	105.3	141.5	150.1	140.5	124.5	155.2	213.8
2015 年	291.7	127.9	176.6	159.7	192.4	182.4	211.3	175.3	179.3	284.4
2016 年	291.5	141.9	190.7	176.5	207.3	196.4	234.1	190.9	185.3	301.4
2017 年	299.2	158.9	193.9	191.3	211.2	209.6	262.3	209.4	190.9	311.1
2018 年	306.2	177.9	194.3	195.7	211.5	210.2	284.4	229.6	200.3	319.5
2019 年	310.4	183.2	197.0	193.8	210.6	206.3	284.3	235.7	203.2	331.2
2020 年	311.7	183.4	199.2	191.4	208.2	200.6	279.9	240.5	206.7	352.1
2021 年	318.8	184.7	205.3	195.9	217.4	204.9	280.7	240.3	207.1	347.4
2022 年	323.9	187.6	210.5	200.8	228.7	208.3	281.8	241.3	208.7	343.8

省(区、市)	浙江	安徽	福建	江西	山东	河南	湖北	湖南	广东	广西
1990 年	100	100	100	100	100	100	100	100	100	100
1995 年	113.9	103.0	107.2	97.5	91.3	89.4	102.1	99.1	89.7	104.0
2000 年	127.9	100.9	102.7	86.0	94.7	83.1	94.5	114.2	94.4	86.0
2005 年	178.5	95.6	150.4	78.6	111.3	107.5	101.9	167.2	123.5	99.6
2010 年	210.7	135.1	202.1	130.4	166.6	154.9	150.4	230.2	202.6	165.5
2015 年	326.9	191.8	329.8	169.9	255.4	192.0	211.4	304.5	294.4	222.7
2016 年	344.6	206.0	360.4	180.2	272.8	205.7	214.0	325.9	322.3	241.6
2017 年	351.9	223.1	393.0	191.8	305.3	214.7	208.2	328.4	332.8	249.3
2018 年	365.9	232.2	429.6	205.6	343.8	225.0	207.0	321.0	345.0	258.0
2019 年	376.1	246.7	446.3	218.3	382.3	256.1	221.7	356.9	361.3	301.4
2020 年	392.1	263.8	469.1	231.3	428.1	290.0	238.7	398.3	381.3	350.6
2021 年	401.1	281.3	479.0	242.7	466.6	291.7	241.2	404.0	405.4	368.1
2022 年	404.3	295.9	486.7	252.8	494.9	295.4	243.6	407.4	426.7	382.6

省(区、市)	海南	重庆	四川	贵州	云南	陕西	甘肃	青海	宁夏	新疆
1990 年	100	100	100	100	100	100	100	100	100	100
1995 年	103.2	104.2	112.3	105.2	98.0	109.8	91.1	98.2	101.7	104.2
2000 年	92.6	81.6	92.8	114.5	81.9	103.7	74.3	95.4	80.5	91.2
2005 年	79.6	80.7	119.2	92.1	78.9	110.0	61.7	111.0	83.3	117.6
2010 年	114.8	145.4	159.4	147.7	107.8	149.1	89.8	115.0	137.4	136.0
2015 年	156.1	243.5	260.8	244.2	164.7	206.1	119.3	142.0	208.9	151.0
2016 年	168.4	272.0	290.3	270.8	183.1	224.4	121.7	148.3	225.7	155.4
2017 年	171.6	285.9	316.9	286.7	204.8	243.9	129.7	155.5	236.0	165.6
2018 年	173.7	305.8	347.2	303.2	226.2	253.3	138.4	159.2	242.2	176.3
2019 年	183.4	341.5	373.1	320.7	255.7	288.9	137.5	161.3	263.0	176.6
2020 年	194.2	386.5	403.4	343.4	293.4	330.3	137.5	160.8	284.0	179.3
2021 年	202.7	409.0	428.6	361.1	314.9	346.0	147.4	162.3	293.2	184.9
2022 年	208.5	426.2	446.7	373.3	326.4	357.2	155.9	164.4	302.1	187.8

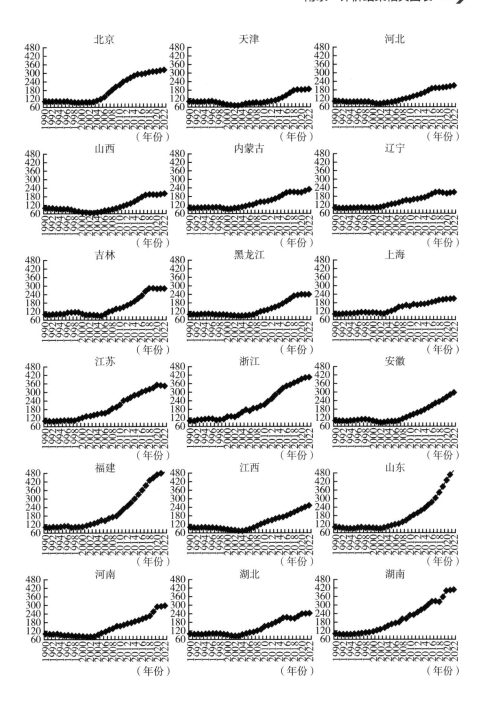

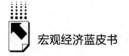
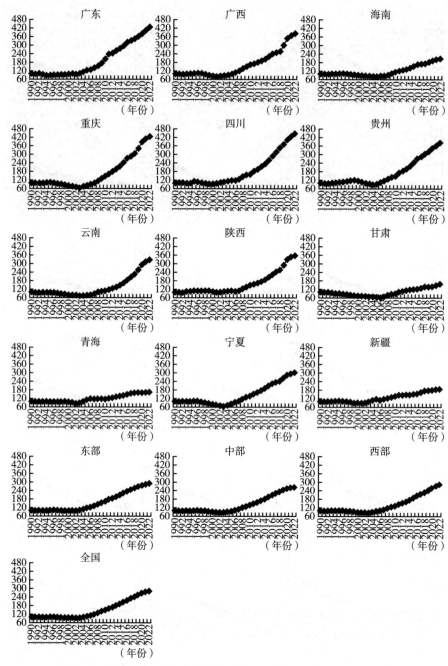

图4　30个省（区、市）及全国、东部、中部、西部 1990~2022 年政府效率指数（以 1990 年为基期）

表 15　30 个省（区、市）1990~2022 年人民生活排名情况（按排名顺序）

排名	1990年	1995年	2000年	2005年	2010年	2015年	2016年	2017年	2018年	2019年	2020年	2021年	2022年	综合
1	上海	上海	北京	北京	北京	上海	上海	上海	上海	上海	上海	上海	上海	上海
2	北京	北京	上海	上海	上海	北京	天津	天津	天津	天津	天津	天津	天津	北京
3	天津	天津	天津	天津	浙江	天津	北京	北京	北京	北京	浙江	浙江	浙江	天津
4	新疆	辽宁	浙江	浙江	天津	浙江	浙江	浙江	浙江	浙江	浙江	北京	北京	浙江
5	吉林	黑龙江	辽宁	辽宁	辽宁	江苏	江苏	江苏	江苏	江苏	江苏	江苏	江苏	江苏
6	辽宁	山西	江苏	江苏	江苏	辽宁	辽宁	辽宁	辽宁	辽宁	辽宁	辽宁	辽宁	辽宁
7	江苏	江苏	河北	黑龙江	山西	山东	山东	吉林	吉林	吉林	吉林	吉林	吉林	吉林
8	山西	吉林	内蒙古	山东	山东	吉林	吉林	山东	山东	山东	山东	青海	青海	山东
9	浙江	海南	福建	内蒙古	河北	福建	福建	福建	陕西	福建	福建	福建	福建	山西
10	黑龙江	浙江	山东	吉林	吉林	新疆	陕西	陕西	福建	山西	湖北	山东	山东	福建
11	内蒙古	内蒙古	山西	广东	黑龙江	陕西	山西	山西	山西	湖北	山西	山西	陕西	内蒙古
12	青海	新疆	黑龙江	新疆	内蒙古	湖北	湖北	湖北	湖北	青海	青海	湖北	山西	新疆
13	湖北	山东	吉林	福建	福建	山西	新疆	内蒙古	陕西	陕西	陕西	湖北	湖北	河北
14	江西	河北	广东	山西	四川	青海	内蒙古	新疆	河北	河北	内蒙古	河北	河北	青海
15	海南	广东	新疆	河北	新疆	内蒙古	青海	青海	内蒙古	内蒙古	河北	内蒙古	内蒙古	陕西
16	福建	江西	海南	宁夏	青海	四川	四川	四川	四川	河南	新疆	新疆	新疆	黑龙江
17	陕西	福建	青海	四川	广东	河南	河北	河北	河北	四川	四川	四川	四川	广东
18	河北	青海	湖南	青海	陕西	河北	河南	河南	河南	新疆	河南	河南	河南	湖北
19	山东	陕西	宁夏	湖北	河南	广东	广东	广东	广东	广东	广东	广东	广东	四川
20	广东	湖北	四川	海南	湖北	海南	海南	海南	海南	云南	云南	海南	海南	海南
21	宁夏	宁夏	陕西	陕西	湖南	黑龙江	黑龙江	黑龙江	云南	海南	海南	湖南	湖南	河南
22	湖南	四川	江西	湖南	宁夏	宁夏	宁夏	宁夏	宁夏	湖南	湖南	宁夏	宁夏	宁夏
23	安徽	湖南	湖北	江西	江西	湖南	湖南	云南	湖南	宁夏	宁夏	云南	云南	江西
24	云南	河南	重庆	河南	甘肃	江西	云南	湖南	黑龙江	黑龙江	黑龙江	安徽	安徽	湖南
25	河南	重庆	河南	甘肃	海南	云南	安徽	安徽	安徽	安徽	江西	江西	贵州	安徽
26	四川	甘肃	广西	安徽	安徽	安徽	江西	江西	江西	安徽	安徽	黑龙江	江西	云南
27	广西	广西	云南	广西	重庆	甘肃	贵州	贵州	贵州	贵州	贵州	贵州	黑龙江	甘肃
28	甘肃	云南	甘肃	重庆	广西	贵州	甘肃	甘肃	江西	甘肃	广西	广西	广西	广西
29	重庆	安徽	安徽	贵州	云南	重庆	重庆	广西	广西	广西	甘肃	甘肃	甘肃	重庆
30	贵州	贵州	贵州	云南	贵州	广西	广西	广西	重庆	重庆	重庆	重庆	重庆	贵州

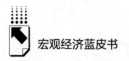

表16　30个省（区、市）1990~2022年人民生活排名情况

省(区、市)	北京	天津	河北	山西	内蒙古	辽宁	吉林	黑龙江	上海	江苏
1990年	2	3	18	8	11	6	5	10	1	7
1995年	2	3	14	6	11	4	8	5	1	7
2000年	1	3	7	11	8	5	13	12	2	6
2005年	1	3	15	14	9	5	10	7	2	6
2010年	1	4	9	7	12	5	10	11	2	6
2015年	2	3	18	13	15	6	8	21	1	5
2016年	3	2	17	11	14	6	8	21	1	5
2017年	3	2	17	11	13	6	7	21	1	5
2018年	3	2	17	11	13	6	7	24	1	5
2019年	3	2	14	10	15	6	7	24	1	5
2020年	3	2	14	11	15	6	7	24	1	5
2021年	4	2	15	11	14	6	7	26	1	5
2022年	4	2	14	12	15	6	7	27	1	5
综合	2	3	13	9	11	6	7	16	1	5

省(区、市)	浙江	安徽	福建	江西	山东	河南	湖北	湖南	广东	广西
1990年	9	23	16	14	19	25	13	22	20	27
1995年	10	29	17	16	13	24	20	23	15	27
2000年	4	29	9	22	10	25	23	18	14	26
2005年	4	26	13	23	8	24	19	22	11	27
2010年	3	26	13	23	8	19	20	21	17	28
2015年	4	26	9	24	7	17	12	23	19	30
2016年	4	25	9	26	7	18	12	23	19	30
2017年	4	25	9	26	8	18	12	24	19	30
2018年	4	25	10	28	8	18	12	23	19	29
2019年	4	25	9	26	8	18	11	22	19	29
2020年	4	26	9	25	8	16	10	22	19	28
2021年	3	24	9	25	10	18	12	21	19	28
2022年	3	24	9	26	10	18	13	21	19	28
综合	4	25	10	23	8	21	18	24	17	28

省(区、市)	海南	重庆	四川	贵州	云南	陕西	甘肃	青海	宁夏	新疆
1990年	15	29	26	30	24	17	28	12	21	4
1995年	9	25	22	30	28	19	26	18	21	12
2000年	16	24	20	30	27	21	28	17	19	15
2005年	20	28	17	29	30	21	25	18	16	12
2010年	25	27	14	30	29	18	24	16	22	15
2015年	20	29	16	28	25	11	27	14	22	10
2016年	20	29	16	27	24	10	28	15	22	13
2017年	20	29	16	27	23	10	28	15	22	14
2018年	20	30	15	27	21	9	26	14	22	16
2019年	21	30	16	27	20	13	28	12	23	17
2020年	21	30	17	27	20	13	29	12	23	18
2021年	20	30	17	27	23	13	29	8	22	16
2022年	20	30	17	25	23	11	29	8	22	16
综合	20	29	19	30	26	15	27	14	22	12

表 17　30 个省（区、市）1990～2022 年人民生活指数（上一年＝100）

省(区、市)	北京	天津	河北	山西	内蒙古	辽宁	吉林	黑龙江	上海	江苏
1990 年	100	100	100	100	100	100	100	100	100	100
1995 年	106.1	102.1	118.9	107.2	106.6	99.3	106.3	110.3	102.5	105.7
2000 年	103.2	106.1	101.9	99.3	107.3	100.2	100.0	106.5	98.5	101.9
2005 年	104.6	100.4	105.1	105.0	107.1	110.1	104.3	114.1	103.4	106.0
2010 年	103.8	106.7	110.8	111.9	108.5	104.8	105.8	102.8	104.2	106.6
2015 年	102.4	106.9	103.1	107.6	108.5	104.4	109.0	102.0	104.4	102.7
2016 年	106.0	108.9	107.8	109.5	109.7	105.5	107.0	102.6	104.3	105.7
2017 年	106.0	108.1	106.4	107.6	107.6	108.1	107.4	106.2	107.2	104.7
2018 年	103.7	107.6	105.8	103.4	108.9	103.7	105.7	100.1	104.2	103.5
2019 年	104.9	102.8	107.8	104.8	99.0	106.7	106.7	107.0	105.1	105.8
2020 年	99.9	97.7	104.9	103.4	103.3	105.7	105.2	105.2	104.2	100.4
2021 年	101.3	106.1	102.4	102.0	105.2	104.1	102.7	102.2	103.1	106.0
2022 年	105.2	104.9	105.7	103.7	104.6	104.2	105.0	104.8	105.0	105.1
平均	102.2	103.4	104.5	103.5	103.6	103.7	103.6	102.7	102.5	103.9

省(区、市)	浙江	安徽	福建	江西	山东	河南	湖北	湖南	广东	广西
1990 年	100	100	100	100	100	100	100	100	100	100
1995 年	103.9	99.6	107.9	110.2	105.1	111.9	104.6	91.7	105.8	101.3
2000 年	107.5	105.5	104.8	98.4	104.6	107.6	101.4	109.8	100.6	100.1
2005 年	106.4	107.8	102.7	104.9	106.0	107.4	105.9	110.0	105.6	100.3
2010 年	110.2	113.1	114.9	105.6	110.2	112.3	111.1	111.7	111.3	111.7
2015 年	107.2	108.1	109.4	104.1	106.6	104.7	107.1	106.8	104.4	105.9
2016 年	106.7	107.6	108.8	105.8	105.7	106.7	107.9	109.2	105.0	107.8
2017 年	106.8	105.6	106.1	104.4	106.2	104.6	106.4	106.9	105.9	107.6
2018 年	104.3	103.8	103.4	103.2	103.4	103.3	104.7	104.0	103.8	108.7
2019 年	106.1	107.7	105.0	109.8	107.0	106.9	106.0	109.0	106.1	107.2
2020 年	102.5	101.7	102.3	104.1	103.8	104.3	103.7	103.5	102.6	99.4
2021 年	104.5	107.4	106.8	106.1	99.7	104.5	100.7	106.8	104.0	104.6
2022 年	104.1	105.6	105.6	104.9	104.9	104.4	104.2	105.5	106.1	106.5
平均	104.2	104.4	104.6	103.3	104.8	105.1	104.1	104.6	104.2	104.6

省(区、市)	海南	重庆	四川	贵州	云南	陕西	甘肃	青海	宁夏	新疆
1990 年	100	100	100	100	100	100	100	100	100	100
1995 年	97.7	116.9	97.5	101.5	104.0	104.0	99.9	94.2	102.7	92.2
2000 年	105.2	105.9	104.9	103.1	105.5	96.5	106.9	93.6	101.3	96.5
2005 年	102.5	107.5	108.5	112.9	108.8	103.9	109.5	111.0	100.9	103.7
2010 年	109.0	112.7	113.8	107.8	109.7	111.3	111.8	112.0	108.5	109.2
2015 年	108.4	105.0	107.1	108.1	108.5	106.8	104.4	105.1	108.4	107.0
2016 年	105.6	107.8	108.2	110.4	109.5	109.2	106.1	106.1	109.3	102.0
2017 年	106.9	106.8	106.4	106.0	108.8	108.1	108.5	105.1	106.9	104.4
2018 年	104.7	105.6	104.1	104.9	108.7	105.7	105.9	104.8	104.5	101.1
2019 年	105.6	102.9	103.5	108.7	111.4	98.4	102.9	111.6	107.3	102.4
2020 年	100.5	101.9	102.3	102.3	99.7	102.8	98.5	105.5	102.6	100.4
2021 年	107.3	105.2	105.5	107.4	100.6	104.9	102.9	110.9	105.7	110.1
2022 年	105.2	106.9	104.9	105.8	102.2	106.3	106.0	107.2	103.4	104.6
平均	103.6	105.6	105.1	106.0	104.6	104.6	104.8	104.4	104.0	102.9

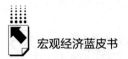

表 18　30 个省（区、市）1990~2022 年人民生活指数（以 1990 年为基期）

省(区、市)	北京	天津	河北	山西	内蒙古	辽宁	吉林	黑龙江	上海	江苏
1990 年	100	100	100	100	100	100	100	100	100	100
1995 年	92.9	90.4	105.9	95.1	97.4	96.6	82.1	102.4	90.5	91.9
2000 年	107.7	109.9	155.0	101.1	121.2	116.4	91.1	103.4	91.3	109.0
2005 年	119.3	117.1	145.1	105.1	125.8	134.7	102.7	120.6	104.6	125.9
2010 年	147.1	145.4	241.4	177.7	183.7	180.4	154.8	174.6	129.2	176.5
2015 年	151.1	199.8	254.5	201.1	207.8	216.6	197.5	172.5	158.3	239.6
2016 年	160.1	217.6	274.4	220.2	228.0	228.6	211.2	177.0	165.1	253.2
2017 年	169.7	235.2	291.9	237.0	245.4	247.1	226.9	188.0	177.0	265.1
2018 年	176.0	253.1	309.0	245.2	267.2	255.9	239.9	188.2	184.5	274.3
2019 年	184.5	260.3	333.1	257.1	264.5	272.5	256.1	201.3	193.9	290.1
2020 年	184.3	254.3	349.5	265.7	273.2	288.0	269.5	211.7	202.0	291.2
2021 年	186.6	269.7	357.5	270.9	287.5	299.3	276.9	216.3	208.2	308.7
2022 年	196.3	283.0	378.2	280.9	300.6	312.3	290.9	226.7	218.6	324.5

省(区、市)	浙江	安徽	福建	江西	山东	河南	湖北	湖南	广东	广西
1990 年	100	100	100	100	100	100	100	100	100	100
1995 年	89.2	77.8	95.5	89.8	115.0	98.1	79.6	89.5	105.8	91.9
2000 年	125.8	103.9	134.2	95.3	144.4	130.4	90.8	131.7	134.8	132.3
2005 年	151.9	130.3	137.7	101.0	160.5	147.2	108.1	138.4	156.6	147.2
2010 年	216.1	215.9	213.8	158.0	249.3	262.3	175.0	221.7	216.2	234.5
2015 年	255.5	259.5	274.5	185.7	313.8	333.6	246.2	250.8	259.5	258.4
2016 年	272.6	279.2	298.7	196.3	331.8	356.0	265.5	273.9	272.6	278.4
2017 年	291.0	295.0	317.0	204.9	352.3	372.4	282.5	292.8	288.7	299.7
2018 年	303.5	306.2	327.7	211.4	364.1	384.5	295.7	307.5	299.7	325.7
2019 年	322.0	329.7	344.1	232.2	389.7	411.0	313.3	335.1	317.8	349.2
2020 年	330.1	335.3	352.0	241.7	404.4	428.7	325.0	346.8	326.1	347.2
2021 年	345.0	360.0	375.9	256.5	403.0	448.1	327.4	370.3	339.2	363.0
2022 年	359.1	380.3	396.9	268.9	422.7	469.5	341.1	390.8	359.9	386.2

省(区、市)	海南	重庆	四川	贵州	云南	陕西	甘肃	青海	宁夏	新疆
1990 年	100	100	100	100	100	100	100	100	100	100
1995 年	107.7	136.1	111.8	76.9	80.5	97.1	107.5	84.0	95.3	75.3
2000 年	109.2	199.4	143.8	113.3	117.8	108.7	150.7	98.5	117.5	82.8
2005 年	106.1	199.2	163.0	180.8	108.4	120.0	182.2	106.0	134.9	97.3
2010 年	155.3	331.6	282.8	283.9	187.1	205.0	290.5	178.7	191.9	136.5
2015 年	208.7	364.7	335.6	394.6	264.0	282.5	322.0	225.8	228.4	184.2
2016 年	220.3	393.2	363.2	435.6	289.0	308.5	343.0	239.6	249.7	187.8
2017 年	235.3	420.1	386.4	461.8	314.5	333.5	372.0	251.9	267.0	196.2
2018 年	246.4	443.7	402.1	484.3	342.0	352.4	393.9	264.0	279.0	198.3
2019 年	260.1	456.5	416.3	526.5	381.1	346.7	405.3	294.7	299.3	203.1
2020 年	261.4	464.9	425.8	538.3	380.0	356.3	399.4	310.9	307.0	204.0
2021 年	280.6	489.3	449.1	578.1	382.2	373.7	411.0	344.7	324.6	224.6
2022 年	295.5	523.2	470.9	611.5	390.6	397.1	435.8	369.6	335.7	235.0

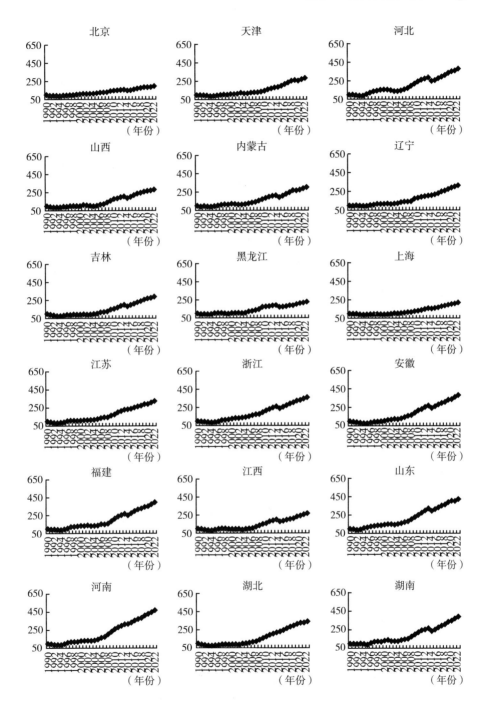

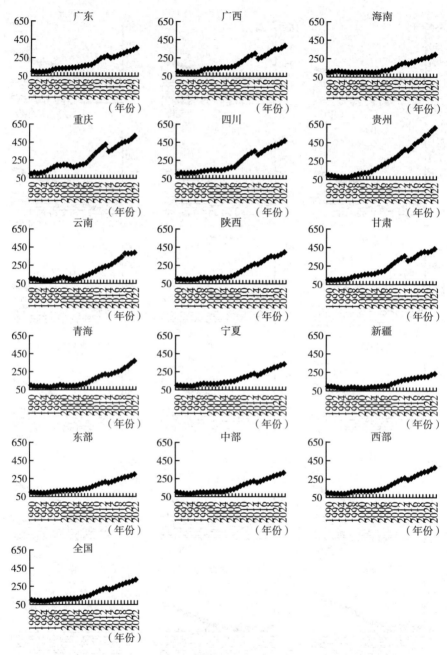

图 5 30 个省（区、市）及全国、东部、中部、西部人民生活指数
（以 1990 年为基期）变化趋势

表19　30个省（区、市）1990~2022年环境质量排名情况（按排名顺序）

排名	1990年	1995年	2000年	2005年	2010年	2015年	2016年	2017年	2018年	2019年	2020年	2021年	2022年	综合
1	海南	海南	海南	海南	海南	海南	海南	海南	广东	广东	广东	广东	广东	海南
2	福建	福建	福建	青海	福建	广东	广东	广东	海南	上海	上海	上海	上海	广东
3	广西	广西	广西	福建	广东	上海	上海	上海	上海	海南	吉林	吉林	吉林	福建
4	新疆	新疆	四川	四川	青海	福建	福建	浙江	浙江	吉林	浙江	浙江	浙江	青海
5	云南	青海	新疆	广东	上海	浙江	浙江	福建	福建	浙江	海南	湖南	湖南	浙江
6	青海	广东	广东	广西	浙江	北京	青海	吉林	吉林	湖南	湖南	海南	海南	上海
7	广东	云南	云南	新疆	广西	青海	吉林	湖南	湖南	福建	福建	福建	福建	广西
8	四川	辽宁	青海	江苏	黑龙江	新疆	北京	北京	北京	北京	北京	北京	北京	新疆
9	辽宁	浙江	江苏	云南	江苏	江西	安徽	黑龙江	黑龙江	黑龙江	江西	江西	江西	云南
10	黑龙江	江苏	浙江	江西	北京	黑龙江	黑龙江	安徽	安徽	江西	黑龙江	安徽	安徽	吉林
11	浙江	四川	江西	辽宁	云南	湖南	江西	江西	江西	安徽	安徽	天津	天津	江苏
12	江苏	江西	安徽	安徽	吉林	吉林	广西	广西	广西	天津	天津	黑龙江	黑龙江	四川
13	贵州	吉林	黑龙江	浙江	四川	云南	湖南	青海	内蒙古	内蒙古	广西	广西	广西	江西
14	江西	贵州	吉林	黑龙江	新疆	安徽	新疆	内蒙古	天津	广西	内蒙古	内蒙古	内蒙古	黑龙江
15	吉林	安徽	内蒙古	吉林	安徽	广西	内蒙古	云南	云南	新疆	新疆	云南	云南	安徽
16	安徽	黑龙江	湖南	内蒙古	江西	江苏	江苏	江苏	江苏	江苏	云南	新疆	新疆	湖南
17	上海	内蒙古	上海	山东	辽宁	四川	四川	天津	青海	云南	江苏	江苏	江苏	北京
18	宁夏	上海	辽宁	北京	湖南	天津	天津	新疆	新疆	青海	重庆	重庆	重庆	内蒙古
19	内蒙古	宁夏	山东	湖北	内蒙古	内蒙古	云南	四川	四川	重庆	青海	四川	四川	辽宁
20	湖北	湖北	宁夏	贵州	山东	重庆	重庆	重庆	重庆	四川	四川	宁夏	宁夏	天津
21	湖南	山东	贵州	上海	天津	甘肃	宁夏	宁夏	宁夏	宁夏	宁夏	青海	青海	山东
22	重庆	湖南	湖北	天津	湖北	湖北	山东	山东	贵州	山东	山东	山东	山东	宁夏
23	山东	重庆	天津	湖南	重庆	陕西	湖北	湖北	湖北	湖北	贵州	湖北	湖北	湖北
24	天津	河南	北京	宁夏	陕西	山东	贵州	贵州	山东	贵州	湖北	贵州	贵州	贵州
25	河南	北京	河南	甘肃	贵州	贵州	甘肃	甘肃	甘肃	甘肃	甘肃	甘肃	甘肃	重庆
26	北京	甘肃	陕西	重庆	宁夏	宁夏	辽宁	辽宁	辽宁	辽宁	辽宁	辽宁	辽宁	甘肃
27	甘肃	天津	重庆	河南	甘肃	辽宁	陕西	陕西	陕西	河北	河北	河北	河北	陕西
28	陕西	陕西	甘肃	陕西	河南	山西	河北	河北	河北	陕西	陕西	陕西	陕西	河南
29	河北	河北	山西	山西	河北	河北	山西	山西	山西	山西	山西	山西	山西	河北
30	山西	山西	河北	河北	山西	河南	河南	河南	河南	河南	河南	河南	河南	山西

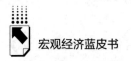

表20　30个省（区、市）1990~2022年环境质量排名情况

省(区、市)	北京	天津	河北	山西	内蒙古	辽宁	吉林	黑龙江	上海	江苏
1990年	26	24	29	30	19	9	15	10	17	12
1995年	25	27	29	30	17	8	13	16	18	10
2000年	24	23	30	29	15	18	14	13	17	9
2005年	18	22	30	29	16	11	15	14	21	8
2010年	10	21	29	30	19	17	12	8	5	9
2015年	6	18	29	28	19	24	12	10	3	16
2016年	8	18	29	28	19	26	7	10	3	16
2017年	7	17	28	29	15	26	6	8	3	18
2018年	8	17	28	29	14	26	6	9	3	16
2019年	8	14	28	29	13	26	4	9	2	16
2020年	8	12	27	29	14	26	3	9	2	16
2021年	8	12	27	29	14	26	3	10	2	17
2022年	8	11	27	29	14	26	3	12	2	17
综合	17	20	29	30	18	19	10	14	6	11

省(区、市)	浙江	安徽	福建	江西	山东	河南	湖北	湖南	广东	广西
1990年	11	16	2	14	23	25	20	21	7	3
1995年	9	15	2	12	21	24	20	22	6	3
2000年	10	12	2	11	19	25	22	16	6	3
2005年	13	12	3	10	17	27	19	23	5	6
2010年	6	15	2	16	20	28	22	18	3	7
2015年	5	14	4	9	25	30	22	11	2	15
2016年	5	9	4	11	22	30	23	13	2	12
2017年	4	11	5	12	22	30	23	9	2	13
2018年	4	10	5	11	22	30	23	7	1	12
2019年	5	10	6	11	23	30	24	7	1	12
2020年	4	11	7	10	22	30	23	6	1	13
2021年	4	11	7	9	22	30	24	6	1	13
2022年	4	10	7	9	22	30	23	5	1	13
综合	5	15	3	13	21	28	23	16	2	7

省(区、市)	海南	重庆	四川	贵州	云南	陕西	甘肃	青海	宁夏	新疆
1990年	1	22	8	13	5	28	27	6	18	4
1995年	1	23	11	14	7	28	26	5	19	4
2000年	1	27	4	21	7	26	28	8	20	5
2005年	1	26	4	20	9	28	25	2	24	7
2010年	1	23	13	25	11	24	27	4	26	14
2015年	1	20	17	27	13	23	21	7	26	8
2016年	1	20	17	25	15	27	24	6	21	14
2017年	1	20	19	24	16	27	25	10	21	14
2018年	2	20	19	24	15	27	25	13	21	18
2019年	3	20	19	22	15	27	25	17	21	18
2020年	5	19	20	24	17	28	25	18	21	15
2021年	5	18	20	23	16	28	25	19	21	15
2022年	6	18	19	24	15	28	25	21	20	16
综合	1	25	12	24	9	27	26	4	22	8

表21 30个省（区、市）1990～2022年环境质量指数（上一年＝100）

省(区、市)	北京	天津	河北	山西	内蒙古	辽宁	吉林	黑龙江	上海	江苏
1990年	100	100	100	100	100	100	100	100	100	100
1995年	102.6	103.4	104.5	99.7	104.1	105.4	105.5	102.8	101.8	100.2
2000年	105.3	105.0	98.9	118.0	102.3	102.3	100.6	107.6	103.8	100.7
2005年	101.5	104.7	107.2	103.8	100.1	103.7	103.3	100.0	100.6	103.5
2010年	100.5	97.9	100.4	94.2	100.9	100.2	107.2	101.1	100.0	98.9
2015年	104.6	107.3	96.4	107.1	103.2	99.5	111.8	99.4	101.4	102.2
2016年	104.9	106.2	108.7	98.1	111.0	100.8	110.5	105.4	102.7	104.2
2017年	103.3	102.8	101.0	96.7	104.7	99.2	110.5	105.1	105.0	100.0
2018年	103.0	100.5	103.6	98.4	100.6	100.2	106.4	101.7	104.3	100.9
2019年	103.2	102.7	102.3	99.5	101.5	100.3	108.2	101.4	104.2	100.7
2020年	101.7	108.5	105.1	100.1	103.2	100.0	108.3	103.2	103.1	101.5
2021年	105.0	104.1	101.1	100.3	102.5	100.2	103.1	100.2	104.7	100.2
2022年	102.4	101.7	102.3	101.0	102.0	100.6	103.0	102.0	101.9	101.6
平均	103.4	103.0	102.6	102.2	102.2	101.7	106.2	102.0	103.3	101.6

省(区、市)	浙江	安徽	福建	江西	山东	河南	湖北	湖南	广东	广西
1990年	100	100	100	100	100	100	100	100	100	100
1995年	101.7	101.6	101.0	98.8	102.8	104.4	100.8	98.7	101.5	100.5
2000年	98.4	101.1	97.3	101.0	94.4	102.6	105.6	106.1	103.3	101.7
2005年	101.8	100.7	100.0	103.5	109.8	104.2	104.0	108.1	101.0	104.6
2010年	100.7	99.9	106.4	102.3	101.1	100.5	98.6	100.7	101.5	103.1
2015年	103.9	106.1	110.0	106.8	97.4	100.1	106.3	104.3	110.3	103.4
2016年	103.8	107.8	104.5	103.1	111.0	98.7	106.4	104.1	107.0	106.0
2017年	102.7	101.3	101.5	101.7	99.6	98.9	99.7	106.4	107.7	100.7
2018年	103.9	102.2	102.5	102.9	99.0	99.4	99.4	107.8	107.8	102.2
2019年	104.5	102.8	102.2	102.7	98.9	99.0	99.4	107.9	108.5	102.3
2020年	104.7	100.8	100.9	104.7	102.8	99.3	102.7	107.0	106.4	102.2
2021年	103.4	103.6	102.4	103.9	101.3	97.8	99.3	104.5	104.1	101.9
2022年	101.9	103.0	101.7	103.2	99.8	100.3	100.9	103.2	102.7	102.0
平均	102.7	102.2	101.5	102.2	101.8	100.2	101.3	103.1	103.3	101.2

省(区、市)	海南	重庆	四川	贵州	云南	陕西	甘肃	青海	宁夏	新疆
1990年	100	100	100	100	100	100	100	100	100	100
1995年	96.1	99.8	102.7	103.0	100.3	100.0	102.3	101.1	102.5	102.7
2000年	103.4	112.0	106.3	104.7	106.1	103.7	101.6	98.8	99.0	106.5
2005年	103.5	102.3	106.7	108.4	103.5	103.3	110.7	98.6	100.2	98.2
2010年	101.6	104.3	98.3	98.6	103.0	106.8	95.3	95.7	104.6	98.6
2015年	101.5	109.1	100.2	104.1	102.8	107.4	101.8	99.3	99.0	102.2
2016年	101.5	102.9	102.1	108.2	102.3	93.8	101.7	106.4	112.1	99.9
2017年	98.2	102.3	99.5	100.1	100.6	98.8	97.9	98.5	102.9	99.7
2018年	97.6	101.9	98.8	100.3	100.3	96.9	99.5	95.3	102.7	98.3
2019年	98.0	101.6	99.3	100.7	100.7	98.0	100.0	97.7	102.9	99.7
2020年	99.3	103.3	100.2	100.5	100.6	100.3	100.4	98.2	104.2	103.5
2021年	102.9	102.3	101.9	101.0	101.9	99.6	100.0	98.7	103.0	102.0
2022年	100.6	101.9	101.1	100.1	101.3	100.7	101.2	98.7	101.1	100.3
平均	100.4	102.2	101.2	100.9	101.1	101.5	102.0	100.9	101.7	101.0

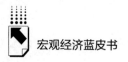

表22 30个省（区、市）1990~2022年环境质量指数（以1990年为基期）

省(区、市)	北京	天津	河北	山西	内蒙古	辽宁	吉林	黑龙江	上海	江苏
1990年	100	100	100	100	100	100	100	100	100	100
1995年	113.1	106.7	122.5	105.0	114.8	115.7	106.7	101.4	110.6	113.5
2000年	136.9	142.0	136.8	143.8	135.4	111.5	121.6	118.8	128.2	130.5
2005年	170.0	159.3	176.7	181.1	139.6	131.8	128.3	124.8	132.1	142.0
2010年	210.8	175.6	191.2	195.1	151.0	133.2	151.1	150.9	184.7	149.5
2015年	226.5	193.3	175.6	204.7	154.7	116.9	156.5	153.4	214.6	148.7
2016年	237.7	205.3	190.8	200.0	171.8	117.8	173.0	161.7	220.4	155.0
2017年	245.6	210.9	192.8	194.2	179.8	116.9	191.2	169.9	231.3	155.0
2018年	252.9	212.0	199.7	191.1	180.9	117.1	203.5	172.8	241.4	156.3
2019年	261.0	217.7	204.3	190.1	183.6	117.5	220.1	175.3	251.5	157.3
2020年	265.5	236.3	214.7	190.3	189.6	117.5	238.3	180.9	259.2	159.7
2021年	278.7	246.0	217.0	190.9	194.4	117.7	245.7	181.3	271.5	160.0
2022年	285.4	250.2	222.0	192.7	198.2	119.7	246.4	182.8	276.8	161.3

省(区、市)	浙江	安徽	福建	江西	山东	河南	湖北	湖南	广东	广西
1990年	100	100	100	100	100	100	100	100	100	100
1995年	113.7	107.0	109.7	107.4	119.6	113.9	108.6	102.7	113.2	111.4
2000年	128.3	126.5	118.0	125.8	146.3	131.0	120.8	134.4	129.4	119.5
2005年	128.6	135.3	118.6	137.0	158.7	126.1	137.8	128.7	136.6	114.9
2010年	155.7	150.6	129.8	145.6	173.8	133.8	146.0	155.3	159.1	122.7
2015年	181.5	157.9	136.4	159.2	152.6	112.0	136.8	177.3	180.1	120.6
2016年	188.4	170.3	142.4	164.2	169.4	110.6	145.6	184.5	192.6	127.9
2017年	193.4	172.5	144.6	166.9	168.8	109.3	145.1	196.3	207.4	128.8
2018年	200.9	176.3	148.3	171.7	167.1	108.7	144.2	210.6	223.7	132.6
2019年	209.9	181.2	151.5	176.2	165.3	107.6	143.3	227.3	242.7	135.6
2020年	219.7	182.6	153.0	184.5	170.0	106.9	147.1	243.1	258.3	138.6
2021年	227.2	189.2	156.6	191.7	172.3	104.5	146.0	254.1	268.9	141.1
2022年	231.4	194.8	159.2	197.9	171.9	104.9	147.3	262.2	276.2	144.0

省(区、市)	海南	重庆	四川	贵州	云南	陕西	甘肃	青海	宁夏	新疆
1990年	100	100	100	100	100	100	100	100	100	100
1995年	99.3	105.8	106.1	105.1	103.3	106.3	117.3	109.7	110.5	104.5
2000年	103.2	112.5	135.2	108.6	118.2	140.0	129.7	117.3	120.4	115.8
2005年	100.2	122.7	141.9	122.3	119.9	133.0	160.6	147.6	121.8	116.4
2010年	107.9	153.6	137.9	118.7	125.5	173.5	165.8	147.4	127.4	119.6
2015年	116.6	163.4	139.2	117.3	128.9	175.3	183.4	136.6	128.1	129.5
2016年	118.3	168.1	142.1	126.9	131.8	164.5	186.6	145.4	143.5	128.8
2017年	116.2	172.0	141.5	127.0	132.6	162.5	182.7	143.2	147.7	128.4
2018年	113.3	175.3	139.7	127.4	132.9	157.7	181.7	136.9	151.7	126.2
2019年	111.1	178.1	138.7	128.4	133.8	154.7	181.7	133.8	156.1	125.9
2020年	110.4	184.0	139.0	129.1	134.6	154.8	182.3	131.4	162.7	130.3
2021年	113.6	188.3	141.6	130.3	137.2	154.2	182.3	129.6	167.5	133.0
2022年	114.3	191.9	143.2	130.5	138.9	155.2	184.5	127.9	169.2	133.3

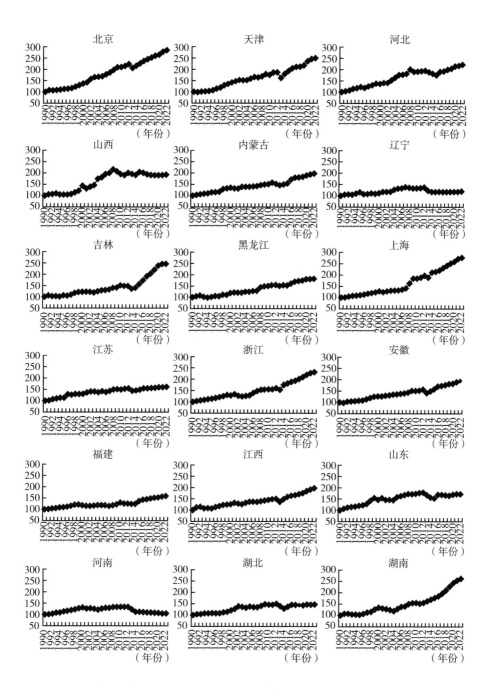

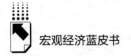

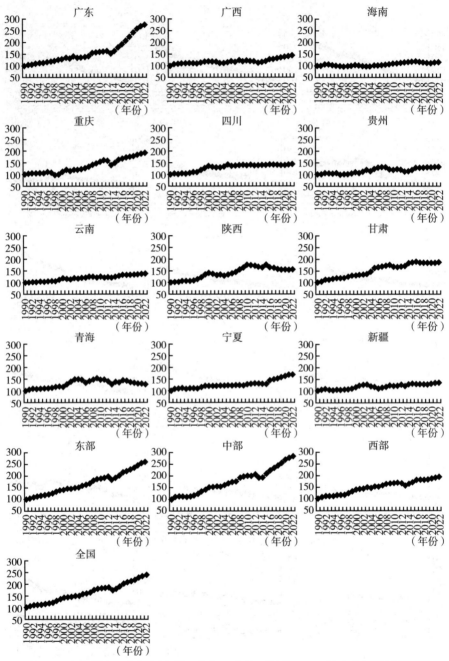

图6　30个省（区、市）及全国、东部、中部、西部1990~2022年环境质量指数（以1990年为基期）变化趋势

Abstract

Since 2022, the global economic growth has generally slowed down, and an era of globalization, peace and prosperity which has brought economic expansion and low inflation to the world for more than 30 years is coming to an end. Under the impact of international conflicts and the second rebound of the epidemic, China has effectively coordinated the work of epidemic prevention and control with economic and social development, and the economic operation is generally stable. However, there are still problems remained such as the demand shrinks again, and the economic growth is lower than the potential growth level. At the same time, due to the acceleration of monetary policy adjustment in developed countries and the slowdown of global economic growth, external demand contracted, superimposed on the recovery of manufacturing capacity in Southeast Asian countries, and the short-term disturbance of the epidemic to China's supply chain, the growth of China's foreign trade exports was constrained. In the long run, the fundamentals of China's economic development remain unchanged, but external demand is needed to accelerate its own repair. With the fermentation of geopolitics related to the Ukrainian crisis, the adjustment of global supply chain and the continuous establishment of regional organizations, as well as the continued impact of credit contraction after the interest rate hikes in the summer in the United States and Europe and other international reserve currency countries, will continue to challenge China's long-term development.

Facing the long-term challenges brought about by the transformation of global narrative, China needs to respond in more ways:

1. Actively promote the "double circulation" strategy with a high level of openness to boost domestic demand.

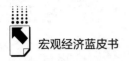

2. Make use of China's manufacturing advantages to promote the green development of China and the world, accelerate the green transformation of industrial structure, consumption structure and spatial pattern through green and low-carbon energy development, and realize the development of China's new industrialization.

3. Enhance the ability of independent innovation and meet the impact of globalization.

4. Effectively control key risks and strive to stabilize the macro-economic market.

5. Make good use of structural policies, invest in information infrastructure such as renewable energy, new power systems, AI and the Internet of things, and promote China's economy to accelerate its digitalization, green transformation and development of new industries.

The first part is the topic of low carbon transformation. In order to achieve the "double carbon" goal, China is faced with severe practical challenges such as development stage, resource endowment and employment structure mismatch. It should take accurate measures against these constraints and turn them into a new driving force to promote the continuous optimization of industrial structure, and empirically investigate the impact of information infrastructure on urban carbon emission intensity and its mechanism at the level of prefecture level cities. It found that the construction of information infrastructure has significantly reduced the intensity of urban carbon emissions through industrial structure optimization, productive service industry agglomeration, green technology innovation and other paths. And it is considered that the carbon emission reduction effect of information infrastructure is more significant in big cities, megacities and super megalopolis with high scientific and technological level and large city scale, as well as cities with good traditional infrastructure.

The second part is the regional practice of green sustainable growth under the low-carbon transformation. This part studies the development path of carbon finance in Guangzhou Huangpu District and Guangzhou Development Zone under the "double carbon" goal, and makes an innovative exploration around the mode of combining distributed energy transformation and financial services at these two places.

The third part is the prospect of regional development. This report analyzes the indicators of 30 provinces in China from 1990 to 2022 in terms of index, classification and ranking. The indicators here are composed of five first-class indicators: economic growth, growth potential, government efficiency, people's life and environmental quality. The report also assesses its development prospects during the 14th Five-Year Plan period. According to the report, China's economy is facing a structural slowdown; however, under the severe impact of the epidemic that has lasted for nearly three years, the development prospects and the quality of economic development of China's provinces, autonomous regions and cities have still been stabilized, restored and improved to a certain extent. In terms of development prospects, economic growth and people's lives, the improvement in the western region is better than that in the eastern region and the central region. And the improvement in environmental quality in the central region is better than that in the eastern and western regions. And the improvement in economic growth, growth potential, government efficiency and environmental quality in the eastern region is better than that in the central and Western Regions. From the comparison of regional development stages during the epidemic period, in terms of regional development improvement index, except for environmental quality, the improvement in the western region is better than that in the eastern and central regions. The quality of economic development in developed regions has been more seriously affected than that in developing regions, resulting in a certain reduction in regional differences. However, this is not what common prosperity hopes to achieve, but because developed regions are facing a more serious setback than the central and western regions. At the same time, with the deepening development of urbanization, the requirements of public services, social security, quality of life and ecological environment have gradually risen to a more important position.

Keywords: Sustainable Growth; Prospects of Regional Economics; Practice of Regional Low Carbon

Contents

I   General Report

Abstract: Since 2022, the global economic growth has generally slowed down, and an era of globalization, peace and prosperity which has brought economic expansion and low inflation to the world for more than 30 years is coming to an end. Under the impact of international conflicts and the second rebound of the epidemic, China has effectively coordinated the work of epidemic prevention and control with economic and social development, and the economic operation is generally stable. However, there are still problems remained such as the demand shrinks again, and the economic growth is lower than the potential growth level. At the same time, due to the acceleration of monetary policy adjustment in developed countries and the slowdown of global economic growth, external demand contracted, superimposed on the recovery of manufacturing capacity in Southeast Asian countries, and the short-term disturbance of the epidemic to China's supply chain, the growth of China's foreign trade exports was constrained. In the long run, the fundamentals of China's economic development remain unchanged, but external demand is needed to accelerate its own repair. With the fermentation of geopolitics related to the Ukrainian crisis, the adjustment of global supply chain and the continuous establishment of regional organizations, as well as the continued impact of credit contraction after the interest rate hikes in the summer in the United States and Europe and other international reserve currency countries, will continue to challenge China's long-term development.

Keywords: "Low Carbon" Transformation; Green Sustainable Development; Prospects of Regional Development; Liquidity Trap

II Topic of Low Carbon Transformation

B.2 Carbon Emission Reduction Effect of Information

Infrastructure Investment: Empirical Evidence from

Panel Data of Chinese Cities   *Zhang Xiaoqi, Lv Yang* / 051

Abstract: By using the panel data of the 289 prefecture-level cities in China during 2011−2017, this paper investigates the impact of information infrastructure on urban carbon emission intensity. In general, the construction of information infrastructure has significantly reduced the intensity of urban carbon emissions through promoting the industrial structure upgrading, the agglomeration of productive service industries, and the green technology innovation. The carbon reduction effect of information infrastructure is more significant in those cities that are greater in urban scale, more developed on the scientific and technological side,

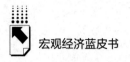
and accumulate more in the construction of traditional infrastructures. The findings of the paper provide empirical support for the green and low-carbon development mode and confirm the positive effect of the development of digital economy against the global warming.

Keywords: Carbon Reduction Effects; Information Infrastructure; Carbon Emission Intensity; Digital Economy

B.3　Risks, Constraints and Directions of China's Industrial

　　　Structure Adjustment under the "Double Carbon" Goal

Zhang Xiaoxi, Zhang Ying / 079

Abstract: In order to achieve the goal of "carbon emission peak by 2030 and carbon neutrality by 2060", China is facing severe practical challenges such as development stage, resource endowment, employment structure mismatch and so on. If not resolvedthemproperly, it will bring new risks to the ongoing transformation and upgrading of industrial structure, endanger energy security, economic growth, and even cause financial and social crises. At present, there is an urgent need to overcome the constraints brought about by the transformation of the energy structure, such as increased costs, unclear carbon emission reduction paths, difficult financing, and high pressure on employment placement. We should take precise measures against these constraints and turn them into a new driving force to promote the continuous optimization of the industrial structure.

Keywords: Carbon Neutrality; Carbon Emission Peak; Industrial Structure

Ⅲ Regional Practice

B. 4 Regional Practice of Green Sustainable Growth under Low
Carbon Transformation: Research on the Development Path
of Carbon Finance in Guangzhou Huangpu District and
Guangzhou Development Zone under the Goal
of "Double Carbon" *Li Jiangtao, Zhang Ping,*
Zhang Xiaoxi, Ma Zongming and Zhang Ziran / 096

Abstract: This report studies the development path of carbon finance in
Huangpu District and Guangzhou Development Zone under the dual carbon goal,
and makes an innovative exploration around the mode of combining distributed
energy transformation and financial services in Huangpu District and Guangzhou
Development Zone. Firstly, from the background of the double carbon goal, the
existing carbon finance policies and implementation, and the development
background of carbon finance in Huangpu District and Guangzhou Development
Zone of Guangzhou, this paper leads to the problems that will be studied.
Secondly, it analyzes the key issues of the implementation of carbon finance under
the dual carbon goal from three aspects: the characteristics of carbon emissions, the
utility performance of new energy and the adjustment of energy structure. Then, it
gives an operable platform to build the implementation path of carbon finance. The
purpose of building an efficient energy management platform is to explore the
cooperation mechanism of "smart micro grid platform + government investment +
coordination of existing grid providers", and to practice the business model
innovation of "energy-efficient technology + Green Finance + Carbon Asset
Management + franchise fees". The main functions of the platform include:
Digitalization of traditional energy management, digitalization of new energy
management system, information disclosure management in the process of carbon

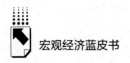

finance and 1. 75 "combination" of central bank policy tools. Finally, some countermeasures and suggestions on the development path of carbon finance and green energy management are provided for Huangpu District and Guangzhou Development Zone in Guangzhou.

Keywords: Low Carbon Transformation; Green Sustainable Growth; Regional Practice; Guangzhou Development Zone

Ⅳ Prospect Report of Regional Economic Development

B . 5   Assessment of Development Prospects of China's Provinces, Districts and Cities from 1990 to 2022: Low Carbon Transformation and Green Sustainable Development

Zhang Ziran, Zhang Ping and Liu Xiahui / 166

Abstract: This report analyzes the indicators of 30 provinces in China from 1990 to 2022 in terms of index, classification and ranking. The indicators here are composed of five first-class indicators: economic growth, growth potential, government efficiency, people's life and environmental quality. The report also assesses its development prospects during the 14th Five-Year Plan period. According to the report, China's economy is facing a structural slowdown; however, under the severe impact of the epidemic that has lasted for nearly three years, the development prospects and the quality of economic development of China's provinces, autonomous regions and cities have still been stabilized, restored and improved to a certain extent. In terms of development prospects, economic growth and people's lives, the improvement in the western region is better than that in the eastern region and the central region. And the improvement in environmental quality in the central region is better than that in the eastern and Western Regions And the improvement in economic growth, growth potential, government efficiency and environmental quality in the eastern region is better than that in the central and Western Regions. From the comparison of regional development stages during the epidemic period, in terms of regional development improvement index, except for environmental quality, the improvement in the western region is better than that in the eastern and central regions. The quality of economic development in developed regions has been more seriously affected than that in developing regions, resulting in a certain reduction in regional differences. However, this is not what common prosperity hopes to achieve, but because developed regions are facing a more serious setback than the central and western regions. At the same time, with the deepening development of urbanization, the requirements of public services, social security, quality of life and ecological environment have gradually risen to a more important position.

Keywords: Prospects of Regional Development; Regional gap; Principal Component Analysis; 14th Five-Year Plan

V   Appendix

社会科学文献出版社

皮 书

智库成果出版与传播平台

❖ 皮书定义 ❖

皮书是对中国与世界发展状况和热点问题进行年度监测，以专业的角度、专家的视野和实证研究方法，针对某一领域或区域现状与发展态势展开分析和预测，具备前沿性、原创性、实证性、连续性、时效性等特点的公开出版物，由一系列权威研究报告组成。

❖ 皮书作者 ❖

皮书系列报告作者以国内外一流研究机构、知名高校等重点智库的研究人员为主，多为相关领域一流专家学者，他们的观点代表了当下学界对中国与世界的现实和未来最高水平的解读与分析。截至 2021 年底，皮书研创机构逾千家，报告作者累计超过 10 万人。

❖ 皮书荣誉 ❖

皮书作为中国社会科学院基础理论研究与应用对策研究融合发展的代表性成果，不仅是哲学社会科学工作者服务中国特色社会主义现代化建设的重要成果，更是助力中国特色新型智库建设、构建中国特色哲学社会科学"三大体系"的重要平台。皮书系列先后被列入"十二五""十三五""十四五"时期国家重点出版物出版专项规划项目；2013~2022 年，重点皮书列入中国社会科学院国家哲学社会科学创新工程项目。

权威报告·连续出版·独家资源

皮书数据库
ANNUAL REPORT(YEARBOOK)
DATABASE

分析解读当下中国发展变迁的高端智库平台

所获荣誉

- 2020年，入选全国新闻出版深度融合发展创新案例
- 2019年，入选国家新闻出版署数字出版精品遴选推荐计划
- 2016年，入选"十三五"国家重点电子出版物出版规划骨干工程
- 2013年，荣获"中国出版政府奖·网络出版物奖"提名奖
- 连续多年荣获中国数字出版博览会"数字出版·优秀品牌"奖

皮书数据库

"社科数托邦"
微信公众号

成为会员

　　登录网址www.pishu.com.cn访问皮书数据库网站或下载皮书数据库APP，通过手机号码验证或邮箱验证即可成为皮书数据库会员。

会员福利

- 已注册用户购书后可免费获赠100元皮书数据库充值卡。刮开充值卡涂层获取充值密码，登录并进入"会员中心"—"在线充值"—"充值卡充值"，充值成功即可购买和查看数据库内容。
- 会员福利最终解释权归社会科学文献出版社所有。

数据库服务热线：400-008-6695
数据库服务QQ：2475522410
数据库服务邮箱：database@ssap.cn
图书销售热线：010-59367070/7028
图书服务QQ：1265056568
图书服务邮箱：duzhe@ssap.cn

社会科学文献出版社 皮书系列
SOCIAL SCIENCES ACADEMIC PRESS (CHINA)

卡号： 536353784777
密码：

S 基本子库
UB DATABASE

中国社会发展数据库（下设 12 个专题子库）

紧扣人口、政治、外交、法律、教育、医疗卫生、资源环境等 12 个社会发展领域的前沿和热点，全面整合专业著作、智库报告、学术资讯、调研数据等类型资源，帮助用户追踪中国社会发展动态、研究社会发展战略与政策、了解社会热点问题、分析社会发展趋势。

中国经济发展数据库（下设 12 专题子库）

内容涵盖宏观经济、产业经济、工业经济、农业经济、财政金融、房地产经济、城市经济、商业贸易等 12 个重点经济领域，为把握经济运行态势、洞察经济发展规律、研判经济发展趋势、进行经济调控决策提供参考和依据。

中国行业发展数据库（下设 17 个专题子库）

以中国国民经济行业分类为依据，覆盖金融业、旅游业、交通运输业、能源矿产业、制造业等 100 多个行业，跟踪分析国民经济相关行业市场运行状况和政策导向，汇集行业发展前沿资讯，为投资、从业及各种经济决策提供理论支撑和实践指导。

中国区域发展数据库（下设 4 个专题子库）

对中国特定区域内的经济、社会、文化等领域现状与发展情况进行深度分析和预测，涉及省级行政区、城市群、城市、农村等不同维度，研究层级至县及县以下行政区，为学者研究地方经济社会宏观态势、经验模式、发展案例提供支撑，为地方政府决策提供参考。

中国文化传媒数据库（下设 18 个专题子库）

内容覆盖文化产业、新闻传播、电影娱乐、文学艺术、群众文化、图书情报等 18 个重点研究领域，聚焦文化传媒领域发展前沿、热点话题、行业实践，服务用户的教学科研、文化投资、企业规划等需要。

世界经济与国际关系数据库（下设 6 个专题子库）

整合世界经济、国际政治、世界文化与科技、全球性问题、国际组织与国际法、区域研究 6 大领域研究成果，对世界经济形势、国际形势进行连续性深度分析，对年度热点问题进行专题解读，为研判全球发展趋势提供事实和数据支持。

法律声明